目 录

容易 较难 史诗级

IT 38

前言

一场史诗级的自驾，多年以后仍然可以充当饭后的谈资，带给人美好的回忆。事实上，Lonely Planet本身便诞生于一场自驾。1972年，托尼·惠勒和莫琳·惠勒夫妇从英格兰出发，一路开到了阿富汗，进而登陆澳大利亚，路上种种“无心插柳”的见闻与感受，最终都成了Lonely Planet第一批旅行指南的素材。

开着车绕地球跑上半圈，这种事可绝不是他俩首创的。1968年，六名英国奶奶买了两辆二手路虎，用特百惠收纳盒装了些路上所需品，随后从伦敦出发，穿土耳其，过伊朗，经开伯尔山口入印度，最终开到了澳大利亚。再往远了说，早在1903年，H.纳尔逊·杰克逊（H.Nelson Jackson）与西沃·K.克罗克（Sewall K. Crocker）两人带着小狗“蓓蓓”（Bud）从纽约开到了旧金山，用63天的时间横穿了美国。

不管你是谁，年轻还是年老，孤身一人还是拖家带口，面前的公路由不得你不动心。

本书的初衷就是为了给你下一次自驾旅行提供新鲜的创意。与Lonely Planet合作的旅行作家遍布全球，我们向他们请教并从中挑选了50条最佳自驾路线，内容几乎覆盖了世界的每一个角落。其中不乏自驾经典，比如美国的66号公路与太平洋海岸公路、澳大利亚的大洋路以及冰岛的环岛公路。考虑到海岸线在逍遥骑士中备受喜爱，本书还收录了挪威、爱尔兰、蔚蓝海岸、亚得里亚、波罗的海等沿海路线。喜欢冒险的自驾者同样不会失望，我们准备了穿越越南、不丹、尼泊尔和卡拉哈里沙漠的路线，西澳大利亚州金伯利地区吉布河路一章，更是由托尼·惠勒本人撰写的。此外，书中还有轻松惬意的自驾路线——比如苏格兰斯凯岛环岛游——路途虽短，却同样美丽，同样难忘。

我们也争取照顾到不同类型的机动车，包括由机车达人亲自体验并撰写的摩托车自驾路线，甚至还有驾驶电动汽车行驶在加利福尼亚州北部的旅行。有些路线可以一天搞定，有些适合周末体验，有些则需要一周以上。大多数都是相当成熟的自驾路线——比如沿向阳大道穿越蒙大拿州落基山脉，到达爱尔兰的野性大西洋之路——每隔一段距离就有路牌指示，几乎不可能迷路。但也有一些路线需要提前仔细计划，尤其是在穿越大洋洲、亚洲或南美洲偏僻地区时，你得具备一定的汽修知识（至少也得带上备胎和千斤顶）和勇气。如今，导航软件非常先进，所以书中并未列出过于详细的走法。我们的最大愿望是，你在读过这些自驾故事之后，能够产生一种冲动：带上简单的行李，跳上车，探索未知的世界。

每条路线都有自己的主题亮点，比如探索犹他州南部一个个无与伦比的国家公园，踏上一场音乐朝圣之旅，或者只是在自然美景之中惬意驰骋，随时随地停车观景。而无论哪种主题的自驾，都会有一个共同的优点：自由。想绕个远路探索一圈？我们有好点子奉上。想在某个地方多住一晚？我们绝不会拦你。旅行不在乎终点，而在于过程。车不应该成为把你与外界隔绝开的交通工具：时不时地停车探索，去了解当地人和当地文化，这样的自驾才够精彩，也会更有收获。

如何使用本书

本书的主体部分是我们的作者根据亲身经历撰写的自驾故事，每个故事都介绍了一条无与伦比的自驾路线。每个故事都附有“自驾指南”帮助你规划旅行，内容涉及何时去、抵离交通、住宿推荐等。但这些故事最重要的作用是激发你的想象。为此，我们特别在每个故事后面加上了“同类自驾线路”这个部分，里面介绍的路线可能都不在同一片大陆上，主题却是相似的。目录中用颜色标记出了自驾路线的难易度，这些分级不但考虑了路线的长短、环境偏僻与否以及对驾驶技术的要求，还综合了规划旅行所需的工作量以及当地自然、社会状况等因素。你也可以根据自己的兴趣直接在索引中搜索喜欢的路线。

本页左上：南非全景大道旁的一个服务站；本页右上：在太平洋海岸公路上驰骋的经典款福特Galaxy；本页下图：太平洋海岸公路一景；4~5页跨页图片：开着大众露营车探索新西兰东海岸

亚洲

挑战天路：川藏线

从天府成都抵达圣城拉萨，这一趟2000多公里的征程，对你的座驾、车技、身体、心灵都是一场彻底的考验和洗礼。

川藏线，这条如雷贯耳的“中国景观大道”，无数人用无数方式将它走了无数遍，这次我和同伴选择从成都出发，走317国道进藏，再经昌都南下至318国道。虽然蜀道不再难于上青天，但我很快就尝到了苦头，出成都才2个多小时便要翻越巴郎山，海拔从500米上升到4500米，我的心脏似乎在半小时内被压成了真空，立刻感受到了川藏线的厉害。我们在日隆停留，这是一个四姑娘山下的小镇，10月是登山季，这里的住宿几乎家家爆满。我入住的客栈老板是个隐居的前摇滚乐手，白天店里空无一人，到了夜晚，大群的户外“老驴”和嬉皮住客们才会簇拥在这里，推杯换盏交流着自己的旅行故事。他们有些刚从四姑娘山的其中一个顶峰回来，脸上挂着来自6000米骄阳的晒伤。

为缓解高原反应，我急需撤往丹巴，这个大渡河边的小镇植被丰茂，海拔仅1780米，但更重要的原因是，我期待见到一种只在高原出没的蠢萌动物——旱獭。它们素来胆小，只有在莫斯卡才被豢养出与人亲近的习性，青旅老板得意地拿出被旱獭抱大腿的照片，证明我没来错。然而，这条通往“旱獭之家”的山路可以说是此行最烂的一条，或许它根本不能叫路，车在野山坡上爬行了4个多小时，到达莫斯卡时，我怀疑我的胃已经被颠进了盲肠。不过，这片神奇的高原草

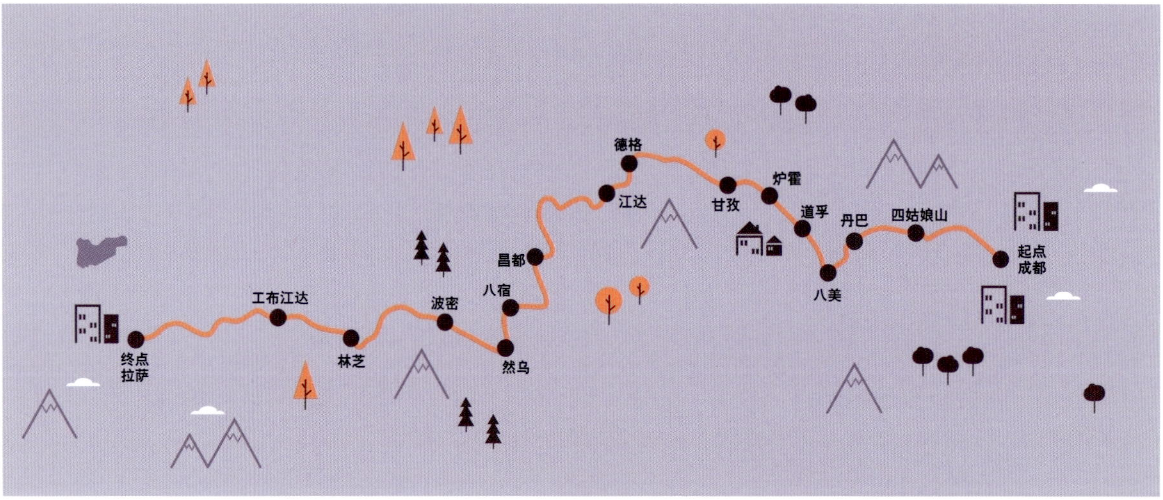

"出成都才2个小时便要翻越巴郎山，海拔从500米上升到4500米，我的心脏似乎在半小时内被压成了真空。"

旬瞬间治愈了一切——经幡围绕着古老的金龙寺，远处的红日映照着连绵雪山，村子人烟稀少且宁静无声，宛如世界尽头。次日的暖阳下，我们终于等到了雪猪子（当地人对旱獭的爱称）的眷顾，但即便没有，我也已经将这里列入了最想要被流放的地方之一。

告别雪猪子，我们出发前往八美，清晨的雾气缭绕着深邃的牦牛谷，两侧峭壁高耸直立，我想象着身体被缩小了，然后把自己放入了这个精心布置的盆景之中。可惜这种野趣并不长，之后漫长的盘山公路上我只能百无聊赖地靠着车窗，直到一座棱角分明的雪山突然出现在眼前——雅拉雪山，她5884米高的身躯就端坐在山谷之间，与我直面。虽然只是惊鸿一瞥，但已经让人措手不及，没有一个攻略曾以这样的方式提到她，我缓了一秒，转向同伴说："还好刚才手握方向盘的不是我。"

越过公路的制高点，眼前迎来了阳光灿烂的八美高原，海拔再次上升到了3500米，这里是川藏南北线的枢纽。如果后悔，可以向南绕去塔公回到平原，但我决定随着咆哮的雅砻江去往甘孜。当车驶入这片海拔3600米的康北平原，江水突然变得温柔平缓，窗外开阔而肥美的麦田金光四射。但一进甘孜镇还是让我吓了一跳，宽袍大袖的康巴汉子穿着

一身待售的宝石，虫草、雪莲、藏红花堆积如山，似是而非的僧人忙着自己的功德生意，汉地小吃也四处飘香。在苍茫的川藏北线，这里似乎是唯一的人间烟火，夹在其中的德贡波寺藏汉结合，主奉的却是“大黑护法”玛哈嘎啦（一位蒙元时代的战神）。一顿饱餐之后，我爬上甘孜寺寻找清静，寺内的僧人又给我指引了一条明路——向南穿过县城，在卓达雪山下的雅砻江畔有个天然温泉。这是川藏线最美好的福利之一，30元便可以洗去旅途中的疲惫，只要你对卫生条件别太苛刻。

海拔3880米的马尼干戈像是一个从戈壁移动到高原上的“新龙门客栈”，才10月这里就冻得没有活水可用，很难想象它一度充当着边界贸易的要塞，却至今还只是一个荒芜的驿站。我急着赶往德格，传说中康巴藏文化的核心，而到达这个声名在外的地方必须翻越海拔4889米的雀儿山。当车上行至垭口附近，公路已经布满积雪，一个星期之后这里就可能会大雪封山。翻过垭口，云层逐渐散去，巨大的玉隆拉错明晃晃地躺在脚下，这个四川省内海拔4000米以上面积最大的冰川湖，离317国道最近处才20米，凝视她蔚蓝的身躯，让人心旷神怡，总有纵身跃入的冲动。

如今德格的面积只有当年土司统治时期的1/5，闭塞的

山谷让这里得以保留藏区最古老的雕版印刷技艺，但也让县城夹缝求生，逼仄、混乱。进城时，我们就因为一头心情不好的牛在主街上干等了半天。印经院盘踞在暗红色的传统民居之上，这里大部分的空间都用于存放沉重的经板，830余部典籍、30余万块木刻雕版，甚至包括印度早已失传的《印度佛教源流》。我以为会拍到一些僧人印经的场面，就像那些“纪录片”一样，但其实这里担任印经工作的并非喇嘛，而是聘来的印工。“我们一个小时做400张。”一个飞速推动印纸的工人向我夸口自己的手艺，他们中的许多人世代在此工作，推印的速度和口中所念的真言一样快。为了杜绝火灾，寺院没有电灯，整个印经过程全在自然光线下进行，参观亦是如此，待我深入藏经阁，发现已经来不及在天黑前将这些经板看遍，只能和前来膜拜的信众一样，用额头轻触这些厚重包浆的古老智慧。

出德格往江达便进入了西藏，我们从昌都向南进入旅行的下半程。318国道的路况称得上是一路坦途，曾经通麦天险惊险熬人的102滑坡群，现在行驶不到10分钟便跨越了。之后的公路山石隐去，成片的森林将我们包裹起来，美妙的鲁朗林海让人舍不得踩油门，但我们必须离开318国道一会儿，去往雅鲁藏布江大峡谷。事实证明它没有辜负我们，这个深谷仿佛把沿途的整个地貌浓缩在眼前——从高山冰雪到热带雨林。我们在直白村留宿了一晚，这是距离南迦巴瓦峰最近的地方，或许是在千年古桑前的祈祷见了效，我们极其幸运地看到了这个海拔7782米的洁白“长矛”。

告别“西藏江南”，车窗外步行朝圣的信徒越来越多。14个世纪以来，无数朝圣者就这样三步一叩，终其一生只为去往圣城拉萨。此后的公路可谓康庄大道，蜿蜒曲折的山路天险终于在身后完结，我们在全新的拉林高速上一往无前，短短4小时之后，便在拉萨的甜茶馆里喝茶了。这是我第五次来到拉萨，但不论是第几次到这里，享受一碗藏面、一壶酥油茶之后，身心才真正开始融入这座城市。接着我们便去“转寺”，不用考虑从哪里开始，八廓街上无数身穿藏袍的人们手中转动着经筒，口中反复念着箴言，沿着统一的方向缓步绕行，任何人都会自然而然地融入他们。1000多年以来，大昭寺一直被视为拉萨的心脏，也是整个藏传佛教的信仰中心。我们跟着人群一直转到天色渐暗，但磕长头的人们依然不见散去，夜幕下远处最高的山头一片通明——布达拉宫的光芒如长明灯般点亮了拉萨。 文/董驰迪

甘白路

无论从德格还是甘孜出发，白玉都曾是一个交通死角，而今“甘白路”已经成为川藏线上最令人享受的路段之一，值得离开317国道专程前往。这条秘境之路蜿蜒穿行于莫拉群峰，带你投身丹霞红山，翻过海拔4868米的卓达拉山垭口，便可见阳光下闪耀的拉龙错，从宛如火星表面的海子山，经过日通大草原到达偶曲河峡谷，不断变化的每一处美景都会让你大呼过瘾！要记得在中途转向去往昌台，去亚青寺感受清修的“觉姆之心”，见识一下信仰的造城奇迹。

左页图片：丹巴碉楼；11页上图：雅拉雪山；11页下图：318国道折多山段公路；12页左图：德格印经院经板雕刻；12～13页跨页图片：雅鲁藏布江畔的雪山和桃花

自驾指南

起点：成都

终点：拉萨

距离：2280公里

到达：先飞抵成都，再租车自驾。

何时去：4月中旬至10月。春季沿途杜鹃花如火如荼；夏季草原绿得耀眼；秋季空气通透，雪山尽现；唯独冬季高寒难耐，大雪封山，危险系数较高。

危险和麻烦：随身携带身份证，任何武警出现的地方都会需要它；避让公路上散步的牛羊；遵守每段公路的限速要求，川藏线上限速相当严格；夏季暴雨会造成路段塌方；除此之外，高原反应会是最大的麻烦，出发前务必了解相关知识，准备应对方案。

右页上图：亚丁的野山羊
右页下图：在定日远眺卓奥友峰

同类自驾线路
藏地风情

川藏南线

同样从成都出发，徘徊于北纬30度的川藏南线将高山、峡谷、草原、森林一网打尽，起伏温和的海拔和良好的路况更适合初次入藏者。从成都出发5个小时，贡嘎雪山和海螺沟就奠定了重磅的开场，看一场贡嘎日出或者在雪中泡温泉都是绝无仅有的体验。从新都桥到九龙，木雅这条风景长廊早已成为摄影家的宠儿，继续上行到海拔4000米的高城理塘，寺院、草原、温泉会让人不舍离开。我们建议你在此南下去一趟稻城，那里不仅有"天堂亚丁"，还有沿途接连不断的奇特美景。之后可以从巴塘入藏一路畅行前往拉萨，或者从得荣转战云南，看金沙江第一湾和梅里雪山。

起点：成都

终点：拉萨

距离：2280公里

珠峰线

从圣城继续深入藏区腹地，花两天时间便可再开启另一场视觉朝圣。从拉萨沿301省道南行，只需2.5小时你就能在岗巴拉山口俯瞰浩瀚庞大的羊卓雍错，近距离欣赏卡若拉冰川和美貌惊艳的满拉水库，到达后藏的中心日喀则，拜会金碧辉煌的扎什伦布寺。次日途中可以探寻著名的拉孜藏刀以及实力雄厚的萨迦寺，体验"药效神奇"的野温泉，随后开上5200米高的加乌拉山垭口，迎接此行最惊艳的一幕——包括珠玛朗玛峰在内的4座8000米以上的雪山在你眼前一字排开。最后，脚下蜿蜒的新珠峰路将送你前往最接近世界第一高峰的大本营（只在每年4月至10月开放）。

起点：拉萨

终点：珠峰大本营

距离：720公里

阿里大北线

这片横亘于念青唐古拉和冈底斯山之间的广袤土地，是中国最荒芜的地带，也是中国最富生命力的地区——羌塘。尽管近年来交通状况大为改观，但人迹罕至的阿里大北线依然可视作一大挑战。从拉萨出发沿301省道，经当雄、班戈、尼玛、改则、革吉至狮泉河的线路最为成熟，大部分时间你都将驰骋在旷野中颠簸的沙石路上，也有机会邂逅近在咫尺的野生动物、领略高原湖泊令人窒息的颜色、感受当地天人合一的生存状态。抵达狮泉河之后，可以南下札达，探访神秘的古格王朝遗址，向东去神山冈仁波齐和圣湖玛旁雍错朝圣，再去口岸上的普兰。

起点：拉萨

终点：狮泉河

距离：1445公里

MOUNTAIN
HARD WEAR

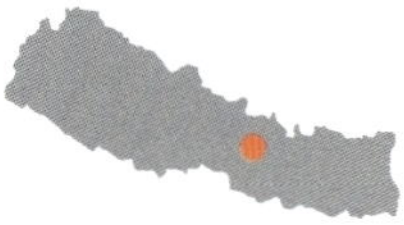

尼泊尔加德满都环线

这条兼具山地和平原风光的自驾环线起于加德满都，你将能看到中世纪村庄、犀牛和喜马拉雅山脉的无限风光。

路障、堵车、为这个那个抗议的愤怒人群，以及四面来袭的圣牛、流浪狗和不要命的鸡……如此种种，都让驾车离开加德满都成了一场对驾驶技能和耐心的双重考验。面对这一艰巨任务，许多自驾者会选择放弃前进，转而挤进泰米尔区，让书籍和炸豆丸子（falafel wrap）抚慰自己的心灵。

然而，那些愿意去往远方的人将会收获丰厚的回报。事实上你都不需要离开加德满都环城路（Kathmandu Ring Road）太远，就能饱览将你吸引到这个国家的质朴的群山风光。而且比起珠峰大本营，喜马拉雅山脉的山麓丘陵更能让你独享宁静，保有私密感。

作为尼泊尔的首都，加德满都的好与坏都源于它的地理位置：好，是因为它坐拥壮丽风光；坏，则是因为从这里想要通过公路去任何地方都很艰难。大量车辆堵在超负荷运载的普里特维公路（Prithvi Hwy）上，而正是这条路，会在经过城郊的一大片砖窑后一直向西延伸，通往博卡拉和周围的低地。

尽管我天一亮就出发，但还是花了好几个小时才通过各个警察检查站，把没完没了的公交车、吉普车和卡车的鸣笛声抛在身后，进入翠苏里河（Trisuli River）蜿蜒流经的山谷。此时我终于松了一口气，毕竟刚刚开过的那条路称得上是尼泊尔最繁忙的公路，也是号称世界第五危险的公路。好在沿途的风景足够精彩：梯田在山坡上刻画出层层线条，陡峭的山崖边，竟还有几间遗世独立的农舍。

经过最艰难的路段后，我驶上了按尼泊尔标准来看算是通畅的道路——尽管还是免不了与迎面而来的公共汽车“亲密接触”一番。在这里，受够了加德满都呛人尾气的我得以尽情呼吸清新的空气，偶尔还会停下车拍几张榕树和索桥的照片，或是去路边的小餐馆里喝杯茶（chiya）。

前往博卡拉的一路上有许多景点，包括玛纳卡玛纳庙的缆车、廓尔喀（Gorkha）的普里特维·那拉扬·沙阿（Prithvi Narayan Shah）的宫殿及其诞生地。但我的目的地在主路附近的本迪布尔（Bandipur），这个尼瓦尔（Newari）村庄坐落在险峻的山崖边，相比起早在以牦牛拖车作为加德满都谷地主要交通方式的时候，它的模样已有些许改变。

本迪布尔是个轻松惬意的地方，这里有几座摇摇欲坠的

“天气凉爽且晴朗，我爬上山麓，尼泊尔一侧的喜马拉雅山脉在我眼前一览无遗。”

寺庙，中心集市旁有用木材和泥砖砌成的高大的连排房屋，其中有几栋被改造成了酒店。在这里安然度过了一个凉爽的夜晚之后，我决定第二天再去山下另一个好地方转转——比格纳斯湖（Begnas Tal）。湖面如镜，清晰倒映着安娜普尔纳峰（Annapurna）延绵起伏的山脊。

对于大部分旅行者而言，自然接下来就要去博卡拉了——那里是徒步前往安娜普尔纳和木斯塘（Mustang）的起点，但我把目光对准了南边另一座古老的山城，丹森（Tansen）。从博卡拉岔出的悉达多公路（Siddhartha Hwy）蜿蜒穿过一座又一座狭窄的山谷，形如一条消化不良的蛇，连开着四驱车的人都有不少被这崎岖的地形吓退。但恰是如此，让我可以充分享受这段旅程。

丹森曾是强大的玛嘉（Magar）王国的首都，至今这里还保留着王室建筑的遗迹和传统店屋。我停好车，开始漫无目的地闲逛，其间还遇上了好几拨好奇的小孩，以及一些戴着布帽（topis）、抽着小烟卷、一脸幸福的老人。当然了，丹森最大的亮点还是到城北的卡利冈达基河（Kali Gandaki River）沿岸徒步。这里巴洛克风格的宫殿（Rani Mahal）还剩下一些残垣破壁，提醒着人们一段陈年往事：卡伽·沙姆谢尔·拉纳（Khadga Shamsher Rana）密谋反抗君王失败，被单独从加德满都流放到了这里。

悉达多公路在布德沃尔（Butwal）进入了特赖地区。布德沃尔是一座繁忙的城镇，玻璃手镯和血红的提拉克粉末（tilaka）就堆在小摊上，让人感觉自己此刻仿佛置身于印度。接着，你很快会迎来可能是加德满都环线中最具挑战性的一段路——倒不是因为山路曲折，而是不断蛇形超车的车辆会让你手足无措。

这条马亨德拉公路（Mahendra Hwy）是横贯特赖地区的主要公路，颇为平坦，于是司机到了这里几乎就开始用生命赶路。一路上好几次险些遭遇事故的我，在到达奇特旺国家公园（Chitwan National Park）的门户索拉哈（Sauraha）时，都能感觉到自己的脸部肌肉已经因为恐惧而变得僵硬。

继加德满都和喜马拉雅山脉之后，奇特旺成了尼泊尔旅游业的第三块招牌：这里可是印度独角犀牛和孟加拉虎最后的家园之一。如果参加丛林穿越导览，就有可能看到其中一种，或两种都能看到。我上次去只看到了犀牛，当时它们正慢悠悠地从齐肩高的象草丛中穿过。但我也不觉得太遗憾——遇到的一个旅行者说，他突然碰上了老虎，多亏导游用树枝引开对方，自己才得以逃脱。

离开奇特旺，旅行者要么往南去印度边境，要么往北，沿着通往马格林（Mugling）的拥堵公路去加德满都。但是明智的人会跳过这些，选择特里布万国王公路（Tribhuvan Rajpath），蜿蜒穿过加德满都西南边的高山山脊。这是从马亨德拉公路分出的一条岔路，分岔点是特赖地区平淡无奇的城市黑道达（Hetauda）。一路上车辆不多，在之字形爬坡的过程中，你会穿过美丽的松树林、婆罗双树林和杜鹃灌木丛，最后到达山脊顶端的达曼（Daman）。

天气凉爽且晴朗，我爬上山麓，尼泊尔一侧的喜马拉雅山脉在我眼前一览无遗。加德满都卖的明信片上正是这样的风景，上面还给每座山峰标注了名称和海拔高度。如果我有买上一张的话，就可以拿着它辨认这些山峰了——当然，珠穆朗玛峰和安娜普尔纳峰我还是认得出的。

我就沿着这条路一直前往加德满都环城路，兴奋的劲儿也始终丝毫不减——直到我重新回到拥堵的车流之中。不过在进入友好而熟悉的泰米尔区后，我的心情又变得好起来。我一边喝着冰镇芒果代基里酒，一边想着旅行者对加德满都的热爱：这大概就是一个让来者惊奇赞叹、让去者倍感艰难的地方——不管从情感上还是客观上。也或许正是因为这样，才令嬉皮士们穿越欧亚大陆，最终在加德满都停下了脚步。 **文/乔·宾德罗斯**

以路之名

尼泊尔的公路地图向人们展现了它动荡的历史。普里特维公路得名于18世纪统一了国家的那位国王——普里特维·那拉扬·沙阿；悉达多公路是向出生在蓝毗尼的佛陀乔达摩·悉达多(Gautama Siddhartha，即释迦牟尼)表示敬意；马亨德拉公路纪念的是将尼泊尔带向世界的马亨德拉国王；而特里布万国王公路则是对马亨德拉的父亲——在1951年攫取了政权的特里布万国王的铭记。

自驾指南

起点/终点：尼泊尔加德满都

距离：大约435英里（700公里），4天的车程

到达：特里布万国际机场距离加德满都市中心仅20分钟车程。

何时去：10月至11月，3月至4月。

推荐住宿：夜宿本迪布尔和丹森的乡村酒店。索拉哈有游猎小屋。

推荐餐饮：沿路的乡间餐馆（街边大排档）。

交通：全程都有补胎店和加油站。

左页图片：本迪布尔村；19页图片：奇特旺国家公园里的野生独角犀牛

右页图片：驾车行驶在40号公路上，沿着安第斯山脉深入阿根廷

同类自驾线路
崎岖山路

澳大利亚旧电报小路

在这段从凯恩斯（Cairns）到澳大利亚最北端的艰难旅途中，背包客酒吧难觅踪影，取而代之的是澳大利亚版的“极地求生”。这条“旧电报小路”（The Old Telegraph Track）每年只有5月至11月的旱季才可通行，即便如此，你也免不了在虎视眈眈的咸水鳄的注视下涉水过河。沿途常能见到考拉的聚居地，不过真正的丛林勇士应该更倾向在只有葵花凤头鹦鹉做伴的地方搭帐篷。沿着布卢姆菲尔德小道（Bloomfield Track）穿越丹特里（Daintree）雨林前往库克敦（Cooktown），一路攒下的经验将对你之后进入旷野大有裨益。始终记得，没有足够的备用燃料、淡水和一辆皮实的四驱车，就别妄想穿越这条路线。

起点：凯恩斯

终点：约克角极北点（The Tip, Cape York）

距离：约620英里（1000公里）

阿根廷40号公路

穿过20座国家公园，越过18条主要河流，翻过27座高山山口，最高升至海拔4952米，这条阿根廷最长的公路沿着安第斯山脉一路前行，从玻利维亚边境一直通往南大西洋海岸。40号公路（Ruta 40）是美洲最壮观的自驾线路之一，穿越3100英里（5000公里）震撼人心的乡村风光。公路北段为铺装路面，沿途城镇相对发达，南段则在巴塔哥尼亚（Patagonia）山区中延伸，路面经常坑坑洼洼，糟糕的路况有时甚至长达数百英里。注意四处出没流窜的野生骆马——在某些路段，它们是你唯一一类能见到的同伴。

起点：圣克鲁斯省蓬塔罗约拉兹（Punta Loyola, Santa Cruz）

终点：胡胡伊省拉基亚卡（La Quiaca, Jujuy）

距离：约3100英里（5000公里）

美国犹他州白缘公路

一旦你离开泊油路，转上铺着砾石路面的白缘大道（White Rim Road），感觉就像是行驶在火星表面。而此时向下俯瞰，峡谷地国家公园（Canyonlands National Park）的神奇地貌也足以令你望而生畏。道路在蜿蜒陡峭的崖壁上斗转蛇行，只有获得特别许可的四驱越野车和山地自行车才能驶入这条壮观的100英里（161公里）环线。最初这条道路是由铀矿开采者在冷战期间修建的，围绕“天空之岛（the Island in the Sky）”台地形成了一条环线。沿途能找到露营地，但饮用水就不必指望了。如果你想找到舒适的驾乘体验，或是有安全护栏的道路，那么你也来错了地方。虽然一路艰辛，但作为回报，你将有机会看到无与伦比的沙漠景观。

起点：博塔什路和夏弗小道交叉路口（Junction of Potash Rd and Schafer Trail）

终点：矿底路（Mineral Bottom Rd）

距离：100英里（161公里）

ARGENTINA
RUTA
40

重走丝绸之路

沿着2000年前连接东西方世界的古老通道，
穿越不断切换的自然美景与民族风情，用车轮重述一部波澜壮阔的史诗。

在陕西历史博物馆的沙盘旁，看着张骞和玄奘等先驱当年驻留的驿站渐次亮起了灯，我们第一次如此清晰地意识到自己正站在伟大的丝绸之路的起点。西安保留着几乎完好的古城格局，钟鼓楼的耀眼灯光照亮周边的车水马龙，回坊（又称“回民街”）里汇集了本地最受欢迎的美食和慕名前来的游客。厨师正踩在梯子上将羊肉从上至下精细地剥离，在熙攘的人流中显得非常安静专注，他身旁已经挂了3具光秃秃的羊骨架。人们围成一圈，翘首期盼这些肉快些变成烤架上香气四溢的美食。

第二天我们穿着还带有烤肉味的外套坐进车里。古城里的道路堵塞得令人绝望，直到告别市中心，远离此起彼伏的鸣笛声，我们才松了一口气——自驾丝路之旅就此启程。

丝绸之路的历史可以追溯到公元前2世纪的西汉，张骞“凿空”西域，这是东西方文明的首次直接对话。后人沿着张骞的足迹，开辟出以丝绸为主要商品的多条贸易之路，它们在欧亚大陆上纵横交错。商人的驼队载着丝织品、陶瓷、香料、蔬果、工具、艺术品、宝石等，穿越河西走廊的绿洲、塔里木盆地的沙漠，翻越冰雪皑皑的葱岭，踏过茫茫草原和阵阵黄沙。许多城市因丝路而兴，又因丝路改道而衰。在财富之外，人们也为了宗教和求知而旅行，比如玄奘向西取经，马可·波罗往东探险。

完善的交通设施让如今的旅程变得容易许多。从西安到

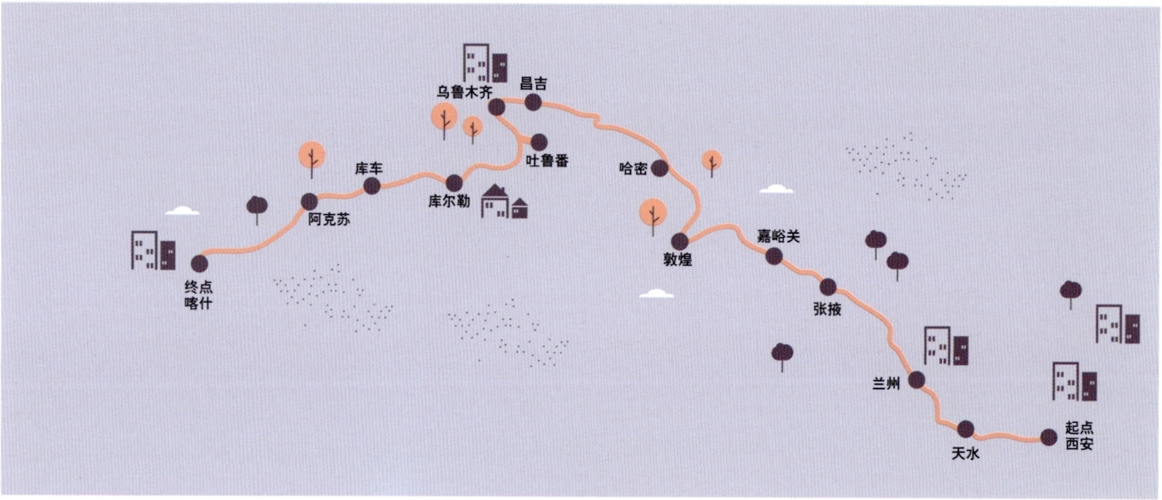

兰州的连霍高速（连云港-霍尔果斯高速公路，编号G30）路况良好，但车速却快不起来，几乎每行驶1小时我们就得下一次高速，去看那些丝路繁盛时期留下的遗迹，在古老的寺庙、陵墓外，支付一堆停车费和门票钱。

连霍高速从兰州跨过黄河继续向西北延伸，随着海拔攀升，车闯进了河西走廊的门户——具有鲜明藏族风情的天祝县中。姑娘脸颊的高原红、白墙彩梁的藏式建筑，让一路看熟了汉地风景的我们耳目一新。白牦牛点缀在山岭上，通往天堂寺的山路曲折蜿蜒，汽车在弯道上“喘着粗气”，握方向盘的手开始酸疼，两个多小时后我们终于抵达“天堂”。世界上最大、最高的木雕宗喀巴像矗立在大殿中，超过7层楼高的佛像俯视着来人，吓了我一跳。

进入河西走廊西段，戈壁荒漠变成主色调。20年前我曾乘坐火车到过敦煌，相比莫高窟褪色的壁画，令我印象更深的是从火车上远远望见的倾颓的关城与长城。这次我终于有机会靠近这些戈壁滩上孤零零的土黄色遗迹。我们在嘉峪关静静地等到日落，望着古老长城消失在渐沉的暮色之中。其实我已经不记得当初见到的是玉门关、嘉峪关还是阳关，它们无一例外地都意味着干燥与荒凉。随之而来的身体反应是流鼻血，在我用纸巾塞住鼻孔仰起头的那一瞬间，才发现头顶已是满天繁星。

从星星峡入疆的这段路程大风呼啸，横风吹得小车左摇右摆，停车休息时，刚把车门推开一条缝，大风就忽地灌进来将车门折向前方。我惊出一身冷汗，赶紧用尽力气拉了回来，再不敢开门。历史上这里是中原和西域风情的分水岭，之后的城市哈密，从木卡姆到回王墓都再明确不过地体现出维吾尔特色。

我们决定跟连霍高速告别，沿着风光壮丽的天山北麓，经过古代西域三十六国之一的车师国领地吉木萨尔和奇台，去往乌鲁木齐。江布拉克一望无际的麦场一片金黄，高山草场上矗立着哈萨克人的白色毡房。牧民骑马赶着羊群通过，堵塞了道路，面对一群像云朵一样缓慢飘过的绵羊，我们真是

“用现代人的方式迅速而便捷地完成一次古代驼队艰辛而漫长的旅途。”

一点脾气也没有，只能在路中央停下车等羊群先过。

各地自驾的车辆都汇聚到了乌鲁木齐，我和同伴则匆匆奔向吐鲁番。10岁时我曾独自站在葡萄沟的一个院落外发呆，院子里的维吾尔大妈一句汉语都不会讲，却热情地招呼我进去，端出了茶和馕，以及甜蜜的葡萄。这次，我硬拉着同伴买了昂贵的门票又进了葡萄沟，但很快就后悔了——在这个过于成熟的景区，再也找不到当初的热情。

托克逊是这一路上第三个以面闻名的城市，在这碗拌面之前我们已经品尝过岐山臊子面和兰州牛肉面。丝路几乎是一条用面食串起的线路，各地都有可以摆上擂台的面食。当金红鲜亮的过油肉与面条搅拌在一起时，同伴几乎将脸埋进了碗里。当地人嘱咐我们剥上几瓣生大蒜配着吃，据说有消毒杀菌的效果。的确，在西北，大蒜是如同酱油、辣椒一样不可缺少的餐桌“调料”。继续向西，库尔勒的香梨、跟车轮一般大的库车大馕、阿克苏清甜的苹果，以及南疆夜市里烟火缭绕的烤架上的羊肉串，我们几乎从未为缺少食物而担忧，更多的时候是不知道该选择吃什么。

库车老城里色彩艳丽的维吾尔族院落让我又想起吐鲁番的大妈。在新疆，回忆里的淳朴与现实的商业化形成鲜明对比，常常令我失望。但库车是我终于有所收获的地方，这里的人们并不像传言中那么不友善，老人牵着好奇又羞怯的孩子的手，倚着门框对我们微笑。我们想夸赞孩子的长睫毛多么美，却又不知道该怎么说，只能以微笑和手势示意。

从库车开始，陌生的语言和文字成了难题。店招牌常是维吾尔语，要走近了一家家商铺往里窥视，才知道店里卖的是什么；餐馆里的服务员总跟我讲维吾尔语，还会很有耐心地重复三次，完全忽略我一脸听不懂的表情，吃饭变成了看图、比画、碰运气。

途经众多西域古国的遗迹之后，我们终于把车开进了喀什。如今这里依然是南疆的绝对中心，老城的街道错综复杂，热闹的叫卖声从巴扎里传出来，老手艺人在叮叮当当地敲着铜器，偶尔抬起深邃的眼睛看一看围观的我们。这些生动的场景，已经延续了上千年。

事实上，尽管成功抵达了喀什，丝绸之路却远未结束。如果有足够的时间和合格的证件，你完全可以顺着古人的脚步，继续开车前往吉尔吉斯斯坦，然后经乌兹别克斯坦、土库曼斯坦和伊朗，或者哈萨克斯坦和俄罗斯，去往土耳其和希腊，最后抵达古丝路的终点——意大利罗马。 文/黎瑾

佛教石窟

丝绸之路也是佛教东传、僧人求法之路，沿途遍布年代、风格迥异的佛教石窟。陇东南有堪称“中国泥塑通史博物馆”的麦积山石窟，以及雄奇险秀的甘谷大象山、武山水帘洞等。河西走廊上的东千佛洞、榆林窟、西千佛洞融合了中西艺术，辉煌精美的莫高窟更是绝不能错过。古代西域则有中国最早的石窟群，以高昌（吐鲁番）和龟兹（库车）为中心，密集分布着柏孜克里克千佛洞、七个星佛寺遗址、克孜尔千佛洞、库木吐拉石窟、森木塞姆石窟等。

左页上图：葡萄沟乡路旁售卖的葡萄；左页下图：喀什夜市上的各种烤馕；25页图片：莫高窟壁画——思惟菩萨；26页图片：嘉峪关关城；27页图片：麦积山石窟的大佛

自驾指南

起点：西安

终点：喀什

距离：4335公里

到达：西安的咸阳机场有租车点。如果打算只走其中一段，兰州和乌鲁木齐的机场也可以租车。

何时去：5月到10月中旬。夏天和国庆期间一定要提前订车、订房，沿途的热门景点非常火爆。

驾驶提示：只在白天开车；提前规划好汽车保养时间和地点；始终保证车辆有半箱以上的油量；注意控制车速，广阔的地貌很容易让人不自觉地飙起车来。

危险：变化多端的天气和海拔，“聚众”挡路的羊和骆驼，大摇大摆的电瓶车和摩托车，没有信号的戈壁滩。

右页上图：姆茨赫塔的大教堂；
右页下图：安塔利亚古城俯瞰

同类自驾线路

追寻历史的记忆

穿越安纳托利亚

亚欧交界处的土耳其安纳托利亚（Anatolia）自古就是连接亚欧的桥梁，古丝路沿着不同的路线穿越这里。马可·波罗曾从黑海岸边的特拉布宗（Trabzon）登船回威尼斯，埃尔祖鲁姆（Erzurum）和锡瓦斯（Sivas）还保留有塞尔柱和蒙古风格的清真寺与神学院。现在的卡帕多基亚（Cappadocia）以奇异的地貌、洞穴酒店和热气球闻名，它曾是丝路商贸的一处中心，从这里到科尼亚的路上，保留有塞尔柱王朝沿丝路在安纳托利亚修建的一系列商队驿站中最大的一座——苏丹大客栈。地中海岸的安塔利亚（Antalya）是丝路通往欧洲的重要港口，棉花堡的希拉波里斯（Hierapolis）古城也是丝路的重要一站。接着途经以弗所古城、首座奥斯曼都城布尔萨（Bursa），就能看见横跨亚欧的伊斯坦布尔。

起点：特拉布宗

终点：伊斯坦布尔

距离：2484公里

外高加索宗教建筑巡礼

这条连接格鲁吉亚和亚美尼亚首都的路线串起了6座被列入世界遗产的教堂和修道院。从第比利斯（Tbilisi）出发，北部的姆茨赫塔（Mtskheta）的十字修道院矗立于山顶，俯瞰着生机勃勃的老城。相传，城内的生命之柱主教座堂曾是耶稣长袍的安葬地。再一路向南，穿越边境。相隔不远的哈格帕特（Haghpat）和萨那欣（Sanahin）修道院都有1000多年的历史，融合了拜占庭和高加索传统建筑风格。高耸的悬崖包围着埃里温（Yerevan）以东的格加尔德修道院（Gargard Abbey），这是亚美尼亚中世纪建筑的巅峰之作。埃里温以西的埃奇米阿津主教座堂（Elchmiadzin Cathedral）则是亚美尼亚的第一座教堂，也被认为是全世界最古老的主教座堂。

起点：第比利斯

终点：埃里温

距离：454公里

美利坚万花筒：66号公路

作为美国的母亲路，66号公路（Route 66）有将近百年的历史，无数美国梦的追寻者曾奔驰在这条路上。20世纪二三十年代的大萧条时期，66号公路初通，为了躲避尘暴干旱，许多穷人开着车沿路寻找生计。一些小城镇因公路而兴旺，靠这条公路经商的人们也随之逐渐富裕起来。如今，这些人和他们的后代正在为了保护66号公路不被洲际高速路取代而奋力争取。你所行驶的是穿越美国的一条生命线，你将留宿在这些命运与公路兴衰同步的小城，还有许多人等着在酒后告诉你一大把过去的故事。时至今日，这条路本身已经成为了一个历史景点。

起点：芝加哥

终点：洛杉矶

距离：3940公里

越南胡志明小道之旅

连接胡志明市和河内的胡志明小道少有人走，
这是战争与和平交织的历史写照。

我们一行五人骑着自行车从胡志明市出发还不到几分钟，便产生了争执。其中两人只愿相信他们的卫星导航系统，两人保持中立，还有一人——也就是我——则坚持自己那张1:1,250,000的纸质地图才更值得信赖。

分歧在一周后达到了顶峰。当时我们正从洞穴小镇峰牙（Phong Nha）离开，公路前方左右各有一条路，卫星导航指向右，而地图告诉我们应往左。最终我寡不敌众，跟着他们转向了右边的道路。然而，在骑了25英里（40公里）后，我们陡然发现，这个现代技术工具带着我们穿越整个县来到了1号公路（Hwy One）。在通往河内的线路中，这条也许是路程最短的，但它并非我们原本计划的胡志明小道（Ho Chi Minh Rd）。最终我的地图重获了话语权。

我们几个人都曾亲历越南战争（或者按越南人民的说法，“美国战争”）爆发的年代，我们的生活和所处的社会都受到了那场战争的影响。骑行胡志明小道是帮助我们更好地理解这段历史的一种方式。

胡志明小道（Ho Chi Minh Trail）是美国战争的象征。确切来说，这是由多条小道形成的交通网络，连接着越南的北方和南方，曾用于运送士兵和补给，帮助越共重新统一国家。小道累计全长10,563英里（17,000公里），包括现在这段1056英里（1700公里）的公路。时至今日，这一交通网络更是一段传奇，而且很大一部分位于老挝和柬埔寨境内，不少都已灌木丛生或被开垦成了农田。

尽管如此，小道的精神仍在胡志明小道上得到了延续。公路沿着这个狭长国家西边的长山山脉（Truong Son）而行，很多路段都沿用了原本的小道，尤其在北边。公路于2000年

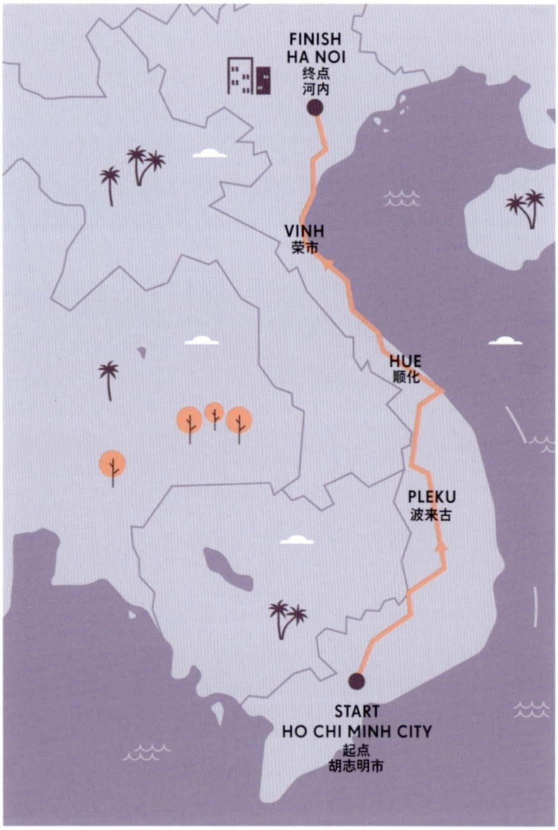

“当地人每每发现我们这几个‘外来者’，就会向我们挥手欢呼，仿佛是看到了摇滚明星。”

开始动工修建，但不是为了纪念战争，而是为了帮助越南偏远地区发展经济。无论如何，美国战争留下的痕迹依然无处不在。我们选择从南往北骑，因为这个方向上，景色会越来越奇，一直到胡志明西路时迎来极致——大片与世隔绝的丛林很难让人相信自己仍在一个有着9000万人口的国家里。

摩托车则是理所当然的自驾工具：越南是世界上的摩托车大国之一，登记车辆中的摩托车就超过80%。若是想逃离胡志明市的工业区去呼吸清新空气，摩托车可帮不了什么忙，反而让我们个个都变得气息奄奄。出城之后，我们一直骑到了同帅（Dong Xoai），才算正式踏上了胡志明小道。从那里开始，路上的车辆虽不见减少，但越往北走，田园的气息就越浓郁。

在有些地方，你会觉得只要一杆，高尔夫球就能直接飞入柬埔寨；而在另一些地方，比如得明县（Dak Mil），你会看到公路频频与原来的小道重合，带着当年狂轰乱炸留下的痕迹。有时间的话，你还能去一些小道上探索一番。

随着公路爬上长山后，我们第一次遇见了生活在高地的少数族群，他们被称为“山间部落”，或是按越南人更习惯的叫法——“少数民族”。越南有50多个不同的族群，其中一小部分就分布在这条公路的两侧。当地人每每发现我们这几个“外来者”（大体积的自行车和全护式头盔出卖了我们的身份），就会向我们挥手欢呼，仿佛是看到了摇滚明星。胡志明小道上的游客仍然很少，在我们中途休息去喝咖啡时，常常会遇到热切渴望练习英语的学生。虽然没法流畅对话，但还是能感觉到越南年轻人发自内心的快乐。对于一个正加快发展步伐的国家来说，这是一个好兆头。

我们继续骑车往北，山脉的风光越来越呈现出自然原始的面貌。博劳（Prao）到阿雷县（A Luoi）的50英里（80公里）路段贴着越南和老挝的边境，山口一个接着一个，灌木丛甚至有些挡道。

广治省（Quang Tri）是越南境内被轰炸得最惨烈的地区，至今许多农业用地都还受到未爆炸弹药的影响。在胡志明小道经过的汉堡高地（Hamburger Hill），还曾发生过一场令人费解的战役。美军空袭了这个没有任何战略意义的地方，造成了442人的死伤，而在占领这座山头不到1个月后，他们又无声无息地离开了。溪山（Khe Sanh）有一个巨大的美

“借刀”开路

在长山山脉的巨石面前，连胡志明小道的修建者偶尔也会望而却步。当地人告诉我们，一个地方如果被为判断难以修通，人们就会建一个“假”营地，然后让它保持灯火通明。修路人会知道与它保持安全距离，而美国人一定会对准它轰炸——岩石被炸开后修路工作便可以继续进行了。

左页左图：河内老城区的街头小贩；34~35页跨页图片：前往河内香寺（Huong Pagoda）的途中；33页图片：经过河内的龙编桥（Long Bien）

军基地，已长久未用，里面有一间小博物馆，展出一些战争图片和纪念物。溪山还有一个墓园，数量惊人的无名墓碑看着令人心酸。正是如此残暴的轰炸，造成至今仍有30万越南人民被列为“战争失踪人口”。

到达达克荣桥（Dakrong Bridge）后，你可以选择右转沿胡志明东路去河内，或是左转沿胡志明西路前行。事实上，虽然东路有趣，但西路才是整个旅程的亮点之所在——从这里去往菊芳国家公园（Cuc Phong National Park）的一段是精华中的精华。对于卡车来说，这条水泥路过于弯曲和陡峭，因此你几乎可以将其据为己有，随意进出灌木丛和翻越山口。如果你相信亚洲的森林里还生活着老虎，那么菊芳就是这么一个可能冒出老虎的地方。这段路的骑行强度非常大，我们也一直提心吊胆，直到进入河内市郊才松了一口气。至此，我们又回到了喧嚣的车流之中。

胡志明小道不会一直维持它现在的这个模样，终有一天它会随着这个国家的发展而发生变化。不过在那之前，你仍可以过来体验它带来的教育意义和乐趣。哦，只是你要记得：带一份正确的纸质地图！　**文/格兰特·拉夫**

自驾指南

起点：胡志明市（旧称西贡）

终点：河内

距离：1173英里（1887公里）

到达：飞抵胡志明市。

何时去：3月至9月。

推荐住宿：胡志明小道途经的所有小镇和大部分村庄都有干净舒适的酒店（但床通常很硬）。

带什么：头盔等骑行护具、防潮用品（长山山脉有小气候）、换洗衣物（大部分城镇都有隔天取衣的洗衣服务）、越南的旅游地图（www.mapvietnam.vn）。

租摩托车：Flamingo Travel（www.flamingotravel.com.vn）提供从胡志明市到河内的单向租车；在河内租自行车和北部旅行可以咨询Offroad Vietnam Adventures（www.offroadvietnam.com）。

右页图片：美国弗吉尼亚州弗雷德里克斯堡的联盟国公墓（Confederate Cemetery）

同类自驾线路
重温革命历史

切·格瓦拉和阿根廷

尽管书名为《摩托日记》，但在切·格瓦拉那场大冒险中，摩托车的戏份实在太少。他和同伴阿尔贝托·格兰纳多（Alberto Granado）在1952年1月离开布宜诺斯艾利斯（Buenos Alres），骑着一辆1947年生产的诺顿500出发了，他们给它取名“La Poderosa Ⅱ”，意为“大力神”。他们穿过阿根廷的低地，来到圣卡洛斯-德巴里洛切（San Carlos de Bariloche，987英里/1589公里），然后继续前行533英里（857公里）抵达智利首都圣地亚哥（Santiago），摩托车就在那里因为怎么都修不好而被丢弃。所以书中描述的冒险，大部分都利用了其他交通工具。如果你想重访切·格瓦拉骑摩托车经过的部分，不妨就从他的出生地罗萨里奥（Rosario）开始你的旅程。罗萨里奥距离布宜诺斯艾利斯很近，从那里去圣卡洛斯-德巴里洛切的一路上会遇到羊群和农田，也有许多小镇可供你中途休息。

起点：罗萨里奥

终点：圣地亚哥

距离：1520英里（2446公里）

美国李将军对格兰特将军

这条线路将会带你穿越弗吉尼亚州的中部，过程倒不费多少力气，主要还是作为一个切入口，让人们了解1864年的弗吉尼亚大会战（Overland Campaign）。当时还是美国南北战争时期，两位将领——南方的罗伯特·E.李（Robert E Lee）和北方的尤利西斯·S.格兰特（Ulysses S Grant）——就在那场战役中展开了正面交锋。虽然弗吉尼亚州原本就有可媲美胡志明小道的内战交通网，但它真正变得引人注目，还是源于1864年格兰特将军领导的弗吉尼亚大会战。战役席卷了整个州，李将军被困在彼得斯堡（Petersburg），最后不得不撤退逃离。这段路起于弗雷德里克斯堡（Fredericksburg）稍偏西的地方，止于彼得斯堡的郊区，全长300公里。如果你想在这场旅行中收获更多，就有必要提前做功课：沿途你经过的每个小镇几乎都有自己的故事，此外还有3座国家公园，它们一直致力于保存南北战争的历史。

起点：弗雷德里克斯堡

终点：彼得斯堡

距离：186英里（300公里）

东帝汶帝力至巴里布

从帝力到巴里布的这条路可不是给胆小者准备的。东帝汶民族解放军（Falintil）曾经广泛利用它，在印尼入侵初期（稍早于1975年12月的正式入侵）组成了东帝汶独立革命阵线（Fretilin）的一支武装力量。诺贝尔和平奖获得者若泽·拉莫斯·奥尔塔（José Ramos-Horta）与“巴里布五人组”（Balibo Five；尝试拍摄印尼入侵东帝汶并在此丧命的5名澳大利亚记者）过去也在这条路上来回奔波，部分经历都被记录在了电影《巴里布》中。道路仅能通行越野摩托车或四轮驱动车，如果你想尝试这条路线，请务必听取当地人的建议。崎岖不平的道路会带你穿过美丽的小村和绿色的郊野，来到博博纳罗的首府马利亚纳（Maliana），这里曾是一处重要的民兵据点。再从马利亚纳徒步一小段路就可以抵达巴里布，站在那里的葡萄牙堡垒（现在是一间小酒店）上，你还能看到大海，还有东帝汶与印度尼西亚的边界。

起点：帝力

终点：巴里布

距离：168英里（270公里）

TO THE CONFEDERATE DEAD

在不丹移步换景：廷布至岗提

驱车前往游客罕至的喜马拉雅山区，
探访神秘之国不丹不为人知的狂野自然风光。

不止一位作者将不丹（Bhutan）描述为“佛国乐土”，这里的人们脸上总是洋溢着发自内心的笑容，如此形象早已深入人心，因此这里也是名副其实的“微笑之国”。然而，在通往岗提（Gangtey）的公路上，坐在车里的我们笑容瞬间凝固，沿途的路如同过山车一般令人心悬。

持续几个星期的季风降雨让喜马拉雅南坡显得郁郁葱葱，一片山体滑坡吞噬了我们前行的道路。趁着推土机清理落石的间隙，我们也用这一个小时来回回神。我走到公路旁边悬崖上，找到一块岩石坐下，看着脚下的万丈深渊，高耸的山脊形成一道绿色的深谷，白练般的河流进入其中难觅其踪，远处的喜马拉雅群峰在云雾中若隐若现。恍惚间，我才意识到自己大概正在面对世界上最幸福的交通拥堵吧！

在地图上乍一看，从不丹首都廷布前往岗提村的线路似乎平淡无奇，不过是沿着贯穿这个国家东西的主要公路驱车81英里（130公里）而已。谷歌地图会提示你这段路要开4个小时，当地人会说需要5~6个小时。但是从我们离开廷布（Thimphu）开始算，到最终驶离公路进入岗提，已经过去了8个小时——不丹的公路居然都如此变幻莫测让人捉摸不定！

廷布可谓是所有公路旅行梦寐以求的起点——城市小巧、居民友善、群山拥簇，这里大概也是世界上绝无仅有的没有交通灯的首都。在我们告别时，一尊高达51米的金色佛像

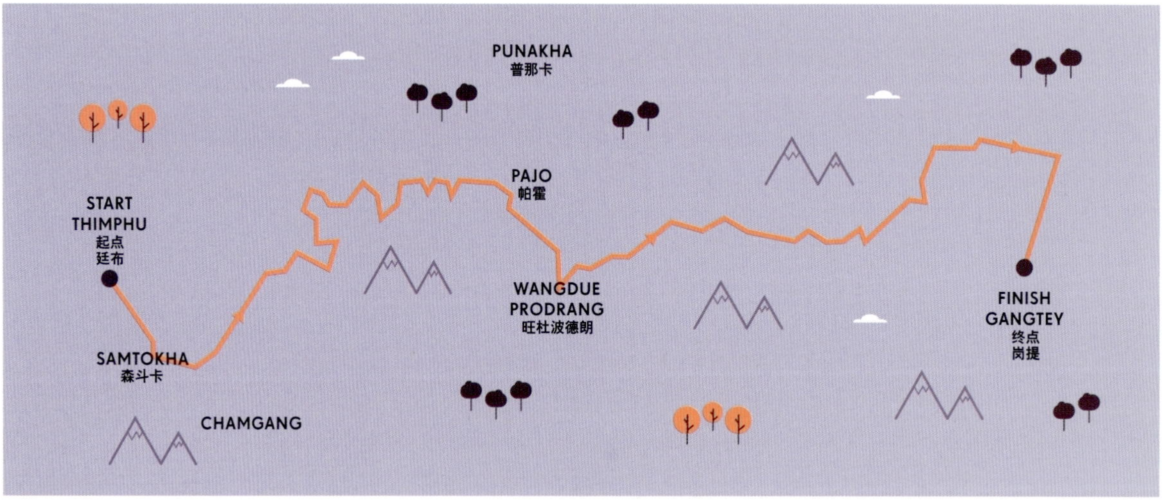

在山坡上凝神俯瞰着我们。它看起来如同一位心怀慈悲的守护神，默默地为每一个离开这里的人祝福。显而易见，我们对这样的祝福求之若渴。

“这段路会让你感觉像是在汽车上做按摩。”当我们在廷布城外开始爬坡时，司机笑着对我说。这样的开始让我始料不及，沿途风景壮丽，蜿蜒盘旋的公路连续爬升900米，来到雨季始终云雾缭绕的多楚拉山口（Dochula）。

老实说，我已经在海拔2000米以上的廷布待了好几天，本以为已经适应了高海拔生活。即便如此，当我在多楚拉山口步出车外时，身体还是明显感受到了空气的稀薄。这里海拔3200米，也是这条路线上的最高点。

山口附近最显眼的是一座佛寺以及108座佛塔。它们是为了纪念2003年与锡金叛乱分子作战牺牲的战士们而修建，如今这些佛塔加上浓得化不开的雨雾，使整个山口都显得沉重而庄严。据说，如果天气晴朗，站在这里就能看到喜马拉雅群峰在不丹北边一字排开，包括迄今为止世界上唯一一座未被登顶的神山——海拔7570米的岗卡彭森峰（Gangkhar Puensum）。显然我还缺点人品和运气。稍事休息，我们继续驱车前行，按照佛教传统以顺时针方向转过这些佛塔，然后下山驶往普那卡（Punakha）。

在山口的这一侧，风景的变化更让人心醉神迷。普那卡，这个国家曾经的首都，也是不丹最动人的宗堡（dzong）所在地，位于多楚拉山口下方2000米处。这里山谷深邃，绿意盎然，似乎在短短的几分钟里，气候就从高山的严寒变为亚热带的闷热。

随着海拔下降，森林逐渐消失不见，取而代之的是山坡上的水稻梯田，每片田地都被季风降雨染成了千重绿色。我们仿佛无意中闯入了杂志图片上常见的亚洲代表性风景里——这样的稻田在越南或中国随处可见，不过再看看背景中那些白雪皑皑的高峰，又好似置身尼泊尔。

在河谷地带，我们停车放松一下。穿过稻田前往切米拉康（Chimi Lahkhang），这座主奉生育的寺庙是不丹最特立独行的寺庙之一，其中供奉的是有不丹“疯僧”之称的喇嘛竹巴衮列（Lama Drukpa Kunley）。这位备受尊敬的16世纪圣人其实更像是一位狂浪不羁的“老司机”，将身下之物戏称为“火焰智慧雷鸣（Thunderbolt of Flaming Wisdom）”，并依靠其来降伏女妖。在不丹，竹巴衮列的法力也化身为无处不在的男根。在寺庙旁边的小村索普索卡（Sopsokha），商

鹤舞岗提

在两座佛寺之间的山脊上，岗提村傲然注视着脚下流水潺潺的富毕卡山谷（Phobjikha Valley）——一处天然栖息地和保护区。冰川侵蚀而成的广阔谷底看起来平淡无奇，但每到冬天这里就成为数百只黑颈鹤的迁徙家园。它们每年10月从西藏飞到这里越冬，来年2月或3月北上。每年11月，岗提寺都会举办一场别开生面的黑颈鹤节（Black-Necked Crane Festival）。

“我们仿佛无意中闯入了亚洲精华风景之中——稻浪翻滚，好像置身中国；雪峰高耸，又像置身尼泊尔。”

店里放眼可见各种男根——仿佛步入圣光笼罩的性用品商店——随着我们驱车进入海拔更高的山区，发现几乎每座院墙外都绘有怒然勃起的男性生殖器。

结束切米拉康(Chimi Lahkhang)之行重新上路后，公路开始变得蛮不讲理，终于显现出传说中让人闻之色变的疯狂喜马拉雅道路本色。山上坡下处处滑坡丛生，罂粟花在道边怒放，车辆离险峻的悬崖也不过咫尺之遥。这段路程艰难缓慢但养眼，直接通往地球上最高山脉的怀抱。随着时间慢慢流逝，道路终于摆脱了泥浆和落石的困扰。不过，许多地方依然险象环生，途中一辆卡车侧翻在深渊边缘，而司机早已不知所踪。

当我们到达其貌不扬的小村诺伯丁（Nobding）时，天色渐晚——我们将在薄暮时分进入岗提——我们在路边的一处瓦楞铁棚旁停车休息，几位当地妇女正坐在一块水泥板上卖水果和藏饺（momos）。我买了几个藏饺，到村子里随处走走，活动已经僵硬的手脚。三个小男孩好奇地跟在我后面。当我在一道陡峭的岩沟前停住脚步，盯着沟里茂密的灌木丛发呆时，其中一个小孩突然趁我不备跳向前，指着树木大声喊：“那里有一条大蛇！大蟒蛇！”然后三个男孩不约而同地发出阵阵大笑。在我还不明白发生什么事情时，一个男孩已经牵着我的手往回走，一边断断续续地讲述着一个比喜马拉雅公路更可怕的大蛇的传说。在这样的地方，想不面带笑容实在是难如登天。　文/艾米·巴尔弗

跨页图片：始于廷布的公路在多楚拉附近；本页右图：位于两河汇流处的普那卡宗堡；左页图片：不丹的小喇嘛；39页图片：普那卡山谷的水稻梯田

自驾指南

起点：廷布

终点：岗提

距离：81英里（130公里）

到达：不丹国际机场位于廷布以西31英里（50公里）处的帕罗。不丹的签证系统会为每位游客分配一位向导兼司机（再加上每天的强制费用），因此根本无须为当地交通发愁。

推荐住宿：在一整天提心吊胆的公路之旅结束之际，在Gangtey Lodge（www.gangteylodge.com）住上一两晚来犒劳自己。这座客栈占据了村里最佳的位置，能够将富毕卡山谷尽收眼底，12间套房都有着大大的落地窗，餐厅无论环境或是菜品都无可挑剔。最棒的是，在入住时可以免费享受5分钟的颈部按摩，去除一路的疲惫。

更多信息：www.tourism.gov.bt。

右页图片：通往新西兰米尔福德峡湾的公路

同类自驾线路
山地公路

新西兰米尔福德峡湾

菲奥德兰（Fiordland）是新西兰最狂野（最潮湿）的角落，连绵嶙峋的群山地貌带来了无数静谧的峡湾。这里的山并非新西兰最高的，却冷傲孤绝难以进入。从蒂阿瑙（Te Anau）前往米尔福德峡湾（Milford Sound）的公路是唯一的地面通路。公路前半段，看上去如同沿着内陆峡湾的蒂阿瑙湖岸前行，然后经由埃格林顿峡谷（Eglinton Valley）进入菲奥德兰国家公园（Fiordland National Park）。在城如其名的镜湖（Mirror Lakes）稍事休息，之后沿着公路一路爬坡至分水岭（Divide），这座山口也是热门线路鲁本特步道（Routeburn Track）的起点。沿山谷内暗无天日的荷马隧道（Homer Tunnel）前行0.75英里（1.2公里），出隧道后道路变得陡峭而蜿蜒，一路无限的风光带你前往群山环抱的米尔福德峡湾。

起点：蒂阿瑙

终点：米尔福德峡湾

距离：74.5英里（120公里）

加泰罗尼亚比利牛斯山

在边境线上来来回回，让这条本就群山起伏的公路显得更为迷人。从加泰罗尼亚火山地貌的Garrotxa地区首府奥洛特（Olot）出发，一路向东北开往坐落于玄武岩悬崖边上的小镇Castellfollit de la Roca。继续西行，经过沉睡的火山到里波尔（Ripoll），然后向北驶往瓦尔德里柏斯（Vall de Ribes），路边的岩石越来越多。到Ribes de Freser转西，接下来就是让人倒吸凉气的4016号公路，高低起伏蜿蜒蛇行至Puigcerdà。注意看路牌，继续前行你将离开西班牙进入法国，要到加泰罗尼亚颇具个性的边城利维亚（Llívia）后才能重回西班牙。从利维亚再向北，彻底告别西班牙进入法国，在山区运动胜地莱斯安格尔斯（Les Angles）结束这段旅行。如果恰逢寒冬，可以在莫利那（La Molina）和马赛拉（Masella）住两晚，将这段公路之旅变成滑雪之旅。在夏天，不妨留点时间在中世纪的利维亚探索当地美食。

起点：西班牙奥洛特

终点：法国莱斯安格尔斯

距离：86英里（138公里）

法国大阿尔卑斯之旅

作为一条真正壮观的阿尔卑斯穿越路线，法国大阿尔卑斯之旅（La Route des Grandes Alpes）从日内瓦湖岸（Lake Geneva）横穿法国阿尔卑斯山（French Alps），最终到达风景秀丽的法国蔚蓝海岸（French Riviera）。这是一条用了30年才修成的公路——在群山的起起落落中，在连绵的16个山口处（其中一些是欧洲海拔最高的硬化公路山口，还包括环法自行车赛上颇具传奇色彩的Col du Galibier等），这项宏伟的工程一定会让你肃然起敬。上路不久，你就能看到阿尔卑斯山最高的勃朗峰（Mont Blanc）的身影，随后这条如过山车般的线路还将带你穿过瓦努瓦斯（Vanoise）、Queyras和马尔康杜（Mercantour）3座国家公园，直到美丽的地中海边。由于公路最高点到了海拔2800米处，一年中大部分时间都会大雪封山——不过6月至10月畅通无阻。

起点：Thonon-les-Bains

终点：芒通（Menton）

距离：425英里（684公里）

纵贯韩国东海岸

忘了无尽喧嚣的首尔吧——在韩国还有比霓虹闪烁的首都更精彩的地方。
韩国的东海岸不仅坐拥无数美丽沙滩，还有被遗忘已久的"黄金城"，以及热闹非凡的海港釜山。

韩国有这么一句谚语："即使是爬也要爬到首尔去。"如今，作为韩国的首都，拥有千万人口的首尔依然是这个国家的焦点。从狎鸥亭（Apgujeong）毗邻着各色品牌店铺的川流不息的街道，到弘益大学（Hongdae）和梨花女子大学（Edae）周边的新浪潮酒吧餐饮，到处都是生机勃勃的霓虹海洋，充满了生活的气息。

然而，向往安静的人该怎么办呢？想要看看真正韩国风情的游客，除了凌乱的汉江河岸，还有其他的选择吗？有的，对他们来说，还有这么一条前往釜山的路。

釜山这个韩国第二大城市之所以很少出现在游客的旅行计划上，主要就是因为它的光芒都被300多公里外的首尔掩盖了。但是这座繁华的港口城市完全有资格成为一处世界级旅行目的地——这里有350万人口，海鲜、温泉、高山和多姿多彩的海滨氛围更是声名远扬。

两座城市（在韩国地图上就是左上角和右下角）之间有无数条自驾通道，我们的选择是其中风景最优美的一条：全程285英里（459公里），大约7小时。你只需从首尔出发，向东来到海边，然后右转，就可以慢慢开往南边的釜山，左手边还有日本海一路相伴。

韩国的道路路面平坦、设计现代、维护良好——但是与许多国际化大都市一样，拥堵的交通让你出个城都特别费劲。当我们到达海边的江陵市（Gangneung）时，已经是第一天的中午了。我们迫不及待地停好车，立刻就投身于品尝美味的当地海产和探索美丽的镜浦海滩（Gyeongpo Beach）之中了。

这里的住宿是我见过最超凡脱俗的，前所未见，更别提住过了。哈斯拉艺术世界博物馆酒店（The Haslla Art World Museum Hotel）被设计为一件宏伟的艺术品，展现了对人类

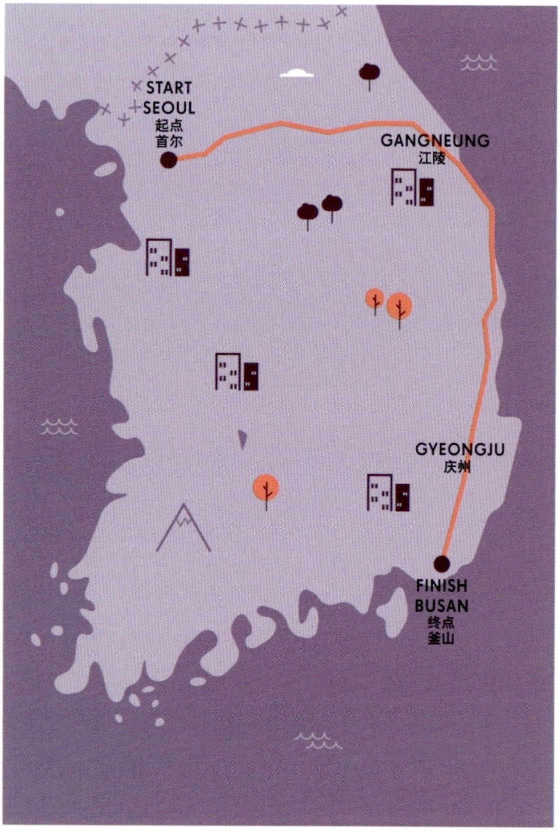

与自然和谐共存的探索。24间客房各具特色，我这次住的房间有一张嵌在巨大的木质凹槽内的床，整个象征着母体内的子宫。隔壁则有一个心形的石质浴缸，以令人赞叹的视野为傲：躺在其中，便可饱览眼前的海岸线与远处的北朝鲜高峰。

由于这里靠近边境，大量事物都在提醒着你：朝鲜半岛如今处于分裂状态。第二天上午，我们在江陵城外就遇到了一处纪念地，里面展示着一艘被俘获的朝鲜潜艇，仿佛是韩国人骄傲的狩猎战利品。这艘35米长的潜艇于1996年在监视附近的军事设施时被发现，如今被放置在统一公园（Unification Park）——一处以朝鲜战争为主题的露天博物馆。

从这里南行，一路畅通，风景怡人。7号国道贴着崎岖的海岸线一直通往釜山，我们也不急不忙地尽情享受自驾的乐趣，穿过稻田、森林和山间隧道，看着潮水从左手边的金沙滩慢慢退下。

快到三陟市（Samcheok）时，我们停车享用了一顿午餐，然后便去了孟芳海滩（Maengbang Beach）游泳。那儿给人的感觉有点像是在美国加州，救生员的行头和电影《海滩游侠》（*Baywatch*）中的差不多，还有完美的白沙滩、起伏的波涛和瞭望塔，一切都仿佛在高喊着“圣莫妮卡”。当然，事实上是带着扩音器的救生员，他大声喊着海滩即将关闭，我们

“釜山紧邻中国东海，如同首尔的顽皮小弟一般活力四射。拥有高山、海滩、海滨酒吧、街头小吃……”

不得不继续上路。

我们第二晚的落脚点是庆州（Gyeongju）。在这座“黄金城”，强大的新罗王朝曾经一统朝鲜半岛长达1000多年。在其国力最为强盛的9世纪，庆州人口数量达到100万，毫不逊色于当时的罗马。但如今，所有这些都已成为谜一般的过往，只给庆州留下了一个响亮的名号——“没有围墙的博物馆”。

为了更好地感受这里的历史氛围，我们选择入住一处传统木制韩屋（hanok），在有暖气的地板上铺上垫子，香香甜甜地睡了一晚。

次日上午，我们游走于庆州美丽的寺庙、宫殿和花园之间，感觉如同进入了一本全是插画的童话故事书中。这座古都最具盛名的景点——以及随处可见的展示图片——就是新罗王陵，这里草木丛生的土丘下就埋葬着新罗王朝全部56位统治者，它们就如同韩国版的金字塔。其中一些甚至高近40米，你可以在中间随意走走。

中午用泡菜火锅填饱肚子后，我们继续前往另一处古迹：

瞻星台(Cheomseongdae Observatory)。这座天文台由一位新罗女王在7世纪中叶修建,外形看似一座简单的塔楼,感觉却更像是散发着邪气的堆叠石阵。据说它旨在用某种神秘的方式来观测日月天象,但具体是什么,专家们至今仍在研究。

庆州的吐含山上,法相庄严的石窟庵佛像(Seokguram Buddha)在过去的1300多年里一直守卫着这座“黄金城”。而此刻,我们也在佛像的注视下,驶离了庆州。

从这里沿着海岸线向南驱车50英里(约80公里),即可到达喧闹的港口城市釜山。它紧邻中国东海,如同首尔的顽皮小弟一般活力四射。高山、海滩、海滨酒吧、街头小吃,共同将釜山打造成了这一带最令人愉悦也最被低估的城市之一。

在釜山略显杂乱的札嘎其鱼市场(Jagalchi Fish Market)购买了一些热气腾腾的海鲜(包括沙虫——虫不可貌相,其味道极其鲜美)之后,我们来到这座城市最美的海滩海云台(Haeundae)野餐,庆祝我们结束这段从北到南的穿越之旅。

韩国并不是一个幅员辽阔的国家,却有着美丽的风景、悠久的历史和迷人的风情——只要你舍得将首尔的国际名牌和闪烁霓虹抛之脑后。也许是时候改一下那句谚语了:“即使爬也要爬出首尔。” 文/乔纳森·汤普森

首尔美食

你能在首尔品尝到的最佳美食,有一部分就来自街头:从市场里的小吃摊,到深夜地铁站外的“布帐马车”(pojenchmacha;塑料帐篷酒吧),随处可见。食物都是新鲜烹制的,从绿豆煎饼(bindaetteok)和米肠(sundae),到石锅拌饭(bibimbap)或炸物(twigim;油炸海鲜或蔬菜),应有尽有。这是韩国的一大特色,也是泡吧之后理想的“深夜食堂”。

左页左上:停车在路边休息;左页左下:首尔街道上的当地人;左页右图:孟芳海滩的蜜桃;本页图片:滨海道路;45页图片:从哈斯拉艺术世界博物馆酒店看到的正东津(Jeongdongjin)海滩

自驾指南

起点:沿着岭东高速公路(50号公路)驶离首尔,向东前往江陵市

终点:7号公路在釜山中区(Jung District)的南部海岸结束

距离:285英里(459公里)

到达:先抵达首尔仁川机场(ICN),那里有许多汽车租赁点可供选择。

何时去:平季,例如5月和9月,此时韩国乡村沐浴着不同寻常的色彩,海边游泳也依然温暖。避开11月至次年3月,气温骤降,经常降雪。

推荐住宿:在首尔可以住在北村(Bukchon)或益善洞(Ikseon-dong)的传统木质韩屋旅馆。

更多信息:www.visitkorea.or.kr。

右页图片：不带氧气瓶就下海采贝的济州岛海女

同类自驾线路

韩国行

济州岛环线

作为韩国最大的岛屿，济州岛是非常热门的韩国度假地。这里的火山峭壁、美丽海滩和热带植被经常被人们拿来与巴厘岛和夏威夷相提并论。探索济州岛的最佳方式就是沿滨海道路自驾，用两三天时间来充分领略沿途底蕴深厚的文化和震撼人心的风景。从济州市出发，你可以在机场很方便地租到一辆车，然后沿顺时针或逆时针方向在岛上转一圈。南部海岸的中文旅游区（Jungmun Resort；这一地区就叫作“中文”，并不是那里的人可以说中文）是不错的中途过夜选择。沿途你还会看到岛上著名的“海女”（Haenyeo），数百年来她们一直在济州岛沿岸从事水产养殖工作。

起点/终点：济州市

距离：112英里（181公里）

釜山至光州

这条路线连接起了釜山和光州这两座韩国最具活力的城市，将带你领略这个国家的南部风光，中途还会经过马山（Masan）、晋州（Jinju）和顺天（Suncheon）。这是一条风景优美的地面道路，沿线有许多可供顺道游览的地方，还能欣赏韩国南部海岸的美妙海滩。

釜山是一个喧嚣的港口城镇，可以用一两天来探索；古灵精怪的光州则是韩国的艺术之都，装置艺术、雕塑和博物馆遍地可见。学生是光州的主要人群，因此酒吧和咖啡馆颇为活跃，尤其是在黄金路（Hwanggeumgil Street）南边的小巷里。

起点：釜山

终点：光州

距离：126英里（203公里）

白岫海滨道路

作为韩国家喻户晓的自驾线路之一，白岫海滨道路（Baeksu Coastal Road；官方名称是77号国道）也是探索植被茂密的全罗南道（Jeollanam-do）的最佳方式之一。这个美丽的西南省份是韩国最不发达的地方之一，而这条路会带你穿过这里变幻多姿的地貌——从郁郁葱葱的绿色山丘到绵延起伏的海岸峭壁，不一而足。沿途还有许多海滩可供游览，如果时间足够，附近的数百座小岛也等着你一探究竟。不妨特别留意下以捕鱼业闻名的Dombaeseom岛，以及因徒步线路而声名鹊起的七山岛（Chilsando）。

起点：起龙里（Giryong-ri）

终点：Sukgumi镇（Sukgumi-maeul，석구미 마을）

距离：10英里（17公里）

王者之路：阿联酋空山公路

通往空山的公路跻身世界顶级自驾路线，绝非侥幸：
它本就是由一位阿拉伯酋长下令修建，目的是在前往山顶宫殿的途中体会到极致的驾驶乐趣。

夜色中，我乘坐的飞机缓缓接近阿布扎比的机场，此时还看不见城区，漆黑的沙漠上却出现了一条条黄色的虚线，四通八达，不见首尾。我恍惚间还以为是什么先进的飞机导航系统，后来才知道，那原来是亮着路灯的公路——延绵数百公里、空无一人的公路。阿联酋这座蕴藏着仿佛取之不尽的石油和天然气资源的国家，就是这么任性。

第二天早上我们便上路了，沿着这些沙漠公路前往边境城市艾因（Al Ain）。那里有阿联酋开国总统谢赫·扎耶德·本·苏丹·阿勒纳哈扬（Sheikh Zayed bin Sultan Al Nhayan）的一座宫殿（尽管阿联酋的首都现已搬到了阿布扎比）。我猜这位酋长在这里未必只有一座宫殿，但他在城外不远处建造的那座山顶王宫才是我此行的目的地。或者应该说，通往王宫的公路才是真正的目的。

并不是所有人都经常有机会来到这条被誉为全球最佳的摩托车（及汽车）公路，一想到能有幸亲自体验，我都兴奋得有点儿喘不过气来——当然，喘不过气来的感觉也许与当时40℃的高温不无关系。结果，人生地不熟的我走错了道，没找到通往艾因的路，反倒开回了机场。但这也怪不得别人，阿联酋的英阿双语路牌还是比较明确的，所以我只好骑着这头“巨兽”——一辆BMW K 1300 S——掉头回来，寻找正确的方向。

按照路牌，这条公路的限速是120公里/小时，但早上提车

的时候，摩托车租车行的那哥们儿告诉我，只要不超过140公里/小时，测速探头就不会拍，就是拍了，罚款也不用我交。

在这条双向六车道的高速上开车，你不用担心卡车，因为公路北边为卡车另外开辟了一条专用高速，你看得见它们，听得到它们的隆隆巨响，但不用怕撞到它们。真正需要担心的是当地的某些司机，这帮人会飙到200公里/小时，打你身边呼啸而过，看到有探头了，再来一个急刹车。

我在服务站加油的时候，一个也在加油的四驱车司机走了过来，冒出一句："怎么在这儿遇着你了？"原来，他是澳大利亚人，因为订阅了我办的杂志《澳大利亚摩友》（*Australian Motorcyclist*），所以认出了我。目前有高达92%的外来人口生活在阿布扎比。得知我的来意，他笑着说："你胆子真大。我老老实实地把摩托车留在了阿德莱德，不敢带过来，这边开车太野了。有时候路上还会冒出骆驼，隔离护栏根本拦不住这帮家伙。"

对方的提醒我心领了，但开起车来还是"入乡随俗"，多数时间也会飙到快200公里/小时，反正看到探头再急刹就是了。我沉浸在高速的愉悦中，直到艾因出现在视线中，才驶出高速，进入空山（Jebel Hafeet）公路，驶向空山脚下的一片绿洲，绿色穆巴扎拉（Green Mubazzarah）。空山公路的柏油路

"这条山路是德国人造的，建筑技术堪称绝妙：虽然偶尔也有急弯，但弯道的半径却都是定值，拐弯时让人很放心，路面的质量也近乎完美。"

面极其平整，长度不过7英里（11.7公里），但弯道极多——到底有几个弯，没人说得清，少的有说21个，多的有说60个。这辆宝马摩托有173马力，所以即使面对这种险路，我仍然不想委屈了它，于是鼓足勇气，拧油门，松离合，窜了出去。结果，这车因为没有TCS这种"娘炮"的配置，后轮在地面上蹭出了一条黑线，空山公路自驾也就这样有惊无险地开始了。

我开始时挂的是二挡，后来又推到了三挡。宝马摩托车的变速箱常常被人诟病，但至少我这台车的变速箱，在我真想让它出力的时候，还是相当配合的。开始时我还想一边开一边数弯，但当第一个弯道出现的时候，算数这种事就已经被兴奋的我抛在了脑后。这条山路是德国人修建的，建造技术堪称绝妙：虽然偶尔也有急弯，但弯道的半径都是定值，拐弯时让人很放心，路面的质量也近乎完美。听说迪拜的Mini车友在周末会来山上拉练，但我相信开着汽车挑战这条路的乐趣和骑摩托车根本无法相比。

自驾之外

阿拉伯地区是穆斯林世界的中心，先知穆罕穆德禁止信徒饮酒，对此，你既要理解并尊重，也可以想些办法“曲线救国”——在西方人开办并经营的酒店里饮酒是合法的。想游泳也必须遵守当地的习俗，酒店泳池有专人严格审查着装。男性可以考虑穿一条宽松的沙滩短裤，上身配一件T恤（是穿着下水）。只不过这种行头在艾因城中的市场里很不容易找到，最好自己带过来。

左页图片：在艾因空山公路顺利过弯；本页图片：阿布扎比市中心的阿尔华达区（Al Wahda）；51页图片：艾因的雷马沙漠（Remah Desert）

左盘右绕的感觉非常爽，于是我越开越快，甚至对自己的车技很有信心，心跳都没有加速。结果在一次过弯的时候，一辆小卡车冷不丁冒了出来，在我的车道里朝我迎面驶来。这是我在山上遇到的第一辆车，再加上它刚好在我的转弯道上，情况危急，心脏瞬间狂跳不止。它是不会为我变道的，这时候刹车也来不及了，我只好依靠这辆摩托车轮胎的抓地力迅速变向。躲开它之后，我变回了自己的车道，紧张地对自己笑了一声，继续上路。

经过通往酒店的出口不久，我开进了一个很大的停车场里。往山上走不远就是王宫，但看起来并不怎么雄伟，而且像我这种从澳大利亚来的摩友，也未必招人家待见，不去也罢。我骑上车掉头回来，先到酒店里办理入住。我的房间配有一整面落地窗，能看到辽阔的沙漠，我打算在晚上坐在窗边，端一杯金汤力，打望黑暗中那一条条直通天际的“黄色虚线”。但此时天色尚早，我根本没心思干别的，只想再次骑车挑战空山公路。

我骑了下去，又骑上来，又骑下去，每次都给自己计时——具体时间我还是别说了，以免被真正的“闪电侠”耻笑，但我的确找到了风驰电掣的感觉。这条路到底是不是全球最佳摩托车自驾路线呢？不管别人怎么说，此时此刻的我觉得它就是。　文/彼得·托明

自驾指南

起点：阿布扎比

终点：空山

距离：阿布扎比至绿色穆巴扎拉108英里（175公里），绿色穆巴扎拉至空山山顶7英里（11.7公里）。

到达：阿布扎比和迪拜都有国际机场。

何时去：当地天气总是很热，尽量选择冬季前来。冬季气温可能不到30℃，降雨概率仅为10%。

推荐住宿：空山山上的Mercure Grand酒店。

带什么：适合炎热天气的骑行服。宝马推出的Venting Suit透气骑行服配有透气滤网和纳米水晶隔热膜，值得推荐。

相关证件：持中国护照可免签证入境阿联酋。入境不收取费用，停留期30天。

租车：在迪拜和阿布扎比都可以租到摩托车和小汽车。

顺路探访：从这里开车到迪拜不算是顺路，但距离不过93英里（150公里）。

右页图片：瑞士阿尔卑斯山脉中一片宁静的湖泊，远方就是气势逼人的马特洪峰

同类自驾线路

特立独行的自驾

法国图里尼山路

这条翻越图里尼山口（Col de Turini）的山路常被评为世界上最危险的公路之一，可事实上只要小心驾驶，绝对有惊无险。可惜并不是所有人都懂得小心驾驶，蒙特卡洛拉力赛（Monte Carlo Rally）中的车手驾驶超级赛车行经此处时，也常因速度过快而与护栏亲密接触。整段路共34个发卡弯，垂直攀升1604米。山口附近有3家酒店供你平复激动的心情，其中一家叫Hôtel Les Trois Vallées，墙壁上挂满了蒙特卡洛拉力赛的照片。在某些照片中，厚厚的积雪几乎都快没到赛车车窗了——尽管有标识警告山路在冬季可能封路，这些赛车却似乎完全不受约束。这条山路属于D2566公路的一段，路旁风景优美，但开车行驶的你一定不要分神，必须时时小心，别让别人口中的危险公路成为你现实中的一条"不归路"。

起点：索斯佩勒（Sospel）

终点：图里尼山口（Col de Turini）

距离：15英里（25公里）

美国加利福尼亚死亡谷

顾名思义，死亡谷（Death Valley）荒凉酷热、了无生机、艰苦难耐，其间散布着一座座鬼城和弃矿，是人类在这里与自然搏斗、最终败北的见证。但开车穿越这片国家公园，你反倒可以见识到大自然令人震撼的灵动：这里的沙丘会"唱歌"，这里的峡谷展现了河水的鬼斧神工，沙漠中的大石头竟会莫名其妙地"搬家"，火山坑和棕榈绿洲也总能带给你惊喜。起点贝克镇（Baker）立着世界上最高的一支温度计，上面的读数预示着此次旅行的"火热"；恶水盆地（Badwater）中有无边无际的盐田；终点是斯考特城堡（Scotty's Castle；本书调研期间因修复关闭），虽然想不明白什么人会在如此荒凉的沙漠中安家，但并不妨碍城堡的气派与华丽。记得带足水，并确保汽车空调不会半路撂挑子。

起点：圣伯纳蒂诺县（San Bernadino County）贝克镇

终点：斯考特城堡

距离：380英里（610公里）

瑞士阿尔卑斯山

阿尔卑斯山让人又爱又恨。这里山景美妙绝伦，但不管去哪儿，这座山总会挡路，只能翻过去，绕过去，或是钻过去。这条自驾路线沿途有惊悚的急弯，有可爱的湖泊，有依偎高山的田园，有嶙峋陡峭的荒野，种种美景一路相随。更不乏值得停车流连的妙境，尤其是乌里州（Uri）的安德马特镇（Andermatt）——小镇位于阿尔卑斯山脉地区4条主要山路的交会点，是体验徒步和骑行的完美大本营。令人惊愕的山景自然也不容错过：你可以搭乘缆车，登上2970米高的雪朗峰（Schilthorn）峰顶，在这里360度环顾四周的200座山峰；去费尔施市（Fiesch）好好欣赏一下14英里（23公里）长、冰河蜿蜒的阿莱奇冰川（Aletsch Glacier）；最后前往塔什镇（Täsch），从那里坐火车赶往车辆禁行的采尔马特（Zermatt），在独一无二的马特洪峰（Matterhorn）结束这段魔幻之旅。

起点：阿罗萨（Arosa）

终点：采尔马特

距离：382英里（612公里）

美洲

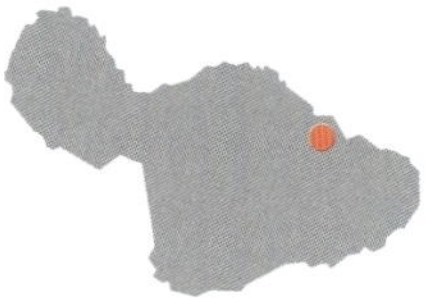

夏威夷哈纳公路

这是一场激动人心的自驾，蜿蜒狭窄的公路会带你穿过毛伊岛野性的热带花园，在水花四溅的瀑布、不为人知的水潭和熔岩嶙峋的海岸间辗转。系好安全带，出发吧！

哈雷阿卡拉火山（Haleakala）像巨人一样镇守着毛伊岛（Maui）的东部，火山背后，自然和文明每天都在进行着对抗。到目前为止，自然略占上风。暴风骤雨不时侵袭生长着热带植物的山坡，瀑布从高处飞流直下，泥石流在海岸峭壁上蓄势待发，海浪摧残着漆黑嶙峋的熔岩——在这样的天地间，只有一条铺装公路蜿蜒伸展，仿佛竭力想要证明人类才是这里的主人，那就是哈纳公路（Road to Hana）。

500年前，毛伊岛上曾有一条气派的环岛路，名叫“国王公路”（King’s Highway），乃是皮拉尼国王（King Pi’ilani）治下修建的一条商路。然而由于大雨频繁、阳光炽烈，任何人造工程都难逃自然的摧残，昔日的商路如今在海岸线旁也仅留下了零星的遗迹。19世纪时，狂热的传教士又用当地的熔岩修建了不少教堂，但可惜教堂屋顶结构脆弱，当地人口又逐年下降，到头来还是成了废墟。至于这一带手机信号怎么样？大概可以总结为8个字：时有时无，聊胜于无。

哈纳公路起于冲浪小城海库（Haiku），止于冷清的小镇哈纳，据说沿途共有54座桥（大多数都是单车道），600多个弯。这条路线我跑过不少次，但每次都像是开启了一场全新的冒险。前方会遇到什么，根本猜不到：也许会有泥石流或是倒下的树木阻断去路，也许会一路阳光彩虹，顺风顺水，超乎想象的热带风光甚至比明信片还美。

近些年，来这里自驾的人多了不少，我总能在沿途那些最漂亮的瀑布旁看到他们——开着租来的吉普车或是敞篷野马，在观景点附近抢车位。但你也不必因为担心错过美景而焦虑不安，这个瀑布旁边没车位，就去下一个瀑布那里找。毕竟脚下的可是哈纳公路，缺什么也不缺瀑布，一定要放松心情，享受那种期待感。

不妨选择从海库镇出发，早上先沿着那条徒步小道去看看双子瀑布（Twin Falls），顺便游游泳。那里的瀑布超级上镜，瀑布下的水潭也很美妙。双子瀑布位于海库镇东边，从那里开始，哈纳公路野性陡增，竹林、彩虹桉树和浓密的植被共同打造了一片多彩的世界。不过，这还只是“开胃小菜”，前方才是“荒野大餐”。

沿途散布着一些有机农场，但被植物挡在后面，根本看不出来，唯一的线索就是偶尔出现在路边的水果摊。摊上卖的有椰子、菠萝、芒果和吕宋蕉，摊主多是参与WWOOF

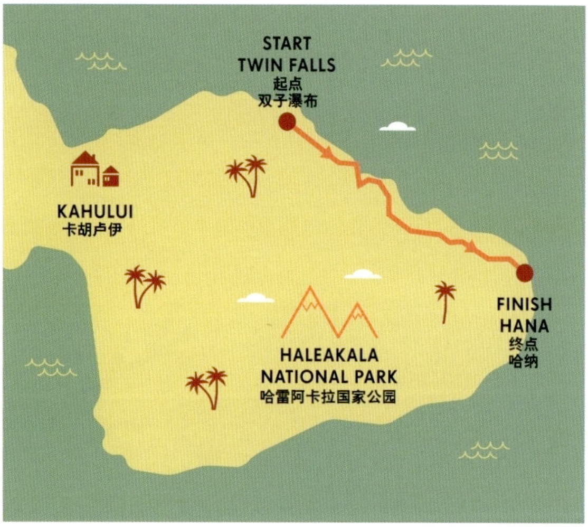

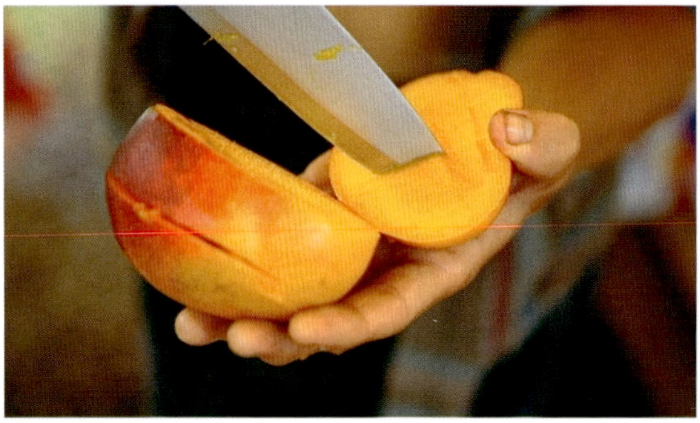

（World-Wide Opportunities on Organic Farms）项目进行“间隔年”的大学或高中毕业生，在当地农场里打工以换取房间或宿舍，体验生活。其中一位女孩告诉我，她就住在摊位后面的一个帐篷里。我不确定她和WWOOF计划有没有关系，但这种经历听起来真是刺激。

继续行驶，前方来到了怀卡莫伊自然小道（Waikamoi Nature Trail）的路口。这条环形步道长1英里（1.6公里），穿行于一片热带密林之中，走起来很轻松，路口附近还立着一块覆着苔藓的标识牌，上写“树木正在忙，请勿高声语”（Quiet. Trees at work）。我每次在这里停车徒步，总以为踩过了厚厚的泥，躲过了滑滑的根，应该会在小道的最高处看到壮阔的森林和大海，但每次都未如愿，肆意生长的植物总会遮挡住我的视线，脚下的运动鞋也都脏得一塌糊涂。

距离哈纳大约还有一半的路程，此时路边出现了基阿内半岛（Ke ‘anae Peninsula）。半岛轮廓细长，地势平坦，土壤肥沃，沿岸是一圈黑色的熔岩，浪花四溅。那种景色神奇震撼，还略有阴郁不祥之感，可惜我每次拍的照片，都难以传达其精髓。附近有一座熔岩打造的基阿内公理会教堂（Ke ‘anae Congregational Church），距离海岸一步之遥，建于1860年，大门敞开，内有访客登记册，每次来到这里，周

“在一片热带密林中穿行，路口附近还立着一块覆着苔藓的标识牌，上写‘树木正在忙，请勿高声语’。”

围景色带给我的压抑感总会化为乌有。上车再行不远，就是桑迪阿姨（Aunt Sandy）开的路边小吃摊，那里新鲜烤制的香蕉面包也总能让我倍感温馨。

公路经过54座桥，自然也就跨过了54条河。停车沿河逆流而上不远，你几乎总能找到一条景色奇美的瀑布。这些瀑布毫不羞涩，绝不矜持，总是那么澎湃张扬。其中的上怀卡尼瀑布（Upper Waikani Falls）——也叫“三头熊瀑布”（Three Bears Falls）——一分为三，怎么拍怎么美。在普阿卡阿瀑布（Pua ‘a Ka ‘a Falls）那里，我曾经见过一个年轻人从峭壁顶上飞身跳下，直落水潭，胆量令人佩服。后来还有一次，我在那里遇到一位画家，当时大雨如注，那人却坐在一个带棚的野餐桌旁，气定神闲地作画。

前方又来到了皮拉尼哈勒神庙（Pi ‘ilanihale Heiau）。这是整个波利尼西亚地区最大的神庙（heiau），考古学家普遍认为它始建于13世纪。一片长126米的熔岩平台，冷冰

下车徒步

哈雷阿卡拉国家公园中全长6.4公里的皮皮怀伊小道(Pipiwai Trail)很适合徒步。开始是上坡路，路旁有欧赫欧沟谷(Ohe'o Gulch)相伴，上方还有如洁白面纱一般的马卡西库瀑布(Makahiku Falls)。之后小路在一片茂密的竹林中蜿蜒，最终把你领到景色卓绝的怀姆库瀑布(Waimoku Falls)。瀑布挂在一面122米高的花岗岩峭壁之上，水流纤细，但水势惊人。小道起点距离哈纳城南10英里(16公里)，位于360号公路边。

左页左上：贴着海岸，奔向哈纳；左页左下：水果摊上的芒果；左页右图：通往双子瀑布的小道边立满桉树；本页图片：毛伊岛上，一条小溪直通太平洋；59页图片：沿着赫诺马努湾(Honomanu Bay)飞驰

冰地俯视着大海，庄严神秘。外围的卡哈努花园(Kahanu Garden)精致齐整，热带风情浓郁，与神庙气质迥异，像一个保护圈，把古代酋长们的传奇与秘密紧紧锁在当中。

或许可以说在卡哈努花园，文明扳回了一城，但在接下来要见到的怀阿纳帕纳帕州立公园(Wai ʻanapanapa State Park)，自然又一次占了上风。我上次来这里时，公园正在对海岸步道进行施工升级，新建了铺装路、观景点和楼梯。但这点小打小闹根本不足以驯服这片狂野天地：在黑色的沙滩上冲浪，仍然要提防激流；探索熔岩洞穴，也得小心滚落的岩石；徒步小道旁的那个喷水洞还会不时发作，喷出的水柱真的能把人冲到天上。想来这里冒险，不愁无险可冒。

小镇哈纳是这场自驾的终点，保留了夏威夷的昔日风貌，洋溢着本土的好客之情。城中的海滩色如黄金，形似新月，可以到那里放松身心，和当地人谈天说地[当地人管“聊天(chat)”叫“讲故事(talk story)”]，之后找个地方品尝超级地道的美食。事实上，哈纳真是非常低调、安静，以至于据说不少来此度蜜月的人都受不了过于静谧的环境，刚住了一个晚上就逃之夭夭。你怕安静吗？不怕就多待上几天，四处转转，找人聊聊。在这片荒野中，人烟极其宝贵，能享受赶快享受，因为明天又是一场孤独的探险。　文/艾米·巴尔弗

自驾指南

起点：双子瀑布

终点：哈纳

距离：32英里(52公里)，但沿途限速每小时25英里(40公里)，所以开下来要好几个小时

到达：卡胡卢伊机场可以租车，敞篷车和四驱车很受欢迎，但路边临时停车带很窄，更适合紧凑型小汽车。哈纳在机场以东52英里(84公里)处，哈纳公路初段为36号公路，从16英里里程碑处开始变为360号公路，里程碑数值也归零。加油可选择卡胡卢伊机场，或是36号公路上最后一个小镇帕亚(Paia)。

何时去：由于地处热带，哈纳一年四季适合自驾。尽量在早上8点前出发以避开拥堵。如果时间充裕，至少在哈纳住一晚。返程时可顺便在错过的瀑布边停留一下。

驾驶提示：若行驶时遇到当地车辆尾随，尽量靠边让对方超车。

右页图片：考爱岛除了金沙海滩（上图），还能透过车窗望见怒劳劳山谷（下图）这种美景，自驾体验也是史诗级的

同类自驾线路
夏威夷

考爱岛威美亚峡谷自驾

夏威夷的岛可能不算大，但景色可谓是大美，特别适合自驾旅行。考爱岛（Kaua' i）上奇景无数，论雄伟，威美亚峡谷（Waimea Canyon）是当之无愧的第一名。这条诞生自远古的熔岩峡谷长10英里，许多地方深度超过1000米，气势斩天断地，因而人称"太平洋上的大峡谷"。赶上晴天到此自驾，体验非同凡响。一条铺装路纵贯峡谷，起于海岸，一路上行，直达19英里（31公里）外的普欧基拉（Pu' u o Kila）观景点。在号称"花园岛"的考爱岛上，热带美景目不暇接，有起伏如浪、红似锈铁的峡谷，有繁茂鲜绿的植物，还有飞流直下的瀑布。怀波瀑布（Waipo' o Falls）落差有244米，飘逸的水流让人想到了童话中的长发公主，沿途无数地点都可一睹其风采。

起点：威美亚镇

终点：普欧基拉观景点

距离：19英里（31公里）

瓦胡岛向风海岸

瓦胡岛（O' ahu）向风一侧的海岸绿意最浓，驾车一路驶来，碧绿的海水像宝石，考劳山岭（Ko' olau Range）云雾缭绕、蔚为壮观的峭壁总在眼前。起点选在背风一侧海岸上的檀香山（Honolulu），先沿帕里公路（Pali Hwy）开到凯卢阿（Kailua）。这一段路与考劳山岭并行，景色很美，如果日前大雨连连，山岭峭壁上定会瀑布条条，恍如童话仙境。从凯卢阿开始便进入了向风海岸，公路蜿蜒曲折，速度需要放慢。途中会经过荒野海滩和小型农场，有丛林小道可供徒步，还有熔岩围出的鱼池。在古兰尼牧场（Kualoa Ranch）那里一定要停车游览一番，《迷失》《侏罗纪公园》等许多著名影视剧都曾在那里取景。终点是小城卡胡库（Kahuku），城中许多美食车都卖黄油蒜炒鲜虾，不妨买上一盘子，犒劳辛苦上路的自己。

起点：檀香山

终点：卡胡库

距离：38英里（61公里）

大岛火山口之路

要想在车窗外看到真正的岩浆奇观，不妨沿着火山口之路（Chain of Craters Rd）来一场自驾。这条路蜿蜒20英里（32公里），在"热气腾腾"的夏威夷火山国家公园（Hawai' i Volcanoes National Park）腹地穿行，景色之奇幻华美，在大岛（Big Island）称最。公路建在基拉韦厄火山（Kilauea）的山坡上，那是地球上最年轻、最活跃的火山，冷却的岩浆化成黑色的熔岩，绵绵不绝，长挂眼帘。在公路的尽头，还可以见到火红的岩浆从硬化的熔岩裂隙中汩汩冒出。想用相机记录这一奇观，最佳拍摄时间是清晨和傍晚，斜阳、熔岩和岩浆的对比感在那时最为惊艳。

起点：火山口之路

终点：霍雷海拱（Holei Sea Arch）

距离：往返40英里（64公里）

美利坚万花筒：66号公路

66号公路是美国的母亲路，长度超过2400英里（3862公里），跨越8个州，历史将近百年，是汇集了万般色彩的万花筒。

我打算从芝加哥开启这场2448英里（3940公里）的自驾，结果在杰克逊大街（Jackson Blvd）上，“66号公路终点”的标牌突然出现在眼前，仿佛旅行“还没有开始，就已经结束”。于是我在城中兜起了圈子，终于在亚当斯街（Adams St）上找到了传说中大名鼎鼎、现实中平平无奇的棕色路牌——“66号公路起点”。上面的箭头指向西方，听话的我乖乖跳上车，向西驶去。

这条连接芝加哥和洛杉矶的公路堪称传奇，历史可以追溯到1926年，但原路段仅有80%保留至今——路线曾经多次调整，又在1985年被正式撤销，由5条州际公路分段取代，所以自驾游览非常容易“跑偏”。而因为路段有的新，有的旧，有的平整，有的颠簸，好比一条“补丁路”，我不得不在各种驾驶模式间不停转换。再加上一路上景点众多，雄伟的、俗气的、天然的、人工的，什么都有，走走停停间，旅行进度也比计划中的慢了不少。

地图测绘师兼艺术家杰瑞·麦克拉纳罕（Jerry McClanahan）在俄克拉何马州钱德勒市（Chandler）经营一家艺廊。他在那里告诉我：“66号公路和别的路不一样，开快了对不起它。”

几十年间，这条路吸引了无数美国梦的追寻者。20世纪初，穷苦百姓开着破车上了这条路，躲避尘暴干旱（Dust Bowl），在“大萧条”中寻找生计。“二战”期间，美国大兵沿

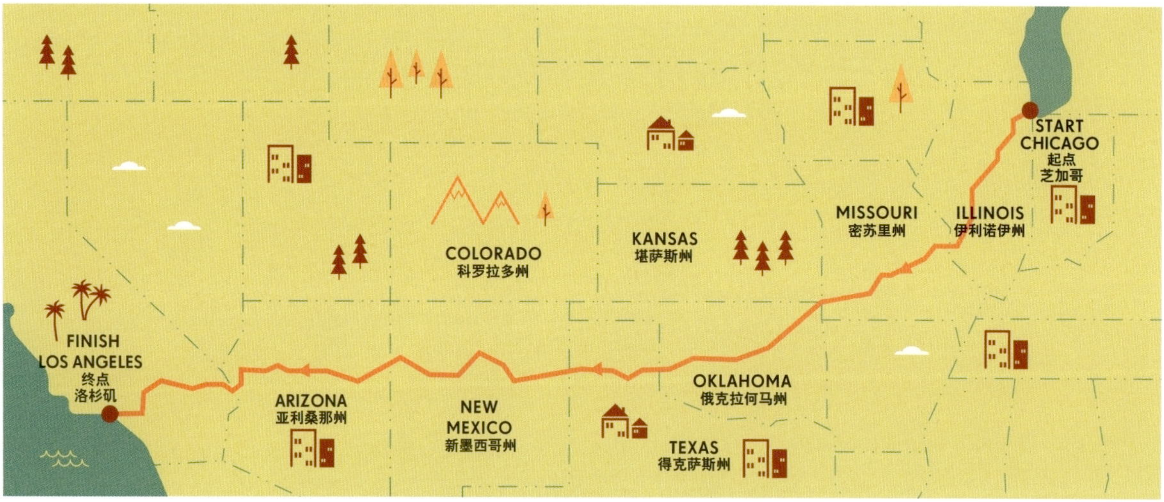

HISTORIC SELIGMAN SUNDRIES
GIFTS
MUSEUM
AIRPLANE RIDES $5.00
Koffie
HISTORIC SELIGMAN SUNDRIES
Coffee
SELIGMAN, AZ

着这条公路“保家卫国”。20世纪中期，崇尚自由的爱车一族也穿梭其中，在全国兴起了汽车文化，后来又掀起了反文化运动。现在，像我这样的怀旧分子再次踏上了这条路，想要穿越到从前，追忆往昔。

我在途中遇到的吉姆·琼斯（Jim Jones），就是66号公路旁的一个“活化石”。在伊利诺伊州庞蒂亚克（Pontiac）的66号公路名人堂及博物馆（Route 66 Association Hall of Fame & Museum）中，他为我讲述了自己在这条公路旁度过的青葱岁月。

“当时的我才7岁，正在给汽车加油。那会儿欧代尔村（Odell）有13个加油站，居民951人，我爸爸就是开加油站的，生意不错。”他指着博物馆中的一张照片向我介绍道。照片拍摄于1940年，里面是他和他的兄弟。

1947年，琼斯一家自驾游览了整条公路，晚上就露营过夜。66年后，吉姆又重新走了一遍66号公路，这回晚上住的是酒店。我问他这些年这条路到底发生了哪些变化，他回答说：“现在这条路有点像是一个历史景点，人们沿路自驾都是为了怀旧。”

在得克萨斯州的阿德里安（Adrian），我看到了66号公路的中点标志牌，上面告知往来行者，此处距离芝加哥和洛杉矶都是1139英里（1833公里），这让我激动不已，恨不得过去亲牌子一口。我穿过空旷的街道，走进了一家名叫“中点咖啡馆”（Midpoint Café）的餐厅，向老板的女儿询问，对于不远千里、开到公路中点的自驾游客，这儿有没有什么特别的东西招待。她说：“你就来份‘丑馅饼’（ugly pie；这是餐厅的招牌美食）尝尝吧。”

在柜台那里，老板和我攀谈起来。他从一个明信片架子上抽出一些年代感十足的明信片给我看，想让我知道阿德里安这个铁路小城当年是多么兴旺。这里曾经有5家餐厅24小时营业，全年无休，但如今，只剩下了他这一家，而且下午4点

就打烊了。

“车来车往的66号公路曾是这个小镇的生命线，今天仍然如此。”说这话的是店中一位名叫菲尼斯·布朗(Finis Brown)的顾客，也是小镇的镇长。他告诉我阿德里安正在缓慢地复兴，小镇人口已由2000年的159人增加到了2010年的166人。

亚利桑那州西部那159英里（256公里）长的路段，开起来最让我过瘾。我可以在一马平川的公路上快意驰骋，也就是见到窜上路面的白鼬才踩一下刹车。当然了，开得再顺也必须停下车来，拜会一下66号公路上的传奇人物安吉尔·戴尔加里洛（Angel Delgadillo）。这位大神只是一名理发师，绰号叫“66号公路教父”，拥有大批粉丝，我还在1700英里（2736公里）开外的芝加哥时便对此有所耳闻。安吉尔生于1927年，父母是墨西哥人，童年在亚利桑那州塞利格曼镇（Seligman）度过，和8个兄弟姐妹挤在一个其貌不扬的房子里，门前就是66号公路。

“杰瑞·麦克拉纳罕告诉我：‘66号公路和别的路不一样，开快了对不起它’”

当年躲避干旱的难民就曾从他家窗外经过。“车里的人惨得不成样子。每开过去一辆车，我们就会拿车里的人打趣：‘看，那是个没钱的俄州佬，车里才一床褥子。哟，又来了个有钱的俄州佬，车里有两床褥子。’”

1978年9月22日，塞利格曼南边的州际公路开通了，小镇经济因而一蹶不振。想到那一天，安吉尔现在仍然心有余悸：“人们把主街两旁的灯全熄灭了，以此为小镇的未来默哀。”

1987年2月，为了保护原先的66号公路，安吉尔组织了一次谈判，敦促立法部门将塞利格曼至金曼（Kingman）89英里（143公里）长的路段认定为“历史保护区”。他的坚持终于有了结果，多个城镇在他的激励下也加入了66号公路的保

护工作中。

他说："塞利格曼是66号公路重生的地方，这一小部分美国历史是我们塞利格曼人挽救下来的。"

66号公路最初的终点位于洛杉矶市中心百老汇街（Broadway）和第七街（Seventh St）的交叉路口，我也终于在离开芝加哥两周之后开到了那里。停好车的我在克里弗顿餐厅（Clifton's Cafeteria）外的人行道上激动地上蹦下跳，把周围人都看傻了。我拉过其中一位，询问这周围有没有什么历史标记可以拍照留念，结果在餐厅老板的指点下，找到了一个小小的蓝色标牌，上面写着"66号公路（1926~1939年）原终点"[Original terminus of Route 66（1926~1939）]。

在圣莫尼卡码头（Santa Monica Pier），我见到了路上第三个也是最后一个66号公路终点的标牌（"End of the Trail"）。那里有一个66号公路主题商店亭，憋在里面的店主叫伊恩·鲍温（Ian Bowen），我走上前搭话，他热情地和我握手，对我的壮举表达祝贺。几分钟之后，一对从北达科他

开过来的夫妇也在他那里受到了同样的待遇。

我在排队与终点标牌合影的时候，和这对夫妇聊起了路上见闻，结果发现，我们都曾在芝加哥的同一个地方走错了方向，因而忍俊不禁。照片中的我们，脸上都露出了会心的笑容，因为我们知道，66号公路没有辜负我们，我们也没有辜负66号公路。 **文/安德莉亚·萨克斯**

再造威廉姆斯镇

作为66号公路沿线最后一个被州际公路抢去"流量"的城镇，威廉姆斯镇(Williams)以"大峡谷门户"的身份再次绽放。你可以在这里乘坐大峡谷列车直接前往大峡谷国家公园南缘(South Rim)。这里还有一条"66号公路滑索"(Route 66 Zipline)，你可以乘坐一辆"飞天汽车"，从空中欣赏下方景色—— 飞车最高时速可达30英里(48公里)。

跨页图片：沿66号公路骑行挺进加州；65页图片：亚利桑那州塞利格曼镇仍然坚守在66号公路旁；66页图片：在亚利桑那州温斯洛(Winslow)，地面上66号公路的标志异常显眼；67页图片：公路终点圣莫尼卡码头上的救生岗亭

自驾指南

起点：芝加哥

终点：洛杉矶

距离：2448英里(3940公里)，跨越8个州

到达：芝加哥的奥黑尔机场(O' Hare)和米德韦机场(Midway)都有租车点。如果是从西往东开，洛杉矶国际机场也可租车。

何时去：春末、夏季和初秋最适合自驾。夏天一定要提前订房，沿途许多老牌汽车旅馆那时都会非常火爆。旅游旺季，途中仍有一些景点和商店可能开得晚，关得早。

地图：大多数车载GPS和导航软件都会无视66号公路的存在，把你往州际公路等干线公路上引。杰瑞·麦克拉纳罕绘制的地图《轻松搞定66号公路自驾》(*EZ66 Guide for Travelers*)超级实用，到哪个路口怎么转，说得非常明白，并附有推荐景点、餐厅以及历史典故等信息。

重要提示：始终保证车辆有半箱以上的油量，在加油站稀少的西南部地区更要如此。

右页上图：基韦斯特的日出；右页右下：艺术家兼蝙蝠迷爱德华·格瑞（Edward Gorey）在科德角的故居；右页左下：跨海公路旁的休闲餐饮商店

同类自驾线路

致敬美国经典

佛罗里达州跨海公路

113英里（182公里）长的跨海公路（Overseas Hwy），起于基拉戈岛（Key Largo），止于美国最南端的城市基韦斯特（Key West），将佛罗里达群岛（Florida Keys）串联起来，被认定为“泛美风景大道”（All American Road；美国级别最高的景观公路），沿途会跨过42座桥。驾驶期间，你很多时候都会感觉自己像是一只在水面上滑行的虫子，左边是大西洋，右边是墨西哥湾，头顶还有鹈鹕、鱼鹰和大白鹭陪伴。中途你还可以依照路牌的指示，顺道探访佛罗里达群岛的经典景点，比如约翰·彭尼坎普珊瑚礁州立公园（John Pennekamp Coral Reef State Park）和深湾州立公园（Bahia Honda State Park）这两个潜水天堂。这一带奇妙的野生动物也不都是藏在水下，在国家礁鹿保护区（National Key Deer Refuge）里就能看到北美洲体形最小的鹿——礁鹿，在海龟医院（Turtle Hospital）里还能探望正在接受治疗、等待重回大海的海龟。等开到了终点基韦斯特，一定要走下车，到某家酒吧来一杯基韦斯特的经典特饮：礁岛柠檬玛格丽特（key lime margarita）。如果在飓风季来此自驾，你得做好这条路进得去却出不来（或反之）的心理准备。

起点：基拉戈

终点：基韦斯特

距离：113英里（182公里）

新罕布什尔州堪卡马格斯公路

堪卡马格斯公路（Kancamagus Hwy），简称“堪卡”（the Kanc），在纯粹的自然美景中穿行了34英里（56公里）才重返文明世界。公路属于“国家景观公路”（National Scenic Byway；其中的最高级别是“泛美风景大道”），开通于1959年，起于新罕布什16号公路（Route 16）上的小城康韦（Comway），蜿蜒穿行于白山山脉（White Mountains）之中，止于林肯镇（Lincoln）。一路没有餐厅酒店，没有服务区，没有手机信号，有的是斯威夫特河（Swift River）的美景、各种难度级别的徒步小道以及偶尔现身的驼鹿。途中会经过小村帕萨科纳维（Passaconaway）的遗址，村中仅存一栋建筑，名叫罗素–克尔巴斯旧居（Russel-Colbath House），你可以一窥19世纪新英格兰地区的生活方式。在天气暖和的日子，萨巴戴伊瀑布（Sabbaday Falls）的水雾能带给你清凉；如果是秋季前来，堪卡马格斯山口（Kancamagus Pass；海拔870米）则会为你展现多彩的景色。在某些景点停车赏景，需要出示停车票，停车票可在景点售票亭当场购买（白天3美元），也可到护林站或游客中心提前购买。

起点：康韦

终点：林肯镇

距离：34英里（56公里）

马萨诸塞州6号公路

6号公路（Rte 6）“出身低微”，起初只是从马萨诸塞州东部修到了纽约州的布鲁斯特（Brewster），长度很短。1937年，公路一路延伸到了加州的长滩（Long Beach），总里程长达3652英里（5877公里），一度成为美国最长的横穿大陆的公路。然而，后来的多次路线调整和重新命名又将6号公路从神坛上拉了下来。今天，这条公路仅剩马萨诸塞州州内的路段，“海湾之州”（马萨诸塞州的别称）的居民尊称其为“共和军公路”（the Grand Army of the Republic Highway）。你可以从公路最初的起点普洛文斯顿（Provincetown）出发，绕经科德角（Cape Cod），驶过萨加莫尔桥（Sagamore Bridge），一直开到罗德岛州界。沿途会经过不少历史悠久的海滩小城，比如亚茅茨波特[Yarmouth Port；那里有一个让无数读者汗毛倒竖的景点，恐怖故事作家爱德华·格瑞（Edward Gorey）的故居]和科德角最古老的城镇桑维奇（Sandwich）。6号公路部分路段与科德角国家海岸景区（Cape Cod National Seashore）并行，夏天有很多游人来这条近40英里（64公里）长的海滩上游玩，公路因而常常拥堵。

起点：马萨诸塞州普洛文斯顿

终点：罗德岛州普罗维登斯（Providence，Rhode Island）

距离：119英里（192公里）

CUBAN COFFEE QUEEN
Greetings
FROM
KEY WEST
SOUTHERNMOST CITY
IN THE U.S.A.
FLORIDA

EDWARD
GOREY
HOUSE

冷酷到底：加拿大冰原大道

从路易斯湖开到贾斯珀，沿途有白雪覆顶的山峰，
有晶莹闪亮的冰川，有颜色蔚蓝的湖泊，还能邂逅众多野生动物，论风景之美，冰原大道罕有其俦。

我这次驱车直入加拿大落基山脉，还没开上半小时，就来了一把惊险的急刹——柏油路面上突然冒出一只驼鹿，在路中间扎下根来，鹿角上挂着露水，口鼻顶着秋凉呼着白气，嘴里仿佛在嚼着草，眼睛打望着周围风景。我等了10分钟，这家伙一动不动。

我按了下喇叭，驼鹿似乎毫不介意；我挂空挡狂轰油门，驼鹿还是闷头嚼草。我把头伸出窗外，骂了一句："赶紧抬屁股挪窝儿，你个傻鹿！"对方还是没反应。我真想下车和它比画比画，亲手把它赶走，但一想人家比我要重700磅，而且那对大鹿角，怕是分分钟就能把我收拾成一盘排骨，只好就此作罢。既然驼鹿哥想在路上多站一会儿，那小弟我只能耐心等待。

这条冰原大道（Icefields Parkway）上车辆不多，堵车这种事大多是驼鹿或别的什么家伙搞出来的。所幸这条路大概

是地球上最能让人心甘情愿堵车的地方：冰原大道长143英里（230公里），一端是路易斯湖（Lake Louise），另一端是贾斯珀（Jasper），中间是华美的荒野，两边有高山把守，景色称绝世间。从广阔的冰原到陡深的山谷，从冰川湖泊到锯齿山峰，一路串联起的风景，比我开过的任何一条路都多。

我还在和驼鹿比耐性，这时候，一辆吉普慢慢地停在了我旁边，里面是一位护林员，留着两撇胡子，拖着长音跟我说："您遇到麻烦了吧？让我试试能不能把这家伙弄走。"他把吉普慢慢地向前挪动，从侧翼接近这只驼鹿，驼鹿终于不情不愿地走到了草地上，为我让开了路。"有时候就差点技巧。一路平安！"护林员笑着说完继续上路，没一会儿就消失在远方了。

这是我在冰原大道上首次邂逅野生动物，之后也发生了许多次令我难忘的相逢。有一次，我正在弓湖（Bow Lake）附近的老客栈Num-Ti-Jah Lodge里品咖啡，突然就看到了两只雄鹰在我头顶上翱翔狩猎。继续北上，又有一次，我正沿着徒步小道翻越帕克岭（Parker Ridge），恰好看到一群山羊，在峡谷崖壁上"飞檐走壁"，活像穿着皮毛大衣的杂技演员。还有一次，在萨斯喀彻温河渡口（Saskatchewan River Crossing），我停车吃午餐，结果引得鼠兔前来偷窥，还有土拨鼠吹着口哨围观。又有一回，在阿萨巴斯卡瀑布

"有时候，你会觉得冰原大道并不是一条公路，而是一个动物园，只不过里面的动物不是人类豢养的动物，而是真真正正、如假包换的野生生物。"

（Athabasca Falls）附近——再往北开25英里（32公里）就到贾斯珀了——我看到一只黑熊妈妈正带着两个孩子在野花烂漫的草甸里找浆果吃。有时候，你会觉得冰原大道并不是一条公路，而是一个动物园，只不过里面的动物不是人类豢养的动物，而是真真正正、如假包换的野生生物。

尽管动物十分迷人，真正让冰原大道显得与众不同的，却是沿路的风景。这条路线原先是加拿大第一民族与皮草商贩走出来的一条马道，1940年人们才修建了这条公路，将班夫（Banff）和贾斯珀两个国家公园连接在一起。在四周无边无际的荒野中，冰原大道是人类文明唯一的线索。东西两侧，嶙峋的山峰势若参天，山峰之外曾经是斯东尼（Stoney）、库特尼（Kootenay）、黑脚（Blackfeet）等部落的家园，从古至今，风貌几乎丝毫未变。这里不但有雷鸣般的瀑布倒挂岩壁，有水色蔚蓝的湖泊波光粼粼，而且还有冰原：它们镶嵌在高山之间，数目不下一百，闪烁好似宝石。

可惜此等冰雪仙境现在也受到了气候变化的威胁，近几十年来，哪怕是最巍峨的冰川也大幅缩水。在大道中段的阿萨巴斯卡冰川（Athabasca Glacier）那里，我停车参观了冰原中心（Icefield Centre），之后又乘坐一辆全地形观光车，和其他游人一起参加了一场90分钟冰川观光。冰川脚下是哥伦比亚冰原（Columbia Icefield），面积125平方英里（325平方公里），是落基山脉第一大冰原，观光车在冰面上颠簸摇摆，长驱直入，十分刺激。到达山顶后，四周是无尽冰海，有冰浪，有冰隙，还有玻璃般晶莹、彩虹般多彩的冰块，引得游客纷纷自拍。想到有朝一日，这样的冰川也许只能存在于记忆中，不禁让人心情沉重。

好在前方还有更多的自然奇观等着被探索：你可以沿着嶙峋的森瓦普塔峡谷（Sunwapta Canyon）来一次徒步；或是离开公路，前去探访水声如雷的阿萨巴斯卡瀑布；你也可以守着金字塔一样的弗拉特峰（Mt Fryatt）进行午后野餐。等我最终开进贾斯珀时，夜色已经很深了，这一天一共才跑了143英里（230公里），但我上床睡觉的时候，心里很是满足，因为我知道自己刚刚体验了北美洲最壮观的一条景观公路。

明天要不跳上车，掉个头，重新再来一遍吧。　文/奥利弗·贝瑞

搜熊记

熊是这一带最不该错过的野生动物，但事实上却很不容易看到。6月至8月期间，熊会为了准备冬眠出来搜寻食物，这时候碰上它们的概率最高。茂盛的草甸上、雪崩防护墙以及火车道附近都是它们喜欢出没的地方。灰熊体形较大，面如圆盘，颈后有一个凸起，很好认。黑熊体形较小，而且虽然名叫黑熊，棕色、红色、肉桂色等毛色却都有。观察熊时一定要保持安全距离，而且必须待在车里。

左页左上：全地形观光车正带领游客挺进冰原；左页左下：熊出没，注意！跨页图片：景色惊艳的加拿大落基山脉；72～73页跨页图片：逐渐消退的阿萨巴斯卡冰川

自驾指南

起点：路易斯湖

终点：贾斯珀

距离：143英里（230公里）

到达：卡尔加里国际机场（Calgary International Airport）距离路易斯湖有2小时车程。距离贾斯珀镇最近的机场在埃德蒙顿（Edmonton），车程4小时。

何时去：夏季车流量大，最好深秋出发。

带什么：观察野生动物要带双筒望远镜，徒步要带徒步靴，想要在路边野餐就自己带些食物和饮料。

推荐住宿：Simpson's Num-Ti-Jah Lodge（www.sntj.ca）；The Crossing Resort（www.thecrossingresort.com）。

更多信息：www.icefieldsparkway.com；www.travelalberta.com。

租车：班夫和贾斯珀两地都有大型租车公司网点。

右页上图：阿拉斯加州公路育空路段一景；右页下图：魔幻的苏格兰大峡谷

同类自驾线路

荒野自驾线路

挪威精灵之路

挪威不缺惊艳的公路，但在景色方面，没有一个可以和传奇的精灵之路（Troll's Path）相比。这条高山公路扭曲如蛇，一端是翁达尔斯内斯镇（Åndalsnes），另一端是瓦尔达尔镇（Valldal），很陡（部分路段坡度超过10%），沿途共有11个发卡弯，每个都有自己的名字，比如女王弯（Dronningen）、主教弯（Bispen）等。公路从10月至次年5月中旬都会因为降雪封闭，想自驾只能夏天来。但哪怕是在夏天，由于海拔较高，大雾也可能会挡住美丽的风景，所以一定要争取晴天出发。大雨过后，山间瀑布奔涌，此时自驾最佳。至于能不能看到精灵，我们可就不敢保证了。

起点：翁达尔斯内斯

终点：瓦尔达尔

距离：55英里（89公里）

苏格兰大峡谷

苏格兰高地峡谷壮阔，湖泊氤氲，高山蛮芜，是自驾者的天堂，而从格拉斯哥（Glasgow）出发驾车穿过大峡谷（Great Glen），那种感受也最令人难忘。峡谷中的公路是A82公路，长174英里（280公里），沿路荟萃了苏格兰经典风光，有罗蒙湖（Loch Lomond），有美丽的凄艳谷（Glen Coe），有英国最高峰本内维斯山（Ben Nevis），以及厄克特城堡（Urquhart Castle）阴郁的城垛，更不用说还有大名鼎鼎、神秘莫测的尼斯湖（Loch Ness）。开车的时候不要着急赶路，也别忘了带上望远镜，也许不经意间真能看到传说中的尼斯湖水怪。

起点：格拉斯哥

终点：因弗内斯（Inverness）

距离：174英里（280公里）

阿拉斯加公路

如果你追寻的是真正的荒野，那就往北，往北，再往北！阿拉斯加公路（Alaskan Hwy）近1400英里（2232公里），是北美最长的公路之一，从不列颠哥伦比亚省的道森克里克市（Dawson Creek），一路延伸至阿拉斯加州的德尔塔章克申（Delta Junction）。公路建于"二战"期间，目的是将阿拉斯加与美国本土相连，多年来一直都是碎石路面，现在已经全部换成了铺装路。在这条路上自驾的体验与美国其他地方决然不同：路边没有汽车旅馆或是大型商场，加油站也难得一见，但荒野风景和野生动物倒是很富余。管它叫"史诗级自驾公路"，绝无半分夸张之嫌。

起点：不列颠哥伦比亚省道森克里克

终点：阿拉斯加德尔塔章克申

距离：1387英里（2232公里）

玻利维亚乌尤尼盐沼

玻利维亚西南部的风光恍若世外，盐沼如海，湖色如虹，
远山如岛，岩石诡谲，气孔氤氲，令人久久难忘。

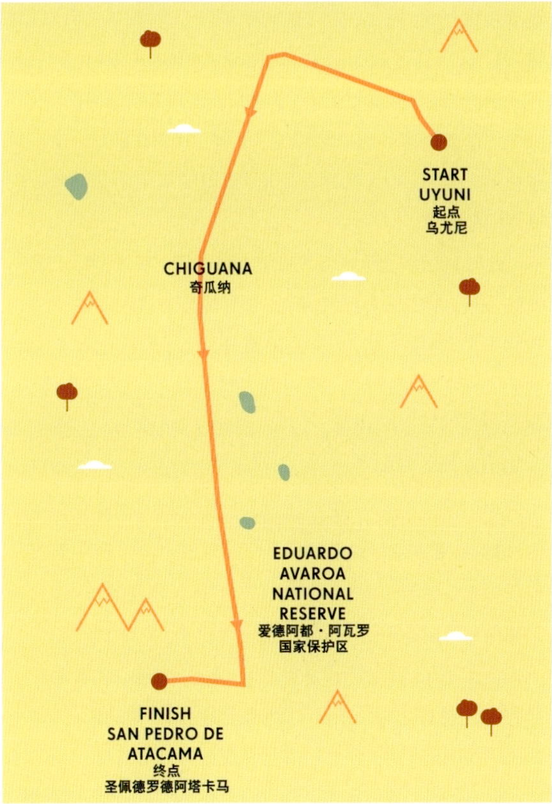

乌尤尼盐沼（Salar de Uyuni），白得刺眼，空旷无边，位于玻利维亚高原最荒凉的地区，是世界第一大盐沼，也是史前湖泊明清湖（Lago Minchin）的遗迹，辽阔的气象让人难以想象。盐沼上没有路，没有服务区，没有任何地标可以参考方位，在那上面开车，真的像是进入了另一个世界。但如果来的时机不对，这里也是一个危险的地方。12月至次年4月，降雨会在盐沼表面汇成一片浅湖，也就是所谓的“天空之镜”。那时候景色虽然魔幻，但积水也会在盐沼表层造成裂缝，汽车开过去就可能会陷在里面。

租车公司根本不允许你把车开到这里，探索盐沼基本上只有两个办法，要么跟团，要么雇一个向导开四驱车带你去。这其实并不是坏事：景色如此醉人，感受如此强烈，开车这种麻烦事，巴不得交给别人。

我的这次盐沼探险，是从玻利维亚西南部的小镇乌尤尼（Uyuni）开始的。乌尤尼海拔3653米，周围是灼热的沙漠和嶙峋的高山。镇子里的街上到处都有旅行社在招揽生意，每家都说自己的路线有特色（其实都一样），每家都说自己的价格低（其实差不多），每家都保证你能看到雨后的“天空之镜”。

这种跟团游大概持续3~4天，除了带你穿越4633平方英里（12,000平方公里）的盐沼，也会继续前行，穿过阿塔卡马沙漠（Atacama Desert），一直开到智利的圣佩德罗德阿塔卡马（San Pedro de Atacama）。从乌尤尼出发后，先要沿着一条车辙很深、颠颠簸簸的沙漠公路开到盐沼的边缘，再沿着一条土坡开上盐沼——盐沼地势较高，边缘处还附着薄薄的一层盐——不少当地的老司机都在这个土坡上栽过跟头。开上盐沼行驶不久，我们很快就被一种诡异的光芒包围起来，远方的高山好像漂在海上的小岛，四面八方，目之所及，尽是白色的盐层，晃得我们几乎睁不开眼睛。

盐在大自然的作用下，形成了一个个彼此相接的几何形图案，整片盐沼异常平整，以至于美国宇航局（NASA）都选择在这里矫正卫星传感器。前方地平线上出现了一个小点，开过去才发现那是一大片火山岩，名叫"鱼岛"（Isla del Pescado；据说从远处看形状像鱼）。"岛"上长满了高大的仙人掌，株龄都有400岁；灌木丛间还能看到转来转去的驼马（世界上体形最小的骆驼科动物）。站在鱼岛顶上四下张望，我第一次感受到了乌尤尼盐沼有多么大，多么白，多么神秘。眼前是大仙人掌，再往远是一片白色海洋，最远处，嶙峋突兀的岩峰和头顶白雪的火山隐约可见。这种景象我此前从未见过，仿佛置身于地球之外的某个奇异星球。

离开鱼岛，我们再次出发，穿过似乎无穷无尽的空旷，向盐沼边缘行驶。路上，我们的车遇到了一大片积水，涉水的时候，我的心一下子提了起来，其他人也大气都不敢喘。越往前开水越深，很快就没过了半个车轮，一车人都紧张得不得了，好在汽车最终晃晃悠悠地脱离了险境。我们在前方一个小村子里停车休息，村里都是泥坯房，成群的羊驼和驼马被我们吓得四散奔逃。

此时，我们已经进入了阿塔卡马沙漠。那是世界上最干旱的沙漠，第二天早上醒来时，我感觉皮肤里所有的水分都被榨干了。继续上路，海拔逐渐攀升，身边了无人烟，只有壮观的山岭和冒烟的火山。在奇瓜纳湖（Laguna Chiguana），我们看到了罕见的秘鲁火烈鸟，守着蓝绿的湖水、辽阔的沙丘和阴郁的天空彼此依偎。再往前，我们进入了一片奇异山谷，那里满眼荒凉，一根根造型诡异的岩柱兀然矗立在荒凉的沙地上，被称为"达利沙漠"（Dalí Desert）。其中最雄伟的那根岩柱名叫石树（Árbol de Piedra），造型婀娜如树，却又棱角分明，是完全由大自然凿刻而成的一个雕塑作品。

一天下来，路上一个人影也没遇到。傍晚，汽车停在了科罗拉达湖（Laguna Colorada）旁边。湖水呈红色，像是一大碗下了毒的西红柿汤，但实际上是矿物质和藻类作用的结果。湖水周围的沙丘富含硼砂，呈现出白色，如同堆在旁边的

盐。远方是黑色高山，头顶是无尽蓝天。此时太阳刚要落山，天气冷得厉害，当地海拔已超过4000米，哪怕是从停车的地方走到旁边那家乡村旅社，短短的路也让我们气喘吁吁。我早早上了床，却怎么也睡不着觉。

第二天天没亮，我们就起来了，一个个疲惫虚弱，满脸倦容，向晨光地热田（Sol de Manana）进发，开启了最后一天的行程。到达地热田时，正赶上日出，我们跳下车，开始步行参观。眼前像是某部20世纪70年代的科幻片，沸腾的泥潭咕嘟冒泡，水汽从地上升起，翻滚如云，喷气孔嘶嘶作响，空气中弥漫着浓重的硫黄味。这里海拔5000米，但我们却感觉走进了火热的地心。

佛得湖（Laguna Verde）是我们进入秘鲁前的最后一站。这片浅浅的湖本是蓝绿色的，但风掀起水下的沉积物，便会让湖水变幻出新的色彩。湖水那头便是雷勘克博火山（Volcán Licancábur），山体好似完美的圆锥，拔地而起，直插霄汉。那是玻利维亚送给我们的告别礼物。再往前，就能看到一辆破旧的拖车和一座哨岗，那里便是边境站。我们从那里过境，坐上一辆豪华小巴，沿着平平整整的铺装路驶入秘鲁。眼前的风景同样很震撼，圣佩德罗德阿塔卡马镇还有美食、热淋浴和舒服的床等着我们，可惜之前路上那种冒险的感觉荡然无存。这次旅行，我想自己一辈子都不可能忘记。　文/埃泰恩·奥卡罗尔

除了盐，还有锂

远古湖泊明清湖（Lago Minchín）逐渐缩减干涸，最终成了浅浅的乌尤尼盐沼（上层是盐结晶，下层是一层浅浅的盐水）。盐层下的盐水中含有许多珍贵的矿物质，根据评估，锂的储量——智能手机、电动汽车蓄电池都少不了这种超轻金属——更是位居世界第一。至今，当地只是进行了小规模的开采，但计划从2018年开始大幅度提高开采量，环保人士认为这一做法可能会对当地脆弱的环境造成破坏。

左页图片：阿塔卡马沙漠是世界上最干旱的沙漠；本页图片：公路终点智利圣佩德罗德阿塔卡马镇掠影；78页图片：四驱车停在盐沼上，画面美得不真实；79页图片：盐沼上的日出

自驾指南

起点：玻利维亚乌尤尼镇

终点：智利圣佩德罗德阿塔卡马

距离：310英里（500公里）

到达：先坐飞机到首都拉巴斯（La Paz），再乘坐飞机或大巴前往奥鲁罗（Oruro），最后乘火车到达乌尤尼镇。

何时去：5月至11月期间，盐沼全境都对游客开放。12月至次年4月，部分地区无法通行，但能欣赏到“天空之镜”的奇景。

自驾：不能租车，只能驾驶自己的四驱车前来。当地人给你的建议一定要听。穿越盐沼时一定要跟紧前车，车上需备有食物、水以及足够的备用件，油也要提前加满。

选择旅行社：一定要用心选择，向导的经验、资质、车况和应急装备等方面都要询问清楚。

重要提示：这条路线两个方向都有团，但从乌尤尼出发的团价格要便宜许多。

右页上图：雨水把野生动物引到了纳米比亚的埃托沙盐沼；右页下图：博茨瓦纳马卡迪卡迪盐沼上的猴面包树

同类自驾线路
盐沼

美国犹他州邦纳维尔盐沼

邦纳维尔盐沼（Bonneville Salt Flats）位于犹他州和内华达州交界，面积约121平方公里，本身是一个著名的赛车测速场地，历史上许多时速纪录都是在此创造的。汽车迷在盐沼上不但可以追忆赛车历史，也能感受到周边令人沉醉的风景。注意，在盐沼上测速的都是专业赛车手，而且地面上有凸起和积水，千万别自不量力地狂飙，结果没创下纪录，反而还折腾出了事故。在这里开车，重要的是置身外星一样的天地间，寻访闪闪烁烁的幻象，获得超现实的体验。近年来，盐沼表面状况持续恶化，在边缘处很容易陷到泥里，所以你得控制好距离，尽可能沿着其他车辆留下的车辙行驶，而且要注意躲避积水。离开盐沼后，一定别忘了给自己的爱车好好清洗一下。

起点/终点：犹他州温多弗（Wendover）

距离：25英里（40公里）

纳米比亚埃托沙盐沼

纳米比亚北部的埃托沙盐沼（Etosha Pan）占地4800平方公里，辽阔无边，神秘莫测，美到不可思议。“埃托沙”在当地奥万博（Ovambo）部落的语言中，意思是“大白地”，是数千年前干涸的巨大湖泊留下的遗迹，现在是一片受到保护的国家公园。虽然盐沼上面禁止开车，但盐沼南侧边缘有公路围绕，道路养护良好，你可以沿途欣赏盐沼白光闪闪的震撼景象。公路两旁还岔出了若干小道，通往周边的草原和水塘。水塘处经常聚集着大量野生动物，狮、豹、大象、长颈鹿和犀牛都能在此遇到。11月至次年4月，降雨会在盐沼上汇成一片浅湖，引得成千上万的火烈鸟蜂拥而至。

起点：埃托沙国家公园内哈勒·姆品加纳门（Nehale lya Mpingana Gate）

终点：埃托沙国家公园安德森门（Anderson Gate）

距离：120英里（193公里）

博茨瓦纳马卡迪卡迪盐沼

马卡迪卡迪盐沼（Makgadikgadi Pans）是非洲一个史前大湖的遗迹，共由3大片盐沼构成，肥沃草原、棕榈绿洲、奇石怪岩、孤独沙丘散落其间。你可以从马翁（Maun）出发，驾驶四驱车穿越其中最大的盐沼，沿途经过亮闪闪的盐层结晶、布满裂隙的土地、古老的化石床、巨伞一样的金合欢以及高塔般的猴面包树。周边自石器时代以来便有人类居住，遇到当地的部落族人，你一定要下车请他们带你游览这片自然，学习如何搜寻动物，如何在干旱的环境中取水。旱季前来，公路上常会刮起旋风，飞沙走石，但在雨季（11月至次年3月），盐沼却会化作一片葱郁的湿地，届时鸟类数千，野马与角马成群，狮子也常常会闻风而至。

起点/终点：马翁

距离：300英里（483公里）

巴西绿色海岸

雨林茂盛，海滩如画，殖民小镇风貌依旧，热带岛屿狂野不羁。
海岸公路将巴西绿色海岸一段段最美的风景连接起来，堪称天堂级自驾路线。

驾车沿着著名的BR-101号公路驶离偌大的里约热内卢，刚刚过了伊塔瓜伊（Itaguaí），眼前便再难寻到人类文明的踪迹，钢筋水泥森林和喧闹嘶吼的交通已被抛在身后，视野中只剩下一条葱郁的海岸，热带雨林从高山之上直扑沙滩与大海——那就是绿色海岸（Costa Verde）。其最美之处是BR-101（巴西最长国道）中紧贴海岸蜿蜒的一段，始于里约热内卢，终于桑托斯，后者是大都会圣保罗的主要港口，位于内陆52英里（83公里）处。

BR-101公路全长2980英里（4800公里），从西北部的北里奥格兰德州（Rio Grande do Norte）贯穿至最南端的南里奥格兰德州（Rio Grande do Sul）的北圣若泽（São José do Norte），包揽巴西整条海岸。相比之下，里约至桑托斯之间绿色海岸一段，只有短短的345英里（555公里），却集合了无限的热带风光，一路天堂美景能把人迷得神魂颠倒。

我开着一辆租来的菲亚特派力奥踏上旅程，左手边是大西洋清澈蔚蓝的海水，右手边巍峨的马尔山脉（Serra do Mar）占据了崎岖的海岸，漫山遍野尽是热带雨林，树木的绿与海水的蓝对比强烈，相得益彰。公路每转过一个弯，眼前就会出现一片美妙的海滩。对于巴西人来说，那不过是司空见惯的寻常景色，但对于没那么幸运的我们来讲，每片海滩都是梦寐以求的避世天堂。每隔几英里，路上便会出现一块

路牌，上面写着“Fiscalização Eletrônica de Velocidade”。什么意思？管他呢。帕拉蒂（Paraty），我来了！

在帕拉蒂以北2小时车程的地方，便是有着80英里（129公里）海岸线的安格拉杜斯雷斯（Angra Dos Reis；简称“安格拉”）。大多数人都把这座小城当作跳板，以便于前往格兰德岛（Ilha Grande）。岛屿面积很大，仿佛人间仙境，既是背包客的穷游地，也是大亨名流的游乐场（他们喜欢在岛屿周边搞游艇派对）。需要注意的是，这段海岸泥石流高发，沿路村镇常常被其吞噬，在雨量最大的1月至4月期间，最好避开这个路段。

帕拉蒂是联合国教科文组织世界遗产，距离起点大约150英里（240公里），在那里停车休息再合适不过。因为历史悠久的村镇中心区禁止机动车通行，我驶离BR-101之后便在镇外找了个地方把车停好，随后步行入内参观。帕拉蒂一边是大海，另一边是丛林密布的陡峭高山；中心区建有许多葡萄牙殖民地时期的民房，格栅窗与色彩丰富的装饰细节保留至今，此外还有一座座有数百年历史的教堂，可谓是一座活生生的博物馆。这里是巴西殖民风情保存最完好的地方之一，如童话故事的布景一般，最适宜步行品味。

除了醉人的风景，帕拉蒂还有醉人的卡沙萨（cachaça)。这种甘蔗酒是巴西著名的特产，酒烈如火，往里面加上些酸柠檬和糖，便制成了巴西“国饮”凯匹林纳鸡尾酒（caipirinha）。卡沙萨在巴西有两大知名产区，帕拉蒂就是其中之一，来了不能不喝。卡沙萨，酒劲大——好在我今天不打算开车了。

第二天早上，我离开了帕拉蒂，继续沿着道路左转右绕。每转过一个弯，左手边总能出现一片令人震撼的海滩，美得直叫我目瞪口呆、大呼小叫。每绕过一个角，右手边的岩壁上又会冒出一条瀑布，副驾的侧窗都会被打湿。就这样，我开进了圣保罗州，向乌巴图巴（Ubatuba）驶去。乌巴图巴位于保利斯塔海岸（Litoral Paulista）上，海岸线长达60英里（100公里），共有84片荒凉原始的海滩，被誉为圣保罗州的“冲浪之都”。

我在卫星导航中输入的目的地叫皮琴瓜巴（Picinguaba）。那是乌巴图巴的一个小渔村，背靠一座小山，山下的沙滩宽3公里，上面盖着几间破旧的房子，面对一片安静柔美的海湾。虽不起眼，却是当地渔民数百年来的家园，更有一家无与伦比的Pousada Picinguaba客栈。那家客栈是巴西最迷人的住处之一，住宿环境能满足你对于海滩的任何幻想：没有电视，没有网络，没有空调，有的是五花八门的热带美食和美酒，如何挑选才是最让我头疼的问题。

从皮琴瓜巴再行73英里（117公里）就是圣塞巴斯蒂安（São Sebastião）。那里也是一个海岛游的跳板，海中的华美岛屿名叫美岛（Ilhabela），乘坐渡轮前往只要15分钟。圣塞巴斯蒂安的城镇中心保存了一定的殖民时代建筑，这在保利斯塔海岸沿线很是难得。如果你打算探索美岛，登船之前不妨在镇中欣赏一番。

继续赶路，公路蜿蜒经过马勒西亚斯（Maresias）、如凯（Juqueí）和瓜卢加（Guarujá）三片海滩——那都是圣保罗的帅哥辣妹们夏季避暑的去处——最终到达了怡人的港城桑托斯。这儿最大的名人就是球王贝利，他早在初闯球坛之时就曾效力于桑托斯俱乐部。我在城里停了车，拦了辆出租车，打算去逛一逛贝利博物馆（Museu Pelé）。就在前方又一次出现了那个标牌“Fiscalização Eletrônica de Velocidade”之时，原本开得飞快的出租车突然急刹，我这才恍然大悟：原来那句话的意思是“前方电子测速”！

从里约开到这里，我估计一共经过了几十块这种标牌，但一次都没减速过。到时候租车公司得给我寄多少张超速罚单啊？我还是再来杯凯匹林纳吧！　文/凯文·劳布

停车小憩

如果你想在途中找个安静的地方修整一番，那么格兰德岛就是最好的选择。这是巴西最宁静、最纯洁的热带岛屿之一，可从安格拉杜斯雷斯或曼加拉蒂巴（Mangaratiba）乘渡轮前往。海岛美如天堂，雨林风貌原始。岛上拥有总长超过93英里（150公里）的徒步小径，阳光灿烂的洛佩斯曼迪斯海滩（Lopes Mendes Beach）更是一个童话故事般的存在。

左页图片：联合国教科文组织世界遗产地，美丽的小村帕拉蒂；85页图片：驾车在里约热内卢至桑托斯路段，驶过乌巴图巴

自驾指南

起点：里约热内卢市

终点：桑托斯

距离：345英里（555公里）

到达：圣保罗和里约热内卢都有国际机场。

推荐住宿：帕拉蒂里面有一个小客栈叫Pousada da Ouro（www.pousadadooruo.com.br），内有一片花园和泳池，殖民风情浓郁。皮琴瓜巴的Pousada Picinguaba（www.picinguaba.com）客栈只有10间客房，艺术装饰品位非凡，家具风格质朴，还有个能俯瞰海湾的泳池。

推荐餐饮：在帕拉蒂的Banana da Terra（www.restaurantebananadaterra.com.br）餐厅，黑米火焰虾（flambéed shrimp on black rice）或是烤鱼配秘鲁胡萝卜泥加刨棕榈芯（grilled fish with mashed mandioquinha and shaved hearts of palm）都非常棒。乌巴图巴附近的普卢米利姆海滩（Prumirim Beach）上有一家沙滩小馆儿Cantinho da Lagoa，主打精妙的巴西海滩料理，名气很大。

右页图片：威尼斯圣马可大教堂的钟塔（温馨提示：最好别开车过来）

自驾线路同类

自驾玩“水”

意大利威尼托

看到粉色的宫殿、蓝绿色的海水和金色的穹顶，记得掐自己一下——如果你不是在做梦，那就是身在威尼托大区。贡多拉船夫的吆喝在你耳边回荡，海水在你脚下轻抚，海岸线上也许还会窥见海滩度假村、大型商场和车辆等现代文明的标志。然而一旦你走进看，历史的风情就会扑面而来：圣马可广场（Piazza San Marco）上开了250年的咖啡馆飘出了意式浓缩咖啡的香味；布兰塔河滨区（Riviera del Brenta）的古老别墅散发着沧桑的奢华。艺术大师的杰作更是无所不在：威尼斯的提香，维琴察（Vicenza）的帕拉第奥，还有帕多瓦（Padua）的乔托（Giotto）。第一站自然应该去威尼斯和穆拉诺岛（Murano）游览一番，然后开车上路，欣赏当地精英阶层的别墅区布兰塔河滨区，在维琴察见证欧洲建筑的演变，最后去“百景之城”阿索洛（Asolo），站在山坡上狂拍全景照。

起点：威尼斯

终点：特雷维索（Treviso）

距离：115英里（186公里）

加拿大不列颠哥伦比亚省海达瓜伊群岛探险

海达瓜伊群岛（Haida Gwaii；意为“美丽群岛”）位置偏远，岛屿稀疏，却有最美的自然景色，还是最容易了解到第一民族的地方。山峰嶙峋的群岛位于加拿大西北边，保留着狂野原始的景象。你需要从内陆一侧的鲁珀特王子港（Prince Rupert）搭乘省内公共渡轮（BC Ferry）前来，在斯基德盖特镇（Skidegate）下船开始自驾，所以最好提前敲定租车事宜。先去镇中的海达族遗产中心（Haida Heritage Centre）了解第一民族的文化精华，再沿16号公路行驶60英里（96公里），在白沙海滩的一路陪伴下开到玫瑰海岬（Rose Spit）和树木茂密的奈库省立公园（Naikoon Provincial Park）。沿途可以在特莱尔镇（Tlell）逛一逛Bottle and Jug Works手工艺作坊，在克莱门斯茨镇（Port Clements）沿那条森林小道徒步寻访亚坤河（Yakoun River），到第一民族聚集地马塞特村（Masset）看看废弃的军事基地，逛逛海事博物馆。

起点：斯基德盖特镇

终点：玫瑰海岬

距离：85英里（137公里）

意大利湖泊自驾

意大利的湖泊诞生于冰河时代末，从古罗马时期起便是度假胜地。在马焦雷湖（Lake Maggiore），湖湾中的伯约明群岛（Borromean Islands）上宫殿四立，富丽堂皇的舞厅与身披贝壳的人造洞窟房间甚至还接待过拿破仑。科莫湖（Lake Como）葱郁僻静的坡地上吸引了不少好莱坞影星到此躲避尘嚣。你可以从度假小城斯切萨（Stresa）出发，紧贴马焦雷湖湖岸行驶，先去梦幻小村坎诺比奥（Cannobio），然后掉头，原路行驶22公里到韦尔巴尼亚（Verbania），在那里乘坐载车渡轮，到达湖对岸的拉韦诺（Laveno）。接下来赶奔科莫湖以及科莫镇（Como）——典雅的小镇至今仍是欧洲最重要的丝绸制品生产地。随后一路向东北方向行驶，沿途景色震撼，经过的贝拉吉奥（Bellagio）、特雷梅佐（Tremezzo）和瓦伦那（Varenna）等湖畔小镇，每个都魅力难挡。最后转向东南方向行驶，去游览科莫湖的另一条“腿”（科莫湖为“人”字形）。

起点：斯切萨

终点：贝加莫（Bergamo）

距离：128英里（206公里）

环游加拿大加斯佩半岛

加斯佩半岛拥有茂密的森林、慷慨的大海和丰富的野生动物，因而昔日吸引了不少开疆辟土的渔民和躲避仇敌的殖民者，这也赋予了半岛矛盾复杂的文化性格。

加斯佩半岛（Gaspé Peninsula；也作“Gaspésie”）的当地人说法语口音很重，保留了17世纪时法国殖民者说话的腔调，哪怕是懂法语的游客听起来也会一头雾水，而魁北克省其他地方的人也对这里另眼相看。语言上的孤立恰恰映衬了加斯佩地理上的孤立，半岛独守在美洲大陆的边缘，周围是极其富饶的大海。

法国人在1534年来到这里定居，可在此之前，这片大海就已经吸引了巴斯克和葡萄牙渔民的注意。别看历史不长，加斯佩的发展却相当“早熟”，法国和海峡群岛（Channel Islands）的殖民者打头阵，英格兰人、苏格兰人、爱尔兰人随后赶到，使得这里很快成了一个国际范儿的枢纽地区。如火如荼的渔业和皮草贸易把与世隔绝的半岛与欧洲、加勒比和南美洲联系到了一起，各民族的语言、传统和音乐在此交融混合，形成了一种独特的杂糅文化。

今天的半岛人口稀少，海岸边的132号公路（Rte 132）环岛一周，沿路尽是奇石怪岩和卵石海滩，茂密的山林到了海边也会戛然而止，被陡峭的岩壁取代。内陆一侧僻静原始，荒无人烟，唯见河水狂野、山高林密，是徒步、山地骑行、漂流、钓鱼、滑雪和雪鞋徒步（snowshoeing）的完美乐园。

文化、自然、探险，这三者的结合让加斯佩诱惑难挡，自驾途中的我总想要停下车来，徒步、坐船、划皮划艇、海上观鲸，或是就着鲜嫩的龙虾和熏香的鳗鱼不紧不慢地享用一顿午餐。

从魁北克城（Quebec City）出发向东，开始一段路很是宁静悠然，沿途还经过了圣劳伦斯河下游地区（Bas-St-Laurent）的一座座迷人村镇。可等我开到了圣弗拉维（Ste-Flavie），前方越走越荒，“人味儿”越来越少，野性越来越浓。

风景本身也变得狰狞起来：岩石海岬之上，当地人的住房仿佛随时都会被大风掀翻，海岸峭壁布满褶皱，直插大海。在北部沿海行驶时，我看到了马塞尔·加农（Marcel Gagnon）创作的石人群像，一个个线条粗犷，冲出圣弗拉维的海面。在凯普夏特（Cap-Chat），我还见识到了加拿大规模最大的风电场之一——风车数量足有133架。

途中我暂别海岸，往内陆方向到加斯佩国家公园（Parc National de la Gaspésie）探索了一番。公园是一片林木茂密的荒野，里面矗立着多座雄冠魁北克的山峰，景色华美的徒步小道更是延绵不绝。经过了高山草甸和葱郁山谷，前面就是名字奇特的希克肖克山脉（Chic-Choc Mountains）和麦克格利格山脉（McGerrigle Mountains），山里还生活着周边唯一一群林地驯鹿。

重新返回海岸，我绕到半岛的尖端，来到了佛里昂国家公园（Forillon National Park）。高山在这里笔直入海，山坡上森林密布，鲸鱼在海面上常常现身，礁石上海豹星星点点。在格兰德格拉夫（Grande-Grave）海滩上有一座修复过的老渔村，里面可以一窥19世纪末当地居民的生活风貌。

“自驾途中的我总想要停下车来，徒步、坐船、划皮划艇、海上观鲸，或是不紧不慢地享用一顿午餐。”

半岛的尖端正是16世纪布列塔尼（Brittany）探险家雅克·卡地亚（Jacques Cartier）当年登陆的地方。当时生活在那里的原住民米克马克族（Mi’kmaq）把半岛称为“加斯佩格”（gespeg），意思是“尽头”。卡地亚在地上插了一根木十字架，便把半岛划归法国所有，也为半岛带来了一段动荡不堪的岁月。现在，那里有一个加斯佩米克马克文化纪念场（Site d’Interpretation de la Culture Micmac de Gespeg），里面有一座重建而成的17世纪村落和一片夏季营地，能让游人了解殖民时期米克马克族人的遭遇，学习他们的文化。

之后沿着蜿蜒起伏的公路，我绕过了岩石嶙峋的海角，来到了美丽的小村佩思（Percé）。村边的海水中兀然立起一块巨大的石灰岩岩石，岩石一端有一个巨大的石拱，因而得名

"孔岩"（Rocher Percé），是加斯佩半岛上最著名的地标。岩石远方便是北美洲最大的候鸟聚集区博纳旺蒂尔岛（Ile Bonaventure），不下25万只海鸟会在岛上筑巢，其中多是北方塘鹅。

等我绕到了沙勒布湾（Chaleur Bay），眼前的风景再次改变，在红色峭壁和茂密山林之下，出现了一个个风景如画的村庄和海滩。这一带不受海风侵袭之苦，因而吸引了许多人到此安家，对大海同样的热爱把这些不同民族背景的人凝聚在了一起，形成了独具特色、生机勃勃的当地文化。鲱鱼、龙虾和三文鱼捕捞是当地的经济支柱，周边有不少地方都能为你介绍这些渔民的历史。但若想追溯得更久远一些，那就要再往西走，去米加沙国家公园（Miguasha National Park）看看。公园的峭壁里藏着丰富的化石，其中许多都来自泥盆纪。

随着公路转向内陆返回圣弗拉维，我又开始在马塔佩迪亚河谷（Matapédia Valley）中曲折穿行。谷中满眼绿意，湖泊和三文鱼渔场点缀着森林，廊桥和古老的民房依偎其间，引得钓鱼爱好者蜂拥而至。似乎每过一个弯，我都能见识到大自然对加斯佩的慷慨馈赠。难怪早先那么多人会选择在这里定居，也难怪结束旅行的我，冥冥中总觉得自己一定还会回来。　文/埃泰恩·奥卡罗尔

阿卡迪亚歌舞

阿卡迪亚人（Acadians）指的是当初在加拿大东海岸地区定居的法国移民。18世纪时，他们遭到了英国殖民者的驱赶，有些一路逃到了南边的路易斯安那——今天的卡真人（Cajuns）就是他们的后裔——有些则躲到了新不伦瑞克（New Brunswick）和加斯佩，并在当地逐渐演化出了独特的语言、文化和音乐。想欣赏阿卡迪亚歌舞，不妨去小谷镇（Petite Vallée）的老作坊剧场（Théâtre de Vieille Forge）看看。

左页图片：格兰德格拉夫一座经过修复的19世纪乡村民房；跨页图片：在佛里昂国家公园里可以望见半岛超凡美景；91页上图：半岛上有许多驼鹿，开车时必须让行；91页下图：沿132号公路环游加斯佩半岛海岸

自驾指南

起点/终点： 圣弗拉维

距离： 550英里（885公里）

到达： 从魁北克城沿圣劳伦斯河南岸东行即是半岛

何时去： 春秋两季适宜观鸟；夏季能欣赏到现场音乐演出，还能划着皮划艇寻鲸；秋季能钓到三文鱼；冬季可以进行雪上运动。

重要提示： 半岛上常有驼鹿出没，在秋季的清晨和黄昏时分尤其活跃，它们可能会主动攻击并造成车辆严重损坏。黑熊在这一带也很常见，如果打算露营，食物和炊具在夜间一定要放在远离帐篷的地方。

顺路探访： 想和荒野来一场亲密接触，可以沿299号公路（Rte 299）朝内陆方向行驶，穿越希克肖克山脉。

更多信息： www.tourisme-gaspesie.com。

右页图片：沿克朗代克公路穿越育空地区，追忆昔日淘金潮

同类自驾线路
追寻开拓者的足迹

育空克朗代克公路

这是一趟艰苦孤独的旅程，汽车一路向上攀爬，中途需要翻越怀特山口（White Pass），却能收获令人窒息的美景：连绵不绝的荒野，清冷的高山平湖，沿途一个个废弃的驿站、木屋、淘金筛和矿渣堆，凭吊着旧日的辉煌，现代化的村镇极为少见。可以停车休息的地方包括：环境怡人的车渡镇（Carcross），那里有一家历史悠久的百货店，周围沙丘恍如异星；育空地区的首府白马市（Whitehorse）；以及终点道森市。道森市内完好保存了淘金时代的风貌，很有文艺气质，土路两旁是一排假门面（false front，从正面看又漂亮又高大，但背后藏着的建筑可能又矮又丑）。形形色色的当代淘金客，仍然拖着筛盘在残存的金矿中搜索，城中的老字号钻石牙歌蒂赌场（Diamond Tooth Gertie's Gambling Hall）依旧在营业，你可以去那里，借着乡村音乐和热辣的舞女打发掉一个晚上。

起点：阿拉斯加斯卡圭（Skagway）
终点：育空地区道森市
距离：444英里（715公里）

纽芬兰维京小道

维京小道（Viking Trail）穿行于加拿大最偏僻的一个角落，与一条古道并行，沿途会经过古老的原住民墓地、北美洲古老的欧洲人定居点，以及英法殖民者留下的种种遗迹，景色更是惊艳无比。海边兀立的岩柱雄伟似巨人，旁边滑过的冰山气派如王者；高山年代之久远世间罕见，中间劈出的峡湾壁立千仞；河水中跃出的三文鱼的个头儿，竟和小孩儿差不多大。沿着大风呼啸的海岸一路驶来，依次可见树木林立的山谷、隐秘的海湾、古老的火山以及冰川地貌。途中你还会经过楚阿港（Port au Choix）一片拥有5000年历史的墓地、被联合国教科文组织收录保护的峡湾以及一处位于纽芬兰西北角的维京人定居点遗址（出现时间比起雅克·卡地亚或是哥伦布"发现"新大陆还早了500年）。

起点：纽芬兰鹿湖镇（Deer Lake）
终点：纽芬兰圣安东尼镇（St Anthony）
距离：304英里（489公里）

不列颠哥伦比亚省斯图亚特－卡西亚公路

斯图亚特－卡西亚公路（Stewart-Cassiar Hwy）直到20世纪70年代才建好，完全是在不列颠哥伦比亚省北部的高山密林间硬生生被开辟出来的，沿途风景的荒蛮与孤寂，在省内难觅其俦，周边还有多条淘金者、伐木工和矿工曾经走过的古道。一路开下来，你既有大量机会了解北美开拓史和原住民文化，也能欣赏到气象万千的湖泊和白雪覆顶的高峰。你会遇到灰熊、黑熊、驯鹿、驼鹿、鬼城和熔岩地，还会遇到一个个与大自然进行着顽强斗争的小村落。顺路拜访一下历史悠久的淘金小镇斯图亚特（Stewart），或是保存着淘金潮时代风貌的电报溪镇（Telegraph Creek），这样不仅能收获更多震撼的景色，还能学到满满一肚子历史知识。

起点：基特旺加路口（Kitwanga Junction）
终点：育空地区沃森湖镇（Watson Lake）
距离：450英里（740公里）

穿越智利南方公路

沿智利的南方公路蛇行770英里（1240公里），
拜访荒凉天地间的高山、湖泊、森林、峡湾与村庄。

黎明时分，我就从智利湖区（Lake District）一座繁忙的港口小城蒙特港（Puerto Montt）出发了。一开始，脚下是新修的铺装路，所以车速很快，但开了没多久，就必须搭乘渡轮越过峡湾。渡轮在峡湾中缓缓行进，两侧的青山在晨雾与细雨中隐约难辨。在这次漫长的南方公路（Carretera Austral）自驾期间，这样的渡口一共有三个。

渡轮最终把我送到了卡雷塔冈萨洛（Caleta Gonzalo）。从那里往前，便是普马林公园（Parque Pumalín）的南区。这片辽阔的自然保护区是美国著名环保人士道格·汤普金斯（Doug Tompkins）留给后世的一份宝贵遗产。脚下的碎石路两侧岔出许多维护得很好的徒步小道，为了活动活动筋骨，我从中挑了一条距离不长的环形小道，下车探索。小道在一片千年智利柏（alerce）森林中延伸，在湿漉漉的植物群中，突然出现了叶片巨大的智利大叶草（nalca），真的吓了我一跳。

在半废半立的小城柴滕（Chaitén），我探望了一位朋友。他叫尼古拉斯（Nicolas），是一位美国人，2008年柴滕火山爆发时，他和小镇为数不多的几个“硬骨头”坚持没有撤离。我曾经在爆发前一年来过柴滕，当时这里还是一个阳光灿烂的牛仔小镇，然而火山爆发后，泥石流和火山灰把这里淹没了大半。如今，虽然基本的城镇服务早已恢复，但眼前仍然可以看见废弃破败的民房，显得十分荒凉。尼古拉斯告诉我：“我们还挺得住。”

我沿着平整的铺装路向东南方向一路飞驰，穿过山谷，开过了埃尔阿马利罗村（El Amarillo）。你当然可以在那儿停一停，步行探索一番普马林公园最南端的那些小道（其中一条尤其震撼，直通冰川脚下一处堪称世界最美的露营地），但我这次选择了继续赶路。在南方公路开始分岔的圣卢西亚

村（Villa Santa Lucia），我驶入了岔路，朝阿根廷边境开去。此后我绕着冰川湖泊耶尔乔湖（Yelcho Lake），沿着富塔莱乌夫河（Futaleufú River）逆流而上，一直开到了风景如画的富塔莱乌夫村，晚上就直接住在了村中。

第二天早上，我全副武装，和其他旅行者一起到富塔莱乌夫河上体验了一次漂流。河水蓝如大海，湍急汹涌，是世界顶级激浪漂流目的地之一。向导扯着嗓子喊，我们拼了命地划，溅起的水花冰冷刺骨，湿透全身。

肾上腺素飙升之后便是许久的平静，我回到了南方公路继续南下。途中还经过了拉君塔（La Junta），一座因为这条公路而从昔日牧场发展起来的集市小镇。南方公路建于20世纪70年代，原本就是当时的智利总统皮诺切特（Pinochet）南部荒野大开发计划的一部分。在毗邻峡湾的普约华皮村（Puyuhuapi）附近，我和十几辆车一起被堵在了路上。原来昨天晚上下了雨，而这段路只要下雨，几乎都会发生滑坡，此时还剩下最后不多的路段即将清理完成。看来要想驯服荒野，仍需时日。

直到夜幕降临，我才把车停到路德维希庄园（Casa Ludwig）前面。这是一家山区客栈，老板的祖先是德国人，也是普约华皮村的创立者之一，20世纪30年代还在这里开了一家纺织厂。从庄园的温泉池可以俯瞰波澜不惊的范提斯盖罗峡湾（Ventisquero Sound），水边还有一个自家经营的餐馆。我在温泉池里泡了个澡，又去餐馆里吃了一顿新鲜的烤鱼当晚饭，然后和其他旅行者围在熊熊炉火旁谈天说地。兴奋了一天，这种自在和惬意正是我需要的。

最考验人的一段路还在前方。第二天，公路依峡湾边缘延伸，坑洼狭窄又颠簸。我在路边看到了不少地段隐蔽的高端垂钓别墅，随后转向内陆，向克乌拉特山口（Queulat Pass）进发。窄路弯曲蛇行，锋利的岩石遍布其上，浅浅的溪水常常漫过道路，路面上还有许多大坑。尽管如此，我仍然认为这是南方公路上最美的一段：狭窄的道路两旁植被肆无忌惮地生长，远方高山冰川相间，山上还挂着一道道晶莹婀娜的瀑布。

弹坑路最终变成了铺装路，这让我松了一口气。但眼前的风景也立即减去了几分野性——嶙峋的岩峰不见，起伏的农田现身，先驱小镇科伊艾科（Coyhaique）已经为我准备好了舒适的床和可口的饭菜。那是一个从荒地中建起的小城，街巷交错如网，以五边形的中央广场为中心向四周辐射，按照南方公路的标准，也算是一座“大都市”了。

巴塔哥尼亚公园

沿南方公路绕道行驶至科奇兰以北11英里（18公里）处，可以来到巴塔哥尼亚公园。这座美丽的公园原来是一片牧场，现在则是骆马、美洲豹、火烈鸟和马驼鹿的家园。2004年，以保护土地和野生动物为宗旨的巴塔哥尼亚保护组织（Conservacion Patagonica）买下了这片266平方英里（690平方公里）的山谷。在该组织的努力下，荒野重获生机，里面建起了营地、徒步小道和一家餐厅，未来还将在此基础上，打造一片占地927平方英里（2400平方公里）的巴塔哥尼亚国家公园。

本页图片：停车探索智利茂密的森林；跨页图片：克拉特国家公园中一座悬冰川；右页图片：一河分天地；97页图片：南方公路上的一段碎石路，崎岖不掩华美

从科伊艾科继续往南，脚下是比较不错的碎石路。道路在宽阔的河谷中穿行，高处有雪峰守望。沿途罕有人烟，只有几个小小的村落，偶尔才能看到骑马的牧羊人——这就是全部的先驱村庄。在智利最宽广的内陆海——卡雷拉将军湖（Lago General Carrera；也叫“布宜诺斯艾利斯湖”）的南边，我路过了去往巴塔哥尼亚公园（Patagonia Park）方向的岔路——这座公园是这一地区最新自然保护区——并继续前行，到达了昔日的牧业小城科奇兰（Cochrane）。这是路上最后一个加油的地方，我自然不会敷衍了事，美美地吃了一顿牛排，睡了一宿安稳觉，准备迎接漫长而又孤独的最后一程。

次日，我短暂驶离南方公路，沿着科奇兰河（Rio Cochrane）往西，去了一趟托特尔（Tortel），拜访一位朋友。托特尔是一个独具特色的渔村，夹在两片冰原之间，位置很是奇妙。村中没有马路，紧贴山坡、由柏树建造的房屋之间，有木板步道相连，空气中都弥漫着锯木的气味。

返回南方公路继续行驶，在云盖港（Puerto Yungay）最后一次搭乘渡轮渡水。上岸后，眼前只见一条颠簸的“搓衣板路”，一面是山，另一面是万丈悬崖，弯又急又窄，长途骑行者到了这里总要发怵——开车的人如果不时时小心，一定会丧命于此。

最终，道路变得平坦，崇山峻岭间突然出现了横平竖直的街道，那就是我此行的终点，边境小城奥伊金斯（Villa O' Higgins）。至于拿什么来酬劳自己？美味的“Cordero al palo”——巴塔哥尼亚木火烤羊足矣。 文/安娜·卡明斯基

“狭窄的道路两旁植被肆无忌惮地生长着，远方高山冰川相间。”

自驾指南

起点：蒙特港

终点：奥伊金斯

距离：770英里（1240公里）

到达：你可以从蒙特港租车，先南下游览，再北上返回。嫌路程太远，也可以坐飞机到科伊艾科的巴尔马塞达机场（Balmaceda Airport），以那里为原点租车游览。

何时去：10月至次年4月期间最佳。部分路段可能会因滑坡暂时封闭，一定要留出充足的时间。

车辆要求：不用非得驾驶四驱车，但车辆的通过性一定要好。

带什么：沿线大多数村镇都有加油站。但以防抛锚，一定要带上备胎、千斤顶、睡袋、食物以及饮用水。

重要提示：在自驾旺季，务必提早预订渡轮船票。

右页图片：朝着东南方向徒步拜访乌鲁鲁

同类自驾线路
披荆斩棘

加拿大丹普斯特公路

如果你就喜欢这种距离长、难度大的自驾，加拿大的丹普斯特公路（Dempster Hwy）就是另一个完美的选择。公路属于泥结碎石路面，从育空地区道森市附近的北克朗代克公路（North Klondike Hwy）分岔出来，一直向北蜿蜒457英里（736公里），穿越人迹罕见的荒野，最终到达加拿大西北领地最北端的一座城镇：伊努维克（Inuvik），此时北极圈早已被你抛在身后。2017年11月，伊努维克与图克托亚图克（Tuktoyaktuk）之间的路段也已开通，因此你可以继续北上75英里（120公里），拜访那座毗邻北冰洋的小村。整场自驾，天地孤寂，景色华美，你会穿过密林（里面也许会邂逅灰熊），经过雪山，最后驰骋于辽阔平坦的苔原之上。伊努维克附近有两座小村：麦克弗森堡（Fort McPherson）和茨格奇克（Tsiigehtchic），前往两处都必须搭乘载车渡轮。

起点：道森市

终点：伊努维克

距离：457英里（736公里）

重要提示：一定要租四驱车，带上两个备胎，加满油。而且沿途几乎没有手机信号，务必携带应急物资以防抛锚。

马来西亚500号公路

这条公路起于沙巴州首府哥打基纳巴卢（亚庇；Kota Kinabalu），翻越克拉克山脉（Crocker Range）。因为坡又陡又长，卡车在下坡刹车时很容易发生热衰减，于是当地司机用塑料管自制了一种水冷装置，不断地往刹车片上滴水冷却。单冲着这种别处见不到的小玩意，你也应该来这里走一遭。刚离开亚庇，公路并不算险，只是在高尔夫球场和农田村落间温柔地蜿蜒。但一到了山脉脚下，公路立即性情大变，随山势左盘右绕，急弯连连，一直攀升到1800米高的山脊上。沿途尽是生机盎然的丛林，里面散落着一些小村庄，大部分都开设着一家简朴的餐厅，也必然有喜欢趴在温暖路面睡大觉的狗。路上有一家大王花信息中心（Rafflesia Information Centre），专门介绍这种世界上花朵最大、味道最臭的植物，是沿途最著名的景点，也绝对是世界上最臭的景点之一。

起点：亚庇

终点：担布南（Tambunan）

距离：47英里（75公里）

澳大利亚乌鲁鲁和红土中心

你最好在每年4月至8月展开这场澳大利亚腹地的探险，因为其他季节的天气实在是太过炎热。起点就选在乌鲁鲁（Uluru），那里是地球上一个绝无仅有的存在。巨石附近的卡塔楚塔（Kata Tjuta）有36座岩石圆丘，国王峡谷（Kings Canyon）仿佛大地上裂出的一条大口子，两处景观都令人叹为观止。从乌鲁鲁一路朝东边的艾利斯斯普林斯（Alice Springs）开，晚上找个干净的地方睡一觉，第二天径直赶奔艾勒里溪大水潭（Ellery Creek Big Hole）。这个大水潭四周是笔直的岩壁。除了这里，一路上还有不少值得停车体验的亮点，包括史丹利裂缝（Standley Chasm）以及奥美斯顿峡谷（Ormiston Gorge），两地都位于西麦克唐纳山脉（West MacDonnell Ranges），那里下有红土，上有红岩，伞木（当地称"ghost gum"）散发着鬼气，彰显了红土中心（Red Centre）的典型风貌。

起点：乌鲁鲁（艾尔斯巨岩）

终点：泰勒山口观景点（Tyler Pass Lookout）

距离：761英里（1224公里）

穿越阿根廷卡尔查基河谷地区

阿根廷的卡尔查基河谷地区拥有五彩高山和高海拔葡萄园，如果你敢玩敢闯，爱喝善饮，不妨开着车跑上一圈，这里将为你奉上美酒的最佳伴侣：冒险。

如果你发现土坯墙随着铮铮的吉他在嗡嗡震动，空气里闻得出滋滋作响的牛排香味，舌尖上还能品出油腻的脆饺子和果香浓郁的马尔贝克葡萄酒，那么就说明：你终于找到了一家地道的南美草根酒馆（peña）。

这种酒馆最有名的地方，一是表演尊巴（zamba）的民间歌手，二是以肉为主的家常饭菜，吸引当地的阿根廷人去萨尔塔（Salta）消遣。萨尔塔这座城市位于阿根廷这个三角形的西北角，夹在智利和玻利维亚的边境线里，周围都是灰土暴尘的荒

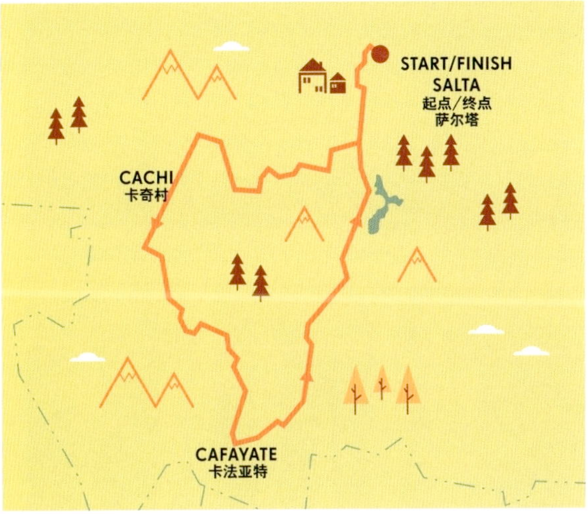

漠。我来到这家酒馆纯粹是偶然，但萨尔塔的草根酒馆就和纳什维尔的乡村音乐酒吧一样常见，外地人到了这里，总会误打误撞地找到一家。我此行的真正目的是要从萨尔塔出发自驾，只不过当我真正到了这里，却发现自己怎么也舍不得离开。

"萨尔塔"在当地艾马拉（Aymara）原住民的语言中是"美丽"的意思；说西班牙语的阿根廷人则把这里称为"萨尔塔拉琳达"（Salta la Linda），也就是"美丽的萨尔塔"。如此称呼的原因显而易见：城中的那座大教堂，粉得极其娇艳，新古典主义建筑直插霄汉，路边咖啡馆热闹无比。这座城市建立于西班牙殖民时代的鼎盛时期，地处印加帝国外缘，又靠近利马（Lima）和布宜诺斯艾利斯的中点，自然发展成了一个商贸重镇。

我在那家草根酒馆里坐到了很晚，第二天上午也没有着急出发，而是先去逛了逛七月九日广场（Plaza 9 de Julio）以及周边的建筑（包括一家珍宝荟萃的考古博物馆），给自己补了一堂精彩纷呈的城市历史课。之后才开上车，沿着坑洼不平的公路离开了萨尔塔。当我驶入烈日当头、热似炼狱的萨尔塔省下属其余地区，这场探险就此正式开始。

我的计划是用3天时间，从萨尔塔出发，环游安第斯山脚下的卡尔查基河谷地区（Valles Calchaquíes），拜访其中3条景色迥异的河谷，最后绕回萨尔塔。

第一条河谷是埃斯科伊贝峡谷（Quebrada de Escoipe）。大自然在创造这里的时候，一定是受到了某位抽

象表现主义画家朋友的指点。山体中含有硫、铁、铜三种矿物质元素，经过几千年的氧化过程，分别形成了黄、红、绿3种颜色，整片峡谷因而色彩缤纷。穿过了如此奇异的风景，我继续沿着扭曲的公路前行，来到了主教坡（Bishop's Slope）的坡顶。那里海拔3400米，可以俯瞰四野，上面还建有一座小教堂，里面供奉着大天使拉斐尔（Archangel Raphael）。拉斐尔是旅行者的守护神，许多游客都会来这里祈求一路平安。

小教堂旁边有一个茅草顶的摊位，我在里面买了些路上吃的零食（羊驼肉香肠和山羊奶酪），继续上路，一直进入到了仙人掌国家公园（Parque Nacional los Cardones）。这片保护区简直就是摄影师的梦中天堂——满眼荒凉，山色锈红，平地上尽是造型奇幻的大仙人掌，仿佛绿色的鬼魂在成群结队地游荡。

汽车开进了卡奇村（Cachi），我熄火下车，打算在此过夜。村中都是土坯房，我慢悠悠地穿过仿佛被时光遗忘的街道，走到了村中那座教堂跟前。教堂外墙的颜色是香蕉黄，房梁采用了仙人掌木。夕阳西下，小村冷冷清清，天空逐渐被黑暗吞噬。躺在床上的我看着夜空中闪烁的南十字星，眼皮越来越沉，不知何时就已酣然入睡。

第二天早上，安第斯山麓的空气凉爽宜人，我再次出发，

“卡法亚特拥有世界上海拔最高的几片葡萄园，高山雄伟，酒庄翠绿。”

车速不疾不徐，经过了拉帕亚（La Paya）——一座前印加时代古城的遗址——进入了箭谷（Quebrada de las Flechas）。这条河谷的地貌有点像北美的“恶地（国家公园）”，岩石奇形怪状，匪夷所思，角度诡异，置身其间总让你有种天旋地转的错觉。

谷中有徒步小道弯弯曲曲通向远方，头顶有巨大的秃鹫盘旋，在这里流连几个小时也不为过。但我知道，在这条壮观的裂谷前方，还有卡法亚特（Cafayate）的葡萄园在等着我：那里的口福，诱惑力甚至要大于箭谷的眼福。

卡法亚特是在阿根廷位居第二的葡萄酒之城，地位仅次于南边的门多萨（Mendoza），但感觉却远比门多萨“接地气”。门多萨倚仗的是大瓶大瓶的马尔贝克，而卡法亚特主打更为低调的特伦特斯（torrontés）。这种白葡萄在气温低、风力强的山谷地区长得非常好，在此酿造的白葡萄酒，闻起来似乎该是甜的（像雷司令），但回口却很干。顶着卡法亚特午后的炎阳，你很容易把这种酒当成葡萄汁来喝。

卡法亚特拥有世界上海拔最高的几片葡萄园，高山雄伟，酒庄翠绿，美景与美酒同样醉人，自驾其间，体验绝对世间罕有。卡法亚特镇里有销售安第斯山脉地区传统手工艺品的市场，还有当地人开的杂货店（bodega），那种质朴真实的氛围令人耳目一新。

最后一天，我离开了起伏如浪的葡萄园，进入了另一片奇妙的天地：贝壳谷（Quebrada de las Conchas）。贝壳谷是一片远古湖床的遗迹，里面有很多化石，奇石怪岩更是不胜枚举，比如“魔鬼咽喉”（Garganta del Diablo）和“圆形剧场”（Anfiteatro）。圆形剧场实际上是一座史前瀑布的遗址，如今坚硬的岩壁像石毯般布满褶皱，流线造型不可思议，上面还有密密麻麻的洞，那是掘穴鹦哥的巢穴。

在返回萨尔塔的路上，我还经过了鬼镇阿勒马尼亚（Alemania）和卡夫拉科拉尔湖（Cabra Corral）——那片人工湖现在已成了许多萨尔塔人周末休闲的去处。之后视野中一座座村镇逐渐取代了绿色的烟田，而且规模越来越大。

很快，我又和震动的土坯墙、滋滋作响的牛排、舌尖上的马尔贝克见面了：我回到了萨尔塔市，再次走进了令人忘我的草根酒馆里——不过这回可不是误打误撞，而是专程造访。　**文/马克·约翰松**

高处不胜酒

萨尔塔的葡萄园，海拔介于1700米至3110米之间，因而所产葡萄酒酒香十足，口味极具层次感，同时也富含矿物质。这里种植面积最广的葡萄品种是特伦特斯，不过你也能买到成瓶的马尔贝克——南边的门多萨也有这种酒，但那里的海拔不到1500米，两者口味区别很大。高海拔地区光照更强，昼夜温差很大，这种气候条件让这里的葡萄味道更浓郁。

左页左上：特伦特斯葡萄树；左页左下：酒桶装的特伦特斯葡萄酒；左页右图：萨尔塔大教堂的圣坛；本页图片：通往卡奇的蜿蜒公路；102～103页跨页图片：箭谷中的奇石

自驾指南

起点/终点：萨尔塔

距离：325英里（523公里）

到达：布宜诺斯艾利斯和利马都有直飞航班连接萨尔塔机场。阿根廷大多数大型城市，以及智利的圣佩德罗德阿塔卡马镇，都有长途汽车往来于萨尔塔。

何时去：冬季（6月至8月）少雨，但夜间气温可能会逼近冰点。夏季（12月至次年3月）多雨，气温更高，但大雨可能会引发洪水，导致某些公路无法通行。

推荐住宿：卡奇镇外不远有一家La Merced del Alto（lamerceddelalto.com），庄园的建筑是土坯房，风格典雅。卡法亚特的Patios de Cafayate Wine Hotel（www.patiosdecafayate.com）酒店四周被葡萄园环绕。两处都值得推荐。

顺路探访：美国艺术家詹姆斯·特瑞尔（James Turrell）在Colomé酒庄里开了一家博物馆，能够在此欣赏他的灯光装置艺术作品。

右页图片：新西兰班诺克本地区典型的宁静怡人的酒庄

同类自驾线路
葡萄酒之旅

新西兰中奥塔哥地区

中奥塔哥地区（Central Otago）是新西兰最被低估的葡萄酒产区，你可以沿着皇后镇（Queenstown）和瓦纳卡（Wanaka）之间的山谷公路，前去一探究竟。中奥塔哥是世界上最南边的酒区，主要种植的是黑皮诺、雷司令这种适宜在寒冷气候下生长的葡萄。想穷尽其妙，不妨从皇后镇出发，驶入6号公路（Hwy 6），一直开进吉布斯顿谷（Gibbston Valley）。那里的葡萄园被嶙峋的高山和卡瓦劳河（Kawarau River）峡谷夹在中间，密密麻麻。接下来拜访班诺克本（Bannockburn）的酒庄，然后驶入8号公路（Hwy 8）北上，沿邓斯坦湖（Lake Dunstan）东岸行驶，顺路还能经过小城本迪戈（Bendigo）的葡萄园。最后在度假小城瓦纳卡住一晚，结束此次自驾。

起点：皇后镇

终点：瓦纳卡

距离：80英里（128公里）

意大利奥尔恰谷

风景如画的奥尔恰谷（Val d' Orcia）乃是世界遗产，曾在《角斗士》（*Gladiator*）、《英国病人》（*The English Patient*）等许多部好莱坞电影中亮相。山上的葡萄园连接成网，山谷绿意盎然，其间还有皮恩扎（Pienza）这种极具文艺复兴风格的小村，以及蒙塔尔奇诺（Montalcino）这样的中世纪古城。在蒙塔尔奇诺城墙外的葡萄园里，你可以品尝到独特的布鲁纳罗桑娇维塞（Brunello sangiovese）葡萄酒，佐酒的栗子和松露也都是当地的优质特产。建议从中世纪山城蒙特布查诺（Montepulciano）出发，沿奥尔恰谷开到蒙塔尔奇诺，逛一逛那里的葡萄园，再沿SR2公路南下，拜访古色古香的村庄奥尔恰堡（Castiglione d' Orcia），最后在拉迪科法尼（Radicofani）城堡结束此行。

起点：蒙特布查诺

终点：拉迪科法尼

距离：56英里（90公里）

美国威拉姆特山谷

在1979年的“葡萄酒奥林匹克”（Wine Olympics）上，俄勒冈州艾瑞葡萄园（Eyrie Vineyards）参赛的那瓶黑皮诺艳惊四座，夺去了法国黑皮诺的光环，让世界葡萄酒界见识到了俄勒冈的实力。除了黑皮诺，俄勒冈州的灰皮诺和雷司令也从那时起闯出了名号。如今你可以沿着俄勒冈的威拉梅特谷（Willamette Valley）来一场自驾，亲自体验一番。这片谷地长150英里（240公里），是该州的农业心脏地带，谷中有I-5和99W两条干线公路，都位于海岸线和卡斯克德山脉（Cascade）之间。起点选在潮人天堂波特兰，然后一路南下，最终抵达热闹的大学城尤金（Eugene）。沿途会经过农田、农产品摊位、啤酒花种植园、葡萄园、蜿蜒的河流以及冒泡的温泉。

起点：波特兰（Portland）

终点：尤金

距离：112英里（180公里）

美国犹他州南部国家公园环线

这条路线在犹他州南部的峡谷地区穿行，连接8个州，
贯通多条国家景观公路，贴近十几片自然保护区。

“这是地球上最美的地方。”爱德华·阿比(Edward Abbey)在那本记录了自己某个夏季在犹他州南部峡谷地区的种种见闻与感受的《孤独的沙漠》(*Desert Solitaire*; 1968年)中如此开篇，令我深感赞同。在这里，烈日灼烧下的红土总能带给你不可思议的震撼，公路每绕过一个弯，眼前的景象都能让人目瞪口呆。不过看过了阿比的书，再写自驾路线，实在让我非常矛盾：这位脾气火爆的环保主义者将这里视作自己精神的家园和创作的缪斯，于是公路就成了他的眼中钉、肉中刺。根据他书中所写，想真正体验峡谷地区，人们应该走出汽车——“步行，最好是双手双膝着地，爬过砂岩，穿过荆棘和仙人掌。”

我很理解阿比的观点，但爬着探索沙漠所需要的时间，我们大多数人都没有。所以我选择了开车。当然，除了开车，我通常也会留出充足的时间徒步品味这片华美的荒野。阿比要是知道，想必也不会怪我。

前一段时间来这里自驾，我游览了犹他州3个重量级的国家公园：拱门(Arches)、布莱斯峡谷(Bryce Canyon)以及锡安(Zion)。我此前曾经将其“各个击破”，却从未体验过“一箭三雕”的奢侈。我选择的路线更是锦上添花：全程475英里(764公里)，令人期待的长距离，本身并没有特别的名称，只是连接起了几条著名的国家景观公路(NSB)，其中许多对于美国自驾迷来说都不陌生，比如远古之路(Trail of the

Ancients）、二百年景观公路（Bicentennial Scenic Byway）以及景色夺魂、名字拗口的时光之旅景观公路（A Journey Through Time Scenic Byway；即12号公路）。

大自然在创造美国西南部这些雄浑的峡谷、石拱门、台地和石窟时，使用的“建材”都是砂岩。这种红色岩石由沙丘经年累月的硬化而形成，可塑性很强，经过风、霜、雨、河——尤其是科罗拉多河——千万年的雕刻，才有了今天这些奇幻的造型。而千万年后，风景想必又有不同。

其中最著名的雕塑作品就是大峡谷（Grand Canyon）。大峡谷位于亚利桑那州，紧挨着犹他州南部边界。在科罗拉多河上游距大峡谷北缘约300公里处，有一个地方叫死马点（Dead Horse Point），站在那里可以俯瞰位于科罗拉多河与格林河（Green River）交汇处的峡谷地国家公园（Canyonlands National Park）。我们这次自驾就是从那里出发的，只不过开车前，我们在早上先去附近的拱门国家公园里进行了一场徒步——20世纪50年代，阿比就是那座公园里的一名护林员。死马点下方是万丈深渊，人的空间感也会因而错乱。往东看，可以望见身披白雪的拉萨尔山脉（La Sal Mountains）压制着峡谷酒红色的东缘。这正是犹他南部该有的样子：宁静、狂野、震撼。

我们从死马点沿着远古之路向南行驶，随后向西前往下两个徒步目的地——天然桥国家保护区（Natural Bridges National Monument）与圆顶礁国家公园（Capitol Reef National Park）。阿比很喜欢这里的夏天，但夏天并不是来此体验的最佳时间。首先，国家公园里全是自驾游的房车——真的印证了阿比早先在书中的预言。其次，夏季真的酷暑难耐。实际上，3月算得上是最好的选择：那时候气候凉爽，适宜徒步，游人也没有这么多。

在天然桥那里，我们告别了远古之路，又沿二百年景观公路穿过了圆顶礁国家公园，随后在托瑞（Torrey）那里开上了12号公路（Hwy 12），向南前往布莱斯峡谷（Bryce Canyon）。这一段路得聚精会神些：你先要盘旋穿越白雪松林，然后下山进入灰突突的红色沙漠，在巨大的平顶山间盘绕。沿途有不少地方值得探索（只是地名都非常简单粗暴），

“经过风、霜、雨、河千万年的雕刻，这些红色砂岩才有了今天这些奇幻的造型。”

石洞小路

早在犹他州西南部出现国家景观公路之前，这里曾有一条“石洞小路”（Hole-in-the-Rock Rte），路线与今天的12号公路重叠，起点位于埃斯卡兰特（Escalante），终点是摩门教定居者在19世纪末建立的小镇布拉夫（Bluff）。这条只使用了一年的小路当时用于走马车，之所以有这样一个名字，就是因为车辆沿小路穿越科罗拉多河的时候，需要在366米高的崖壁上沿着又窄又陡的凹槽穿过一个真的石洞，通常必须依靠绳索与公牛的拖拽才能通行。今天，这个地方仍在，你可以从埃斯卡兰特自驾前来参观，也可以在鲍威尔湖（Lake Powell）乘船游览。

比如“奶酪盒子峡谷”（Cheesebox Canyon）、“柯达胶卷盆地”（Kodachrome Basin）、“苔背孤丘”（Moss Back Butte）、“肮脏魔鬼河”（Dirty Devil River）。

到了布莱斯峡谷国家公园，我们原以为自己应该已经对震撼的景色麻木了，可事实并非如此。大自然的侵蚀在脆生生的大地上雕刻出了一群五彩的岩柱（当地叫hoodoo），造型如同图腾柱，颜色每个小时都有变化。我们在阳光下开始徒步，不过能感觉到空气中仍有一丝凉意——这是因为布莱斯是这一带最高的国家公园，海拔超过2438米。在返回停车地点的途中，天气骤变，竟然还下起了雪，瞬间一根根岩柱仿佛长出了白发，仿佛一群在犹他高原沙漠上集会的长老。

我们一路下行，把雪抛在身后，向西边的锡安国家公园驶去。那里距此有80英里（128公里），海拔要低上610米。到了之后，我们决定拿出半天的时间来徒步，去瞭望点（Observation Point）俯瞰锡安峡谷。瞭望点与峡谷谷底之间的落差达640米，站在上面，可以看见几段又窄又深的狭缝峡谷（slot canyon），仿佛砂岩中间勉强开辟出来的窄巷，还能看到谷底的维琴河（Virgin River），在耸立的峭壁下欢快舞动。

我们完全可以从锡安接着开下去：大峡谷离这里只有2个小时车程，去死亡谷（Death Valley）也不过5个小时车程，选择多的是。不过我们这次决定回家，离开这片令阿比魂牵梦绕的土地，就让它与大自然继续这支漫长而精妙的双人舞。 **文/格雷格·布鲁姆**

跨页图片：犹他州原住民留下的洞穴岩画；本页图片：雪后的布莱斯峡谷国家公园；左页下图：造型奇异的砂岩；109页图片：锡安国家公园中的守望者峰（Watchman peak）

自驾指南

起点：死马点

终点：锡安峡谷

距离：475英里（764公里）

到达：可先到达盐湖城，再乘飞机或经公路前往莫阿布[Moab；距盐湖城西南230英里（370公里）]，死马角就在莫阿布附近。锡安距离拉斯维加斯160英里（257公里）。

何时去：10月至次年3月的淡季最佳。

推荐住宿：锡安峡谷中的Zion Lodge（www.zionlodge.com；务必提前数月订房），莫阿布主街上的Gonzo Inn（www.gonzoinn.com），以及托瑞镇中的Reef Inn & Cafe（www.capitolreefinn.com）。

气候：10月至次年4月的沙漠地区夜间非常冷；夏季之外，白天天气还算舒适。

重要提示：沿途一些非常不错的景点都由非铺装路连接，所以最好租一辆四驱车。

右页上图及右下图：佛罗里达群岛上诱人的海滩和酒吧；右页左下：加利福尼亚国王峡谷国家公园中的参天大树

同类自驾线路

追寻作家的足迹

约翰·缪尔和内华达山脉

峡谷地之于爱德华·阿比，好比内华达山脉(Sierra Nevada)之于约翰·缪尔(John Muir)。这位传奇的环保主义者也是美国塞拉俱乐部(Sierra Club)的创始人、早期的旅行作家之一，他的时代要比阿比早上好几十年，曾多次深入加州与内华达州边界附近的这片狂野山区，并创作了大量相关作品。我们推荐的这条线路，将带你由北至南游览加州的3座国家公园：约塞米蒂(Yosemite)、国王峡谷(Kings Canyon)和红杉(Sequoia)。大红杉、大峭壁、大瀑布自不必多提，何况沿途还能收获一些少有人知的亮点，特别是国王峡谷景观公路(Kings Canyon Scenic Byway；即180号公路)。这条高山公路长50英里(80公里)，一路风光无限，最后沿险陡的下坡路进入国王峡谷。因为整条路线都处于高海拔地区，所以要注意，寒冷的季节里许多路段都会封闭，防滑链无疑是必备的。过程中当然也少不了震撼的徒步体验，尤其是约翰·缪尔小道(John Muir Trail)。

起点：约塞米蒂国家公园

终点：红杉国家公园

距离：260英里(418公里)

斯蒂芬·金和缅因州

斯蒂芬·金(Stephen King)在缅因州有两处房产，他的许多恐怖小说也都以缅因州为故事背景。你可以从波特兰出发，沿着与海岸并行的美国1号公路(US Rte 1)开往“下东区”(Down East，缅因州东部地区的俗称)，到达艾尔斯沃斯(Ellsworth)之后往南拐，沿阿卡迪亚景观公路(Acadia Scenic Byway)绕一圈——这可是一条“泛美风景大道”，美国只有31条公路获此殊荣。这一段路靠近海岸，沿途会经过美国标志性景观，比如美国著名户外运动品牌LL Bean的老店、巴斯钢铁造船厂(Bath Iron Works)等，还能看到自然壮景与人造奇迹，包括1827年建造的沛马奎特(Pemaquid)灯塔、巴克斯波特镇(Bucksport)的佩诺布斯科特悬索桥(Penobscot Narrows Bridge)等，还有卡姆登(Camden)、巴港(Bar Harbor)等风景如画的港口，以及波特兰、贝尔法斯特(Belfast)、洛克兰(Rockland)等意想不到的艺术胜地。终点是小城班戈(Bangor)，斯蒂芬·金常会过来住上一段时间。整条路线游人稀少，秋叶尤其壮观，全年都可能有坏天气，请做好充分准备。

起点：波特兰

终点：班戈

距离：约300英里(482公里)

吉米·巴菲和佛罗里达群岛

想给佛罗里达群岛(Florida Keys)“挂靠”一位著名作家，选择实在太多了：海明威(Hemingway)在基韦斯特(Key West)生活了8年，可惜没有一本书写的是这里的事；田纳西·威廉斯(Tennessee Williams)在基韦斯特生活了好几十年；20世纪70年代，托马斯·麦瓜恩(Thomas McGuane)和其他一些作家曾在这里过了一段花天酒地的日子，他最有代表性的小说《渔港恩仇》(*Ninety-Two in the Shade*)就是以基韦斯特为背景创作的。我们最后的选择是吉米·巴菲(Jimmy Buffett)。这位著名的音乐人在基韦斯特开始闯荡乐坛，给佛罗里达群岛创作了无数首歌——最著名的当属《玛格丽特村》(*Margarita ville*)，还写了几部畅销的短篇小说集。或许正是前往基韦斯特的一路风光启发了如此多的艺术家和作家。佛罗里达群岛景观公路(Florida Keys Scenic Highway)是一条大名鼎鼎的“泛美风景大道”，通过桥梁在群岛间跳来跳去，沿途海景壮观无比。7月至11月易发飓风，计划自驾时要留意天气情况的变化。

起点：基拉戈(Key Largo)

终点：基韦斯特

距离：110英里(177公里)

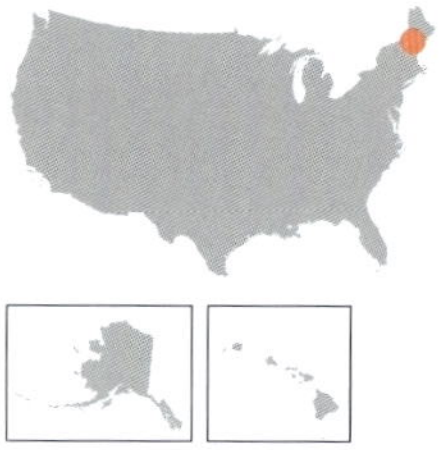

环游美国白山山脉

这条新罕布什尔州境内的环线实在令自驾旅行者难以抉择：远方有巍峨的高山召唤你飞速前去探访，身边却有峡谷、瀑布和大酒店求着你就近享受，走也不是，停也不是。

作为一个徒步发烧友，我觉得在白山山脉（White Mountains）地区自驾是一种残忍的折磨。公路在硬木森林中穿行，路边总能遇到徒步小道，入口不过几步之遥，走进去便有湍急的溪水、奔腾的瀑布、高山小屋、大风呼啸的山顶和一览无余的山谷美景，魅惑犹如塞壬女妖，可惜我根本没有时间一一体验。

我此次自驾以小镇康韦（Conway）为起点，之后沿着堪卡马格斯公路（Kancamagus Hwy；即NH 112号公路）一路蜿蜒向西。这条公路长34.5英里（55.5公里），属于国家景观公路。每到秋季，两边的森林就会呈现出各种色彩，黄金橙红，不一而足，吸引了很多人开车前来赏秋叶。但我最喜欢春天来这儿自驾，那时节，萨科河（Saco River）脱离了冰封的束缚，欢呼着奔腾起来，树木抖掉了寒冷的枷锁，重现生机，林中的鸟兽也都玩心大动。

我的第一站是康韦镇西边不远处的一个美国林务局（US Forest Service）护林站。我到那里停车购买了一张观光停车通票（全天3美元），要了一份沿路徒步小道信息表，又花了几分钟时间和护林员聊了聊前方的精彩，便再次上路，继续向西。很快，白山国家森林公园（White Mountain National Forest）就给了我"一个大大的绿色的拥抱"。那是一片广阔的绿色世界，树木多为硬木和松柏，我的视野中除了树，就只有那条紧贴着路肩、生气勃勃的斯威夫特河（Swift River）了。

公路的名字"堪卡马格斯"（Kancamagus）源于一位彭纳库克族（Pennacook；美洲原住民）的酋长，意思是"无畏者"。这个部落在15世纪末就曾生活在这一地区，大多数族人都与世无争，但面对英国殖民者一次次的挑衅，酋长只得带领大家还击。双方展开多次血战，族人最终溃散，酋长本人也撤到了北边。今天这片浓密的森林，仍然荒蛮原始，野性难驯，气质与周边地区很不相同。

在岩石峡谷景区（Rocky Gorge Scenic Area），这种原始的野性得到了充分的展示。峡谷两侧是花岗岩石壁，斯威夫特河在谷中奔流而下。从景区停车场往东步行不远，有一条造型优雅的步行桥，那是我最喜欢的拍摄地点。你可以站在上面，面向上游方向，用相机把水花翻滚的瞬间记录下来。

和大多数徒步爱好者一样，我最喜欢那种“终点有惊喜”的徒步小道：尽头处最好能让我大呼小叫，满血复活，景色至少也该对得住一路的艰辛。通往萨巴戴伊瀑布（Sabbaday Falls）0.3英里（0.5公里）的小道就属于这一类。尽头的那座瀑布不大，却极具冲击性：河水先是在上方花岗岩床上蓄集足够的力量，随后凶猛地冲下来，落入下方一个个可爱的水潭。小道紧贴水流，走起来很容易，坐轮椅也没问题。

从景区再往前，公路朝着能够俯瞰山脉全景的堪卡马格斯山口（Kancamagus Pass；海拔870米）挺进，一路惊险得像是坐过山车。过了山口便是下坡路，一直通往小城林肯（Lincoln）。城中的白山游客中心（White Mountains Visitor Center）摆放着一个巨大的驼鹿雕塑，设有护林员咨询台，还为自驾者准备了咖啡。再往前开不远，便是北伍德斯托克（North Woodstock），那里有一家Woodstock Inn,Station & Brewery，融合客栈、餐厅和酒馆于一体，我最喜欢坐在里面的小院里，用三明治和啤酒告慰自驾的辛苦。

下一站是弗兰科尼亚山峡州立公园（Franconia Notch State Park），脚下的I-93公路相当平直，在公园中穿行8英里（13公里），一路向北，两侧高山陡立，风景优美。路边有一个景点叫溪峡（Flume Gorge），瀑布贯穿其间，长有苔藓的花岗岩谷壁就高达21~28米。再往北几公里，还有一个炮台山缆车（Cannon Mountain Aerial Tramway），可将游客飞速送往高处的一个观景点。

离开公园北上，公路变成了美国3号公路（US 3），经双子山镇（Twin Mountain）汇入美国302号公路（US 302），随后穿过布雷顿森林（Bretton Woods）。布雷顿森林风景如画，是总统岭（Presidential Range；白山山脉海拔最高的山岭）的核心亮点。森林中除了美丽的高山，还能看到一家华盛顿山酒店（Mount Washington Hotel）。酒店位于华盛顿山脚下，头戴“小红帽”的建筑惊艳绝伦，总会在我开车经过这里时，突然从地平线上钻出来，美得我一激灵。为了欣赏高山，我只是踩刹车，但看到那家酒店，我就得踩刹车了。

1944年，这家酒店里召开了著名的布雷顿森林会议，各国元首为了避免重蹈“一战”后经济灾难的覆辙而齐聚一堂，世界银行由此建立，使“二战”后的全球经济恢复了稳定。

我喜欢沿着大堂两边的走廊闲逛，看看墙壁上当年的黑白照片，想象那些老顾客、老员工过的都是怎样的生活。我还会去酒店后面的外廊待一会儿，希望能从新英格兰最高峰华盛顿山的雄伟气势中获得鼓舞。

美国302号公路的这一段也是冒险者的乐园。夏季，旅行者可以在一辆蒸汽机车的牵引下，沿华盛顿山齿轨铁路（Mount Washington Cog Railway）前往海拔1916米的山顶。不过一定记得多穿点：夏季山顶的气温也才7℃（45° F）左右，而且风很大。

离开酒店往南，前方有一家Appalachian Mountain Club（AMC）Highland Center（阿巴拉契亚高山运动俱乐部高地中心），你不妨以那里为大本营，探索总统岭上纵横交错的徒步小道。我本人常常会在中心门前草坪上找一把木椅子打盹。至于在此停留的原因？无他，也就是可靠的徒步信息、一顿可口的饭菜以及无数喜爱冒险的知己。中心里设有宿舍，风格好似乡村度假客栈，在里面休息休息，整理一下装备，就可以到附近的阿巴拉契亚小道（Appalachian Trail）上，一个接一个地尽情探索小木屋。

重返美国302号公路，你也许会看到康韦景观铁路（Conway Scenic Railroad）上的诺奇线列车（Notch Train；这条火车道上有两班列车服务，诺奇线为其中之一）缓缓进站——车站就在高地中心（Highland Center）南侧。这趟火车一路绿意，起点在北康韦镇（North Conway）。那是一座友好的山城，里面挤满了独立汽车旅馆、温馨的早餐店和工厂店。我最喜欢把自驾的最后一站放到那家欢乐祥和的Moat Mountain Smokehouse & Brewery Co酒馆，可以来这里坐坐：一杯捷克口味的拉格啤酒，加上半磅重的汉堡，再配上卡真风味的辣薯条，绝对错不了。　文/艾米·巴尔弗

徒步木屋带

阿巴拉契亚高山运动俱乐部（Appalachian Mountain Club；www.outdoors.org）在阿巴拉契亚小道白山山脉路段沿途，一共运营有8间可以过夜的小木屋。这些木屋的历史超过125年，内部很像青旅宿舍，上下铺、枕头、毯子都有，彼此间隔约一日徒步的距离。从夏季到初秋，预订木屋附送当日早餐及晚餐——一位工作人员会到你的小屋给你做饭，顺便还能和你分享一些当地信息。

左页图片：大湖（Big Lake）对岸的华盛顿山；本页图片：康韦景观铁路诺奇线克劳福德车站（Crawford Depot）；115页图片：五彩秋叶装饰下的堪卡马格斯公路

自驾指南

起点：康韦镇

终点：北康韦镇

距离：92英里（148公里）

到达：波士顿洛根国际机场（Logan International Airport）距离康韦有2.5小时车程。

何时去：秋季有许多人前来欣赏多彩秋叶，9月下旬至10月中旬最火爆，夏季徒步悠闲美妙，春季忽冷忽热，许多景点关闭，但游人可能没那么多。

带什么：如果你打算徒步，记得带几件非棉质衣物，一件防风或防雨的冲锋衣以及结实的鞋子。某些路段比较崎岖陡峭，可以考虑带上徒步杖。

更多信息：www.visitwhitemountains.com。

右页图片：新奥尔良著名的波旁街夜景

同类自驾线路
美式风情

弗吉尼亚州蜿蜒路

早在美洲殖民时代，阿巴拉契亚地区的欧洲殖民者就喜欢拉着小提琴，弹着非洲奴隶带过来的班卓琴，沉醉在音乐之中。1927年，布里斯托录歌计划（Bristol Sessions；音乐制作人拉尔夫·皮尔在布里斯托等地组织的一系列歌曲录制工作，被视为现代乡村音乐的“大爆炸”事件）又将这一古老的山区音乐风格推广给了普罗大众。今天，你可以沿着美国“音乐遗产小路”（Heritage Music Trail）之一的蜿蜒路（Crooked Road），穿越弗吉尼亚州西南部的蓝岭山脉（Blue Ridge Mountains），欣赏怀旧民谣（old-time music）和蓝草音乐（bluegrass），或是参观蓝草音乐博物馆，尝一尝接地气的餐馆。大多数场馆在晚间一般都有现场演出，著名的音乐酒吧Floyd Country Store每周五都有舞会活动，非常热闹。一路上的路牌都印有班卓琴的图案，在路边的展览摊位，你还能获得当地音乐人的信息和专辑——他们的歌在车载广播里也能听到。不要错过Carter Family Fold音乐厅，约翰尼·卡什（Johnny Cash）最后一次现场演出就是在那里进行的。

起点：落基山（Rocky Mount）

终点：裂谷州际公园（Breaks Interstate Park）

距离：330英里（531公里）

更多信息：www.myswva.org/tcr

路易斯安那州卡真地区

从新奥尔良出发向西，沿美国90号公路（US 90）穿越密西西比河三角洲（Mississippi River Delta），经过一片片盐沼，一道道水流缓慢的河湾，一丛丛密集的落羽杉，这样的自驾绝对是一场压抑甚至怪诞的冒险。传说沼泽中有一种叫“卢加罗”（rougarou）的狼人出没，眼睛血红，专吃不听话的小孩儿。赶上阴云密布的天气，你也许真的会信以为真。不过不用怕，这里是路易斯安那州卡真人（Cajun）的家园，他们会为你表演欢快的音乐，用实惠的饭菜招待你，还会带你游览沼泽——那里几乎一定可以看到短吻鳄。卡真人是当年法裔加拿大殖民者的后裔，最初叫阿卡迪亚人（Acadians），18世纪末从加拿大沿海省份流亡到路易斯安那南部。在这场经典自驾路线上，一定不要错过艾弗里岛（Avery Island）上的塔巴斯科（Tabasco）辣椒酱工厂，然后你得去布罗布里奇镇（Breaux Bridge）找一家餐馆尝尝小龙虾，最后到拉法耶特市（Lafayette）的Blue Moon Saloon欣赏火辣的卡真音乐演出——手风琴、啸叫、跺脚，一个都不少。

起点：新奥尔良

终点：拉法耶特

距离：170英里（274公里）

回到老西部

想把藏在你内心深处的那个牛仔释放出来，最好的地方莫过于亚利桑那州中部。你可以从威肯堡（Wickenburg）出发，沿着89或89A公路（Hwy 89/89A）勇往直前，一路北上，开到塞多纳（Sedona）和弗拉格斯塔夫（Flagstaff）。途中点缀着灌木、飞沙走石的沙漠与高山，写尽了老西部的历史。从索诺兰沙漠（Sonoran Desert）向韦弗尔山脉（Weaver Mountains）攀爬，路上有不少牛仔博物馆和度假牧场诱你停车体验。韦弗尔山脉上有小城普里斯科特（Prescott），城中的威士忌街（Whiskey Row）可谓声色犬马——两位曾经叱咤老西部的职业级赌徒，怀特·厄普（Wyatt Earp）与绰号“医生”的霍利德（Doc Holliday），在19世纪70年代都曾光顾过这里。从前的矿业小城杰罗姆（Jerome），如今紧守在山坡上散发着文艺气息。再行不远就是塞多纳，城中的旅行社Pink Jeep Tours（www.pinkjeeptours.com）总是想方设法拉拢游客，带他们坐上吉普车游览周围的红岩地带。终点弗拉格斯塔夫很是热闹，处处展现着旧日的魅力，除了古老的酒店，还有一间永远在释放着摇滚热情的木屋：博物馆酒吧（Museum Club）。

起点：威肯堡

终点：弗拉格斯塔夫

距离：150英里（241公里）

ASTOR
BLUES CLUB
Live Music
CoCo

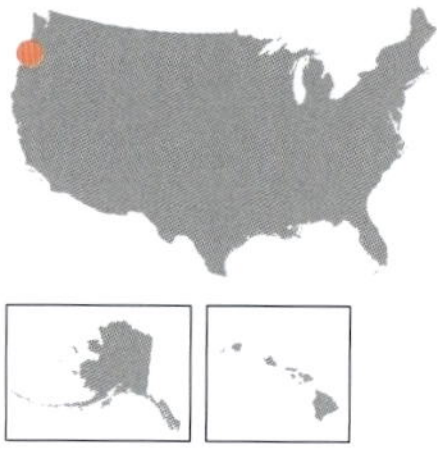

美国太平洋海岸公路

顺着美国的西海岸，从西雅图开到旧金山，
感受城市的自由精神，欣赏太平洋的辽阔海景，探索广袤无垠的森林。

太平洋海岸公路[Pacific Coast Highway；即美国101号公路（US Highway 101）]于1926年通车，沿途树古水野，是第一世界最后一片边疆。公路全长1540英里（2478公里），顺着太平洋海岸将华盛顿州和加利福尼亚州连在一起。自那时起，这条公路以及沿线地区就一直吸引着冒险家与反抗者，直到今天，尽管已经建起了许多房车营地和游客中心，那种荒野的氛围与寻梦的气质仍然挥之不去。

从西雅图开启这场自驾，可谓相当"切题"：这里是美国西北部第一大都市，也是美国最年轻、发展最快的城市。从吉他之神吉米·亨德里克斯（Jimi Hendrix）到摇滚天才科特·柯本（Kurt Cobain），从微软到亚马逊，西雅图可谓怪才辈出，活力满满，先锋另类人士深以为豪（城中的精酿啤酒也值得在出发前体验一番）。

驶离西雅图，先要乘坐载车渡轮，随后跨越世界上最长的一座浮桥，这两种震撼的感受足以叫宿醉者困意全无。通过浮桥后，路上的车辆瞬间减少，树木顿成合围之势，压着车速开上1个小时左右（沿路监控很严），便进入了奥林匹克半岛（Olympic Peninsula）。那是华盛顿州一片由森林与高山构成的处女地，高山绵绵，森林幽幽，直到20世纪才被人类充分了解。

等你在路上开了200英里（322公里），你就会知道为什么许多华盛顿州车辆的牌照上印有"常青之州"（Evergreen State）的字样。驶过了大打《暮光之城》牌的福克斯镇（Forks；该小说的故事背景便设在福克斯镇），你不妨驶入岔路，进入霍河雨林（Hoh Rainforest），看一看"青苔厅"（Hall of Mosses）。那是雨林中的一片树林，（下接124页）

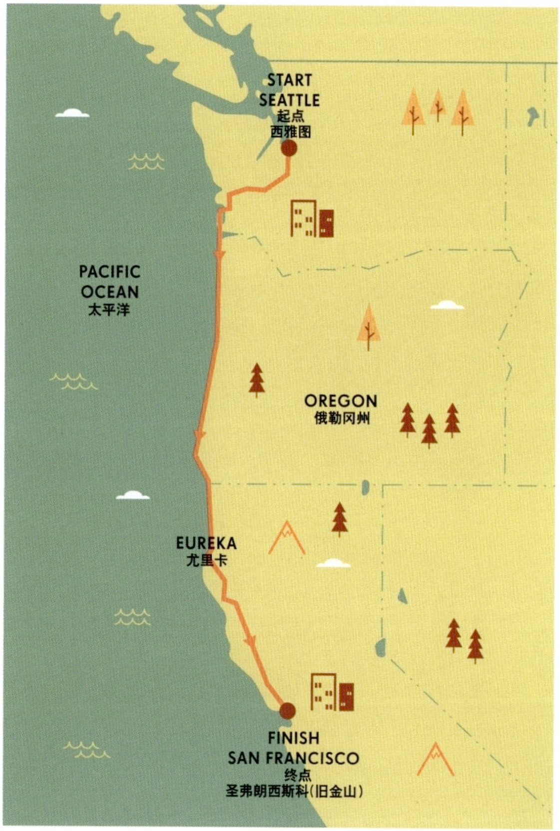

本页上图：标志性的金门大桥意味着旅途的结束；右页图片：门多西诺的海滩；本页下图：101号公路绕过俄勒冈州的塞巴斯蒂安角（Cape Sebastian）；121页图片：太平洋海岸公路旁巨人般的红杉

“进入加州境内后，101号公路真正进入了状态：两车道柏油路工程水平高超、路面宽阔平整、沿着礁石嶙峋的海岸一路蜿蜒。”

（上接120页）每根树枝都布满植被——垂挂如胡须，浓密如蛛网，氛围诡异。回到主路，101号公路向西南方向折转，很快便到达了拥有无边海景的岸边，前方1000英里（1609公里）路段还不时可见灯塔驻守的峭壁与海浪雕刻的海柱。

在伊尔沃科镇（Ilwaco）外不远，有一片怀基基海滩（Waikiki Beach），自然的伟力在这片海滩上得到了惊心动魄的诠释。在呼啸的狂风中推开车门走上海滩，爬到脱色漂白、堆积如山的浮木上放眼四望，你才会明白“太平洋”的名不副实。1811年，一艘船就在这片海域里失事，一位叫怀基基的夏威夷水手的尸体被冲到了岸边，海滩因而得名。历史上在此遇难的人不计其数，如今这一带也仍是世界上最危险的航路之一。

继续上路前行，进入俄勒冈州，路上不再孤独：身边出现了房车、长途骑行者，以及闪闪发亮、运输木材的卡车——车上树木的红色树皮常会落得公路两边全是。运输海鱼罐头的码头不见了踪影，海滩度假村取而代之，野生动物也愈加活跃起来。海中也许会出现一群鲸，迎着明媚的阳光喷水雾。观景点停车处下方泡沫翻滚的海湾中，没准还能看到肉乎乎、滑溜溜、吵哄哄、懒洋洋的海狮。这片大海富饶慷慨，不但海狮衣食无忧，人类也不愁没鱼吃：炸鱼和薯条随处都能吃到，哪怕是三文鱼和大比目鱼这种高档海鲜，在这里也不过是寻常美味。

下一站到了奥福德港（Port Orford）。这个渔港小镇建在一片青草海岬之上，夹在两座壮丽的州立公园之间，是美国下48州中最西边的城镇。城镇的主街历史极其悠久，是有名的艺术区，两旁有许多玻璃器皿作坊和画廊，还有一家餐厅，难得地供应着烩羽衣甘蓝和黄油生菜这种新鲜玩意儿，你终于可以在这里躲开西海岸千篇一律的海鲜杂汤（chowder）了。

前边的路越开越舒服，进入加州境内后，101号公路真正进入了状态：两车道柏油路工程水平高超，路面宽阔平整，沿着礁石嶙峋的海岸一路蜿蜒。在蔚蓝的天空下，眼前开阔无比——直到巨大的红杉闯入视野。

那是普拉里溪州立公园（Prairie Creek Redwoods State Park），红杉树的王国，创立于1923年。在那之前，人类一直在摧残这里的红杉：在电锯尚未诞生的时代，一队人砍倒一棵红杉也许要花上1个月，速度虽慢，但大部分原生古杉树都因此消失了。到了1923年，仅有5%的古红杉幸存，引发了国民的"环保恐慌"，公园由此诞生。

这片森林里拥有世界上最高的树（115米）以及最古老的红杉（比罗马帝国的诞生还早500年），为了保护这两棵树的安全，它们的具体位置并没有对外公布。但若想感受红杉的雄伟，根本不用刻意寻找，因为没有一棵古红杉是"小树"。探索其中，就像参观一场尺寸大得吓人的装饰艺术展。整个空间安静得像是墓地：林中大多数鸟兽都"飘"在遥远的树冠上，地面上的一切，都有赖于红杉的庇佑：树下只能偶尔看到一株细长的毒芹，贴在大树根部苟延残喘；某棵倒下的红杉横在地上，成了剑蕨的温床，几百年后才会完全腐烂。

随后，公路再次向西南方向的大海延伸，仿佛一条将死的蛇，在最后一片红杉树的注视下有气无力地往森林外面爬。这一段也少不了俗不可耐的"旅游陷阱"，比如可以开车穿过的杉树根部，用电锯削出来的"大脚印"，以及5美元一株、能打包带走的红杉树苗。

冲出树木的包围，面前的加利福尼亚又是另一番景象：气候更干，棕色更浓，植被更疏，零星点缀着几片蒲苇。海边的村镇很快开始成倍增加，它们的名字会提醒你，在19世纪中期以前，这里曾是墨西哥的领土，西班牙文化的天下。比如加州地区最前哨之一的门多西诺镇（Mendocino），名字就是早期西班牙航海家起的。镇内有一条漂亮的主街，建着气派的木房子和华丽的水塔，很有新英格兰的风貌，街边那座老教堂，历史在加州称最。

再往南开上2个小时，路上的车变多了，车速也变快了，原本安静怡人的风景不见了，101号公路成了一条毫无特色的快速干线。好在这场自驾有一个惊艳的结尾：金门大桥（The Golden Gate Bridge），一座标志着美国正式进入"汽车时代"的大桥。此时的你不妨到旧金山城里找家本地啤酒馆，为庆祝1000英里（1609公里）的精彩喝上一杯，或者，两杯。　文/蒂姆·摩尔

暮光之"城"

从前，福克斯镇不过是华盛顿州地图上一个无名小"点儿"，直到2005年，斯蒂芬妮·梅耶尔（Stephenie Meyer）的《暮光之城》三部曲火了，无数"暮光迷"突然蜂拥而至，从此，每年游客数以千计。不仅主人公贝拉的生日被打造成了节日，还有暮光主题游览、暮光主题酒店，当地比萨屋更是推出了"一咬钟情"套餐（Love at First Bite）。福克斯镇对于暮光迷的吸引力，恐怕……就像是吸血鬼闻着了腥。

左页两图：沿途不乏冲浪和观察野生动物的好地方

自驾指南

起点：西雅图

终点：旧金山

距离：1050英里（1690公里）

到达：西雅图和旧金山都是国内外航线密集的航空枢纽

何时去：冬季景色萧条沉闷，但可以欣赏到暴雨的气势。3月至6月，灰鲸会由南至北沿岸迁移（11月至次年2月则是由北至南），是观鲸的好时节。7月至9月晴朗少雨，但路上车辆较多。

推荐住宿：奥福德港有一家Wildspring Guest Habitat（www.wildspring.com），开在幽静的树林中。

推荐餐饮：Bowpicker（www.bowpicker.com）餐厅开在一艘拖网渔船里，做的炸鱼薯条酥软无比，超级好吃。

重要提示：旧金山的路边咖啡馆It's Tops（www.itstopscoffeeshop.com）霓虹闪烁，内有经典点唱机，不要错过。

右页图片：西西里路边停放的一辆三轮车。与公路旅行相比，它更适用于城区代步

同类自驾线路
水岸相伴

法国现代艺术之旅

20世纪许多艺术家都曾在普罗旺斯（Provence）获得过灵感，创造了许多伟大的作品。看过了画，再追本溯源，亲自去看看画中的风景，绝对是一种奇妙的体验。沿着我们推荐的这条路线自驾，你不但可以欣赏到未被时光改变的美景，还能了解到丰富的艺术史。除了当地那些明星级的美术馆，更不要错过现代大师们曾经生活、工作、聚会过的海滩、田野、山上小屋、酒吧和大街。法国南部的骄阳总能引人灵光一现，一段段海岸公路风光无限，一座座美丽的城镇也散落其间：科克托的芒通（Menton），夏加尔和马蒂斯的尼斯（Nice），毕加索的昂底布（Antibes），塞尚的艾克斯（Aix-en-Provence），凡·高的阿尔勒（Arles）。在这些地方，不仅有介绍艺术家的画廊和博物馆，还有许多与之相关的事物等待你的发现——这样的自驾，才真叫是"人在画中游"。

起点：芒通

终点：圣雷米（St-Rémy de Provence）

距离：211英里（340公里）

加拿大奥卡纳根山谷之旅

盛夏之时，在路边摊上买些能品出阳光味道的水果消暑，一直都是不列颠哥伦比亚省奥卡纳根山谷（Okanagan Valley）的旅行亮点。这一地区冬季凉爽，夏季漫长，自20世纪80年代开始在山坡上种植葡萄，至今葡萄园不下百片，已在全球餐饮界占据了一席之地。对于旅行者而言，当地用冻葡萄酿造的冰酒也绝对是独具特色的纪念品。这条路线除了有醉人的美酒，还有醉人的风景，奥卡纳根湖（Okanagan Lake）的湖岸沙滩无数，与酒庄近在咫尺，走走停停、品品游游，很是惬意。可以从传教山（Mission Hill；山上有座传教山酒庄）出发，沿97号公路（Highway 97）向北，经威廉·本内特桥（William R Bennett Bridge）越过湖面，然后沿湖岸公路（Lakeshore Road）向南，绕道去奥卡纳根薰衣草农场（Okanagan Lavender Farm），最终在基洛纳（Kelowna）的卡米丽斯山羊奶酪作坊（Carmelis Goat Cheese Artisan）结束自驾——记得犒劳一下你的司机。

起点：传教山

终点：卡米丽斯

距离：22英里（35公里）

西西里访古

西西里（Sicily）把守地中海十字路口长达25个世纪，从"大希腊"地区（意大利半岛南部）的神庙，到诺曼时代由拜占庭和阿拉伯工匠建造的教堂，当地文化遗产之丰富，可谓举世无双。这条路线起点设在巴勒莫（Palermo），那里棕榈摇曳，洋溢着异域风情。中途会经过古代世界第一大城市锡拉丘兹（Syracuse）的精彩壮观的巴洛克建筑，以及悠闲惬意的卡塔尼亚（Catania）。一路上可以看到西西里异常多元的风光，比如桃源仙境般的农田，蓄势待发的火山，或是绵绵不绝的蔚蓝海岸。从巴勒莫沿A29号公路行驶50英里（80公里）便是神奇的塞吉斯塔（Segesta）古城遗址，那里有一座巨大的希腊神庙。再沿着蜿蜒起伏的海岸公路前行，你会在阿格里真托（Agrigento）看到阿卡格拉斯（Akagras）古代遗址。终点是小城陶尔米纳（Taormina），一座完美的古希腊马蹄形剧场悬在海天之间，透过破败的立柱，你还能看到正在喷发的埃特纳火山（Mt Etna），景色无与伦比。

起点：巴勒莫

终点：陶尔米纳

距离：368英里（592公里）

RENZ
iceria A. Bottiglieri

从哈瓦那到比尼亚莱斯

开着老爷车，从哈瓦那往西，前往比尼亚莱斯山谷，
探索那里的烟草种植园与神奇的喀斯特地貌。

宽阔的滨海大道（Malecon）是围在哈瓦那水畔的一条“水泥丝带”，日落时分景色最妙，阳光渐弱，天空变粉，路面也洒满了金色的余晖。路边的海堤上，一排排垂钓的人们边钓边聊，都希望能钓上一只鲣鱼或是红鲷；成双成对、开怀大笑的情侣时不时地卿卿我我一番；不远处，一个三人爵士乐队则刚刚开始撂地表演，歌声乐声随海风飘荡。

这就是哈瓦那的经典自驾公路，沿海岸延伸4英里（7公里），从殖民风情浓郁的哈瓦那老城，一直通往商务区维达度（Vedado）。两旁有古旧沧桑的19世纪房屋，也有简单粗暴的苏维埃风格建筑，一路大有可观。

滨海大道濒临汹涌澎湃的大海，强冷峰常常会冲击海岸，掀起巨浪砸向海堤，溅起数十英尺高的水花，一直漫到马路上。好在今天大海脾气不错，只是在漫不经心地抚弄着海堤下的黑色礁石。

大多数自驾，亮点都是窗外的华美风景，但在滨海大道上开车，值得留意的却是路上同行的车辆。20世纪50年代生产的美国老爷车仿佛在沿着这条路进行一场游行表演，颜色万千，型号各异。前一秒钟刚开过去一辆老别克，圆头圆脑，一身粉蓝，下一秒钟又出现了一辆雪佛兰Bel Air敞篷跑车，亮红的车身上长着银色的尾鳍，后面还跟着一辆紫色的凯迪拉克。诸如此类，不胜枚举，好像这是一场全城经典汽车拉力赛。

ARRENDADOR DIVISA

petersphotography / Getty Images

这些老爷车看起来很梦幻，但开起来可就不是那么回事了。我这次租的是一辆1955年产的雪佛兰——车身用贵族红配金色——变速箱老爱耍脾气，没事儿就爱卡挡，偶尔还会脱挡，方向盘旷量超大，方向打小了根本没用。这个“老姑娘”已经在路上跑了好几十年，车里散发着亲切的霉味。前排不是独立座椅，坐在软软的皮子上让我觉得又宽敞又舒服，像是坐在长条沙发上一样。驾驶这种车跑滨海大道，更有一种难以名状的快感。

渐渐地，眼前出现了哈瓦那老城（Habana Vieja）的石砖街巷。这座城市仿佛从1959年的革命开始，就被装进了时间胶囊，昔日气派的建筑保留至今——只是因为无人打理而变得破败不堪。老城的历史可以追溯到16世纪，从前的风采依稀可辨。华丽的广场上满是棕榈，周围街道上可见威严的教堂，房屋色彩柔和，看起来喜气洋洋，还有一个个迷你的杂货亭，顶着炎热的太阳售卖鲜肉或是水果。

一些当地人站在两侧楼房的阳台上，边晾衣服边和邻居聊天，五颜六色的衣服像是一条条彩旗。还有一些围在门口谈天说地，通常指间还都夹着一根粗壮的古巴雪茄晃来晃去。

老城有许多商贩推着手推车走街串巷，里面装满了花生、鲜花或是面包，我开车转悠的时候总要小心别撞着人家。车窗外还不时传来萨尔萨音乐，让人忍不住跟着用手指头在方向盘上打节拍。

离开老城向西，我驶入了哈瓦那的郊区。那里马路更宽，也更为安静，多是住宅区，路边20世纪30年代建造的房子很是漂亮。过了郊区，公路变得十分开阔，而我的目的地是110英里（180公里）外的古巴农业中心，比尼亚莱斯（Viñales）。

哈瓦那在后视镜里消失了，开阔的视野里绿意更浓，最终漫山遍野只剩下一片片田野和摇曳的棕榈。风景变了，路上的车也变了。在哈瓦那，为了招徕游客参观老城，许多老爷车都保养得非常好（很多都是敞篷跑车），重新喷漆后越发显得锃明瓦亮，准备载着游客在斑驳光影的老城街道上巡游。但真正的老爷车还在乡下，它们多半又旧又吵，被当地人用来接送家人，或是挂上拖斗运货。

刚从比尼亚莱斯的出口开出去，公路突然从平整的柏油路变成了松垮垮的土路，颠得就像在搓衣板上行驶，还有不少脸盆那么大的坑，开起来十分狼狈。窗外的风景中则开始

莱维萨岛

从卢比亚海滩（Palma Rubia）乘船前往莱维萨岛（Cayo Levisa）只要35分钟，绝对能让你不虚此行。这座礁岛沙白如糖，水蓝似碧，拥有比那尔德里奥地区最棒的海滩。美国作家欧内斯特·海明威在20世纪40年代初第一次“发现”了这里的存在。近年来，小岛每天可以吸引多达100名游客，来到这里虽然不可能找到鲁滨孙的那种孤寂，却也有足够的时间与空间放松身心。

出现星星点点的漂亮农舍，屋外的园子里常有好奇的母鸡把守，东抓一脚，西挠一下。

这时路上的交通工具又变了，不但有破旧的小汽车、快散架子的自行车、装满新鲜西红柿和茄子的手推车，还出现了马。有的马驮人，有的马拉货，拉货用的木板车看起来至少服役了100年。农民们（当地叫“guarijo”）则全都戴着用干棕榈叶编成的宽檐儿牛仔帽。

比尼亚莱斯位于比那尔德里奥（Pinar del Rio）地区，是古巴西部的农业中心，土壤肥沃，古巴许多最好的农产品都来自那里。路边，咖啡种植园、丝兰、红薯地逐渐被烟草种植园取代，一排排绿油油的烟草很快就会被采摘晾干，经过熟练地卷制，变成世界上品质最佳的雪茄。

我在路边一个观景点停车，俯瞰脚下的比尼亚莱斯山谷。红色土壤十分辽阔，上面的庄稼随风轻摆，两边是棕榈树，周围还有身披绿衣、嶙峋陡峭的石灰岩峰。不远处，一位农民正在田中赶牛耕地，翻出了一堆堆铁红的黏土。这样的风景距离喧嚣现代的哈瓦那只有3小时车程，感觉却像是经历了一场穿越百年的时空旅行。　**文/克里斯塔·拉伍德**

跨页图片：车里的装饰；本页图片：比尼亚莱斯山谷中的烟草田和周围的石灰岩峰；左页下图：路边的风景；128页图片：行驶在哈瓦那滨海大道上；130~131页图片：中央大街一景

自驾指南

起点：哈瓦那

终点：比尼亚莱斯

距离：112英里（180公里）

到达：哈瓦那目前有直航航班连接欧洲、加拿大、拉美地区以及迈阿密等几个美国城市。

租车：古巴租车，陷阱多多。机场有国营租车公司的网点，但车辆必须提前很早预订，而且价格高，车况差。可参考Lonely Planet最新版《古巴》指南中的相关建议。在哈瓦那也可以租一辆带司机的私家车。

何时去：圣诞节、复活节、7月和8月，旅游人气最高，天气也最热。1月至5月天气温暖，游人较少，最为理想。

右页图片：西班牙拉里奥哈的葡萄园

同类自驾线路
文化之旅

法国卢瓦尔城堡之旅

数百年来，法国的卢瓦尔河谷（Loire Valley）见证了一个个王朝阴谋，兴建了一座座奢华建筑，从刀兵相见的中世纪伯爵，到后来法国的国王王后，历史上无数风流人物都在这里留下了自己的印记。这场城堡之旅将卢瓦尔河沿线9座最具代表性的城堡宫殿串联起来，从希农城堡（Chinon）开始，大致朝东北方向游览，直至华丽至极的香波城堡（Chambord）。途中除了朗热城堡（Langeais）、维朗德里城堡（Villandry）、布卢瓦城堡（Blois）和舍维尼城堡（Cheverny），还有护城河环绕、精彩冠绝法兰西的阿泽勒丽多城堡（Azay-le-Rideau），优雅到无与伦比的舍农索城堡（Chateau de Chenonceau），以及建于15世纪、设有防御工事的昂布瓦兹王家城堡（Chateau Royal d' Amboise）和超级显赫的香波城堡（Chateau de Chambord）。如果时间充裕，中途不妨沿A85和D493公路绕上一圈，寻访另外4座少有人知的城堡。

起点：希农城堡

终点：香波城堡

距离：140英里（225公里）

西班牙拉里奥哈葡萄酒产区

拉里奥哈（La Rioja）出产西班牙最好的葡萄酒，我们这条距离短、体验美的路线正是沿着拉里奥哈乡间小路前行的。你可以欣赏到美不胜收的葡萄园，还有中午时分安静的村庄和蜜糖色的石头房子。不过真正的亮点仍然在于沿途的美食美酒：逛逛新潮的饮食主题博物馆，参观酒庄，品尝第一流的西班牙小吃（tapas）。低调的地区首府洛格罗尼奥（Logrono）既是起点，也是终点，这里以数量丰富且优质的西班牙小吃吧为傲。整条环线100英里（160公里），一路上有众多修道院、古城和酒庄可以参观，但你也不要忘记布里奥内斯（Briones）那家Dinastia Vivanco（"葡萄王朝"）酒文化博物馆，以及被酒庄和葡萄酒商店包围的中世界城堡小镇拉瓜迪亚（Laguardia）。埃希耶格（Elciego）村有一座Hotel Marqués de Riscal酒店，乃是著名建筑师弗兰克·盖里（Frank Gehry）的大作，风格张扬华丽，不容错过。

起点：洛格罗尼奥

终点：洛格罗尼奥

距离：97英里（140公里）

法国罗马普罗旺斯

这条自驾线路走的是罗马古道，过的是罗马古桥，沿途或许还能在罗马剧场和竞技场抢到一张席位，绝对会令人激动不已。普罗旺斯大多数古罗马遗迹并非一片废墟，许多都保存得相当完好，某些更与现代城市融为一体，氛围感十足。必到之处除了尼姆（Nîmes）、阿勒斯（Arles）、格拉努姆（Glanum）和韦松拉罗迈纳（Vaison-La-Romaine）的相关遗址，还有奥朗日（Orange）——那里的古罗马剧场（Théatre Antique）宽103米，墙高37米，规模震撼无比。途中还会经过分3层的嘉德水道桥（Pont du Gard），你可以在D981公路以西2.5英里（4公里）的克里亚（Collias）弃车上船，顺流划上5英里（8公里），享受与这个1世纪的工程学奇迹的初次相遇。但哪怕你不来寻访嘉德水道桥，你也已经领略到了普罗旺斯令人倾倒的风景——嶙峋的峡谷、蜜糖色的石头村庄和遍布山谷的葡萄园，伴随着这些一路驰骋，历史从未显得如此精彩。

起点：尼姆

终点：韦松拉罗迈纳

距离：127英里（205公里）

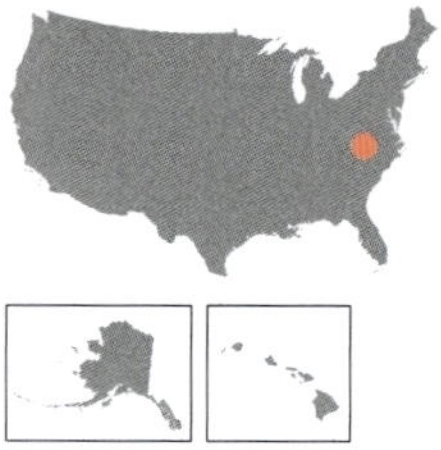

美国蓝岭大道

这是美国最富传奇色彩的自驾路线之一，驱驰574英里（924公里），穿越蓝岭山脉。每至秋季，风光更是时时变化，而精彩始终如一。

阿巴拉契亚山脉南段有两条公路贯穿，一条叫天际公路（Skyline Drive），另一条叫蓝岭大道（Blue Ridge Parkway）。两条路都是为观光游客专门修建的，营运车辆禁行，一路弯弯绕绕，限速最高仅每小时45英里（72公里）。沿途看不到一丁点的霓虹灯，也找不见“路边餐饮住宿加油”（Gas Food Lodging）的招牌。若想加油，或是只想吃顿快餐，都必须暂离主路，沿着弗吉尼亚州和北卡罗来纳州的乡间小道寻找。走这条线，你可能会被眼前所见迷得神

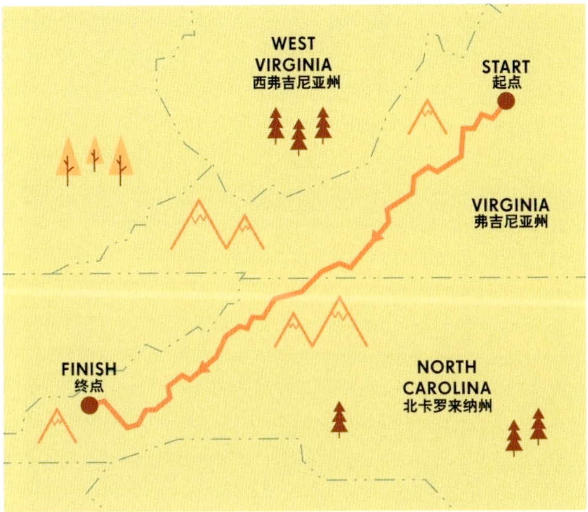

魂颠倒，但更可能在荒郊野岭里被困得晕头转向。

但如果你肯放弃速度更快、服务设施更多的干线公路，你将会得到巨大的回报，比如月光下的浪漫传奇，即将消失的当地传统，以及阿巴拉契亚独特的怀旧民谣（old-time music）和蓝草音乐（bluegrass）。

我这次是从弗兰特罗亚尔镇（Front Royal）出发的，当时临近万圣节。我先在镇上悠闲地吃了顿早饭，随后驾车从北端驶入天际公路。我觉得在这种公路上开车，最重要的就是慢，而身后确实也没有车按喇叭催我，或是抢着要超车。公路在高山间蜿蜒，山景绵延数英里，一直消失在天际，眼前则是一片色彩缤纷，从黄得像奶酪土司的鹅掌楸，到红得像火的酸木和枫树，什么颜色都有。

这两条路的北端都在弗兰特罗亚尔。与蓝岭大道相比，天际公路距离较短，只有105英里（169公里），一天就可以轻松搞定，只不过途中海拔较高的地方，天气可能说变就变。下午两三点，我开到了78英里里程碑附近，路上突然飘来了团雾，我赶紧放慢车速，开了进去。谁知这时柏油路面上怪影一闪，跑出一头大黑熊，连滚带爬地冲进了旁边的树丛中。整个过程不过几秒钟，却在一瞬间让我看到了这片山区狂野不驯、暗藏危机的一面。

105英里里程碑是天际公路的终点，我从那里驶入了距离更长的蓝岭大道。

“我觉得在这种公路上开车，最重要的就是慢。公路在高山间蜿蜒，山景绵延数英里，一直消失在天际。”

沿着大道开了半天之后，我在213英里（343公里）处找到了传说中的蓝岭音乐中心（Blue Ridge Music Center）。只不过昨天晚上，附近一棵树被大风吹倒，刮断了电线，导致中心停电，里面的影像资料都已无法播放。好在中心里的两名歌手借景生情，坐在阴暗的角落里唱起了山中生活的苦与乐，上演了一场真正“不插电”的演出，反倒拉近了人与音乐之间的距离。

在中心开放的月份里，每个下午都会有当地音乐人在这里免费表演。我这次遇到的是72岁的鲍比·帕特森（Bobby Patterson）和82岁的维拉德·盖哈特（Willard Gayheart）。鲍比边弹班卓琴边唱，维拉德则专心负责伴奏。不管是赞歌圣曲，还是通俗小调，音乐始终都是当地生活不可分割的一部分。据维拉德所讲，几十年前，当地农民在收庄稼的时候会请邻居过来帮忙，而且不用给钱，只需在一天辛苦之后举办一场聚会，请乐队过来助助兴，让大家听听歌、拉拉家常就足够了，谁都不会计较。

在蓝岭音乐中心，我还顺便向一位护林员请教了下路线。不过当我拿出地图指明我的目的地时，她竟翻起了白眼。原来当地收到气象预警，夜间将有大风暴雨。于是我只能与大道顶端保持距离，暂时离开计划路线，经州级公路从弗吉尼亚州开进了北卡罗来纳州。途中经过了不少小镇和洗礼会教堂，还有一片片圣诞树种植园和靠万圣节赚钱的南瓜地。

但我与蓝岭大道真的很有缘。由于之前我在256英里里程碑附近订了一个小木屋，而此时临近傍晚，算起来时间也还够，我便决定驶出美国小镇的包围，重新回到蓝岭大道，继续往山上开。天气越来越糟，两旁树叶纷飞，树枝狂舞，山间也开始起雾，一切都变得诡异起来。万幸的是，我终于赶在夜幕降临之际找到了那座小木屋。木屋建在一个小山沟里，屋顶树枝摇曳，简直就是拍恐怖片的地方。好在被窝里的我这一晚上过得还算太平，耳边没听到熊或是杀人魔发出的响动，只有暴风骤雨的鬼哭神嚎。

第二天早上，坏天气终于过去了。许多树木都被风雨“扒

无业变有业

天际公路与蓝岭大道的建设工作启动于20世纪30年代经济大萧条之后，属于罗斯福新政的一部分。美国当时成立了一个叫“平民保育团”（Civilian Conservation Corps）的组织，专门招收没有专业技能的未婚无业男青年，让他们参与保护美国自然资源的相关工程项目。这两条公路为当地创造了就业，但沿线居民也因此成了“工程移民”，有些主动搬家，还有些则是被强行赶走。

左页左侧三图：沿途有停车观景点，有当地车辆出没，弯道不少，开不快也不该开快；左页右图和本页图片：弗吉尼亚州的秋叶与树木为这场自驾带来了灵动的色彩；136～137页跨页图片：林湾公路桥周围的壮观森林

个精光”，但也有一些“免受其辱”，阳光也十分灿烂。行经林湾公路桥（Linn Cove Viaduct）的时候，我遇到了沿途最振奋人心的风景。公路桥是蓝岭大道上最后一个建成的路段，在设计上尽可能地减少了对周围自然的影响，似乎悬浮在爷爷山（Grandfather Mountain）的山腰上，本身就是一个建筑奇观。而从桥上向下看，眼前还有连绵的群山，挨着美国的东海岸，从新泽西一直延伸到阿拉巴马。

我在385英里（620公里）处驶出出口，前往阿什维尔镇（Asheville）。那里热闹富庶，音乐艺术圈非常活跃，距离大道的南端仅半天车程，很适合停车提前庆祝自驾的结束。

在两名当地音乐人的推荐下，我找到了镇中一个叫Jack of the Wood的地方，加入了那里的蓝草音乐之夜。观众中不乏“工装风”的特立独行的青年，一身法兰绒衬衫、工装靴、棒球帽，再加上脸上的络腮胡，似乎白天不是在艰苦伐木，就是在卖力采参。“本土”“创新”“民间”是这场音乐表演的关键词。看起来，尽管阿巴拉契亚老一代“山里人”正在逐渐抛弃旧日的生活方式，但新一代“山里人”却正怀着尊敬之情从他们身上寻找灵感。　文/马赛尔·泰鲁

自驾指南

起点：美国340号公路（US Route 340）上有通往天际公路北端的出口，位置靠近弗兰特罗亚尔镇

终点：蓝岭大道的南端与美国441号公路（US Route 441）相连，位于大烟山国家公园（Great Smoky Mountains National Park）与北卡罗来纳州的切罗基印第安保留地（Cherokee Indian Reservation）之间的交界线上

距离：574英里（924公里）

到达：弗兰特罗亚尔镇，距离华盛顿特区西约1.5小时车程。

延伸路线：在行程尾声时花半天时间去一趟北卡罗来纳州的阿什维尔。

何时去：秋季。临近9月底的时候，周边的阔叶林会慢慢披上绚烂的彩衣。

更多信息：www.visitskylinedrive.org；www.blueridgeparkway.org。

右页上图：已被联合国教科文组织列为世界遗产的德国萨克森－安哈尔特州的奎德林堡；右页下图：纳奇兹小道公路纳什维尔段的夕阳美景

同类自驾线路
乡间风光

西澳大利亚州洞穴之路

从纳多鲁列斯角（Cape Naturaliste）出发，沿非常平整的纳多鲁列斯角公路（Cape Naturaliste Road）在牧区开上几英里，便能在右手边看到洞穴之路（Caves Road）的入口。洞穴之路上有不少重型卡车，驾驶时一定要小心。从那里开始，公路离开了嶙峋的石灰岩海岸，向内陆方向延伸，但沿途也有许多岔路通往宽阔的海滩与静谧的营地。既然叫洞穴之路，两侧自然不缺洞穴，探索起来很是方便，其中的猛犸洞（Mammoth Cave）和湖洞（Lake Cave）十分壮观。整个行程的大部分时间，你都会在看似古老的红桉（Karri）和美叶桉（Marri）森林中穿行——但其实原来的树木已被砍光，你看到的都是后来种的。此外，在露纹角灯塔（Cape Leeuwin Lighthouse）那里，你还可以将印度洋与南大洋一并观之。

起点：纳多鲁列斯角灯塔

终点：露纹角灯塔

距离：69英里（111公里）

美国纳奇兹小道公路

纳奇兹小径（Old Natchez Trace）原先只是供美洲野牛和已经灭绝的大地懒通行的小道，如今则成了纳奇兹小道公路（Natchez Trace Parkway）。道如其名，这是一条又长又窄的公路，最高限速只有每小时50英里，而且在沿途食品、燃油、住宿、广告等方面的管控措施非常严格，卡车都被禁止通行。公路起于密西西比河河岸，路面非常平整，终点在美国乡村音乐之都纳什维尔。一路上，车辆在森林中蜿蜒前行，两旁景色随季节变化，路边还设有介绍小径历史的信息牌。每隔一段距离就有一个服务区，历史古迹也很常见，比如在吉布森港镇（Port Gibson）附近就有一座建于南北战争前的温莎庄园遗址（Windsor Ruins），如今氛围鬼气森森，不容错过。

起点：密西西比州纳奇兹

终点：田纳西州纳什维尔

距离：444英里（715公里）

德国林荫大道

德国林荫大道（German Avenues Route）绕着历史悠久的萨克森－安哈尔特州、下萨克森州（Lower Saxony）、图林根州（Thuringia）和萨克森州（Saxony）画了一个圈，你会感觉仿佛时光都在倒流。路上会经过两座惊艳的村镇：被联合国教科文组织列为世界遗产的奎德林堡（Quedlinburg），以及完好保留了中世纪风貌的戈斯拉尔（Goslar）。你也可以走下车，乘坐蒸汽机车沿哈尔茨山脉铁路（Harz Mountain Railways）观光，或是在米尔豪森（Mühlhausen）附近的米特堡－朵拉集中营（Mittelbau Dora）感叹纳粹的残暴。环线的南段串联起一众历史文化名城，包括埃尔福特（Erfurt）、魏玛（Weimar；见证了歌德与尼采生命中最后的时光）、莱比锡（Leipzig）以及重建过的德累斯顿（Dresden）。

起点：德绍-罗斯劳（Dessau-Rosslau）

终点：德绍-罗斯劳

距离：541英里（868公里）

加拿大布雷顿角卡伯特公路

沿着加拿大卡伯特公路，穿过新斯科舍大风呼啸的海岸，感受盖尔、阿卡迪亚与米克马克文化的精彩交融，欣赏色彩灵动的秋叶美景，拜访一座令人震撼的国家公园。

布雷顿角（Cape Breton）名为海角，实为海岛。这里是加拿大的东南端，岛上的人们惬意生活，随遇而安。捕捞龙虾的渔船缓缓消失在远方，不远处的海面上鲸鱼时潜时露，熊在针叶林中迈着笨重的步子，苏格兰小调的旋律则回荡在大西洋的海风之中。

布雷顿角一边是圣劳伦斯湾（Gulf of St Lawrance），另一边是大西洋。岛屿北部建有一条风景优美的185英里（297公里）长的卡伯特公路（Cabot Trail）：开始时紧贴海岸峭壁，随后蜿蜒翻过岛上的高原，最终一路下行，投入青草沙丘与宁静村庄的怀抱。

电话的发明者亚历山大·贝尔曾经频繁拜访此地，并公开宣称在世界上他见过的所有自然天地里，“布雷顿角绝对无可匹敌”。

不过，震撼的海景山色、荒野风貌与野生动物并不是自驾卡伯特公路仅有的收获，这还是一条精彩纷呈的文化环线，沿途还有五花八门的风俗和延续了数百年的传统。岛上的原住民最初只有米克马克族（Mi’kmaq），一直到1497年，探险家约翰·卡伯特（John Cabot）率队前来，才为这里带来了第一批欧洲人。在之后的几个世纪里，苏格兰人、爱尔兰人和英格兰人纷纷来此定居，再加上法国殖民者的后裔阿卡迪亚人，使得现在的布雷顿角形成了以盖尔（Gael）文化为主的多元而杂糅的文化。

海岸渔村之间原本不通公路，直到20世纪30年代，汽车能够穿越岛上中部的高地，这一情况才得到扭转。1936年，岛屿北部设立了布雷顿角高地国家公园（Cape Breton Highlands National Park），将总共366平方英里（949平方公里）的高山森林以及周边的荒凉海岸保护了起来。1940年

到1961年，人们在公园中逐段铺设卡伯特公路。如今，公园大部分地区都已处于这条环形公路的包围之中。

既然是环形公路，那么行驶方向就不成问题（但逆时针行驶能在海岸峭壁路段看到更美的景色），整条路开起来赏心又省心。不过，尽管最高限速在60~80公里/小时（35~80英里/小时），你也一定要尊重当地人的驾驶习惯：他们时不时就会在路中间停下车来给行人或驼鹿让路，或是和迎面而来的邻居聊聊天。

官方定义的卡伯特公路的原点在巴德克镇（Baddeck），是一个面朝布拉多尔湖（Bras d' Or Lake）的港口小镇，很迷人。上路前，我先去镇中的亚历山大·格拉汉姆·贝尔国家历史景点（Alexander Graham Bell National Historic Site）里面快速地逛了逛，那是一个贝尔主题博物馆，展出了贝尔许多有趣的发明，包括水翼船。

从巴德克向北行驶，前方来到了圣安斯（St Anns），这里有一间北美地区唯一传承盖尔文化的学校——盖尔学院（Colaisde na Gàidhlig），在那里你可以学习到盖尔语、苏格兰踢踏舞或风笛。随后，公路在松木与云杉中间弯弯绕绕，最终到达了海岸峭壁的边上，辽阔而又冰冷的大海映入眼帘。从那里开始，我便进入了环线的北段，公路围着国家公园画圈，沿途有许多徒步小道与营地诱惑你停车探险。

不过你也应该习惯停车：比如在北河（North River）跳上皮划艇，划到海湾中，期待与鲸和海獭的邂逅；或是在因格尼什海滩（Ingoish Beach）的高地高尔夫球场（Highlands Links）上享受一局——球场由斯丹利·汤普逊（Stanley Thompson）在1939年设计建造，环境十分震撼。

但我这回把好戏留在了后头，一直开到了布雷顿角的最北端北角（Cape North），又沿岔路到达了小渔港圣劳伦斯湾（Bay St Lawrence）。我跳上一艘观鲸船，沿着海湾游览了一圈。海岸尽是奇石怪岩，美丽的瀑布与海蚀洞无数，船周围还有惹人喜爱的领航鲸与海豚在欢快戏水。

上岸后，我感觉有些饿，于是就从北角朝着偏僻的肉湾（Meat Cove）驶去。18世纪时，当地的欧洲定居者经常在此宰杀驼鹿、鹿和熊等动物（目的是获取鹿角和皮毛），当地因

“公路在松木与云杉中间弯弯绕绕，最终到达了海岸峭壁的边上，眼前是辽阔而又冰冷的大海。”

玩转国家公园

加拿大国家公园管理局（Parks Canada; www.pc.gc.ca）夏季会在布雷顿角高地国家公园组织一系列精彩的活动。你可以在一位公园向导的带领下，在日落时沿美丽的天际小道（Skyline Trail）徒步，或是带上提供的野餐篮子到野外大快朵颐，再或是学习如何搞定不容易做、不容易吃的龙虾。向导甚至可以在夜晚，带你提着灯笼拜会孤魂野鬼，以及在繁星下的公园内徒步。

而得名。别错过海湾内唯一的一间海鲜小馆，三下两下就能给你做出海鲜杂汤、龙虾卷或是蟹肉三明治。

行驶在布雷顿角的西北海岸——从北角到怡人湾（Pleasant Bay）——常常能遇到视野极佳的观景点（当地叫"look-off"），很适合观赏秋季变色后绚烂如火的桦树与枫树叶。头顶上方，你也总能见到秃鹰在空中盘旋。

从怡人湾再往南，公路告别峭壁，进入海岸低地，眼前出现了沙滩和长满青草的沙丘。醒目的红白蓝三色旗和三色建筑告诉我，我已经来到了谢蒂坎普（Chéticamp），阿卡迪亚的传统和法国文化的根在这里得到了自豪的展示。村民都是制作钩编毯子（hooked rug）的高手，村中还有一块牌匾赫然写着"Proud to be Hookers"（我是编织者我骄傲），毫不介意背后的歧义（hooker也有性工作者的意思）。在村中的钩编毯子博物馆Les Trois Pignons（www.lestroispignons.com），你就可以看到他们的杰作。

布雷顿角岛上的另一大文化盛会是每年10月举行的"凯尔特色彩国际庆典"（Celtic Colours International Festival），届时当地乃至国际的艺术家将齐聚一堂，在各地的教堂与学校礼堂里演奏小提琴、吹风笛并表演舞蹈。

但不管哪个月份来，都一定要在自驾途中参加一场"凯利"（ceilidh；即盖尔族传统聚会），吃好喝好，和当地人一同伴着乐曲欢快舞蹈，尽情感受布雷顿角非凡的好客之情。　文/凯特·阿姆斯特朗

跨页图片：驼鹿在布雷顿角岛很常见；本页图片：布雷顿角岛上的一段海岸公路；左页图片：谢蒂坎普一座阿卡迪亚风格的灯塔；143页图片：在峭壁间起伏蜿蜒的卡伯特公路

自驾指南

起点/终点：巴德克

距离：185英里（297公里）

到达：先到达新斯科舍半岛上的哈利法克斯国际机场（Halifax Stanfield International Airport），再从机场乘坐1小时飞机，或开车沿坎索海堤公路（Canso Causeway）行驶4.5小时，到达澳大利亚新南威尔士州首府悉尼（Sydney）。

何时去：6月至10月底最佳。秋季，落叶树的色彩最为诱人，而且在"凯尔特色彩国际庆典"上，数百名艺术家还将掀起一场盖尔音乐风暴。

推荐住宿：高地林克斯高尔夫球场上有一家Keltic Lodge（kelticlodge.ca）度假村，建在一面峭壁上，俯瞰因格尼什海滩，体验相当惊艳。

推荐餐饮：不要错过Rusty Anchor Restaurant（therustyanchorrestaurant.com）餐厅的鱼饼。

右页上图：马萨诸塞州普洛文斯顿的长角灯塔是朝圣者小道的起点；右页下图：著名的庞贝古城遗迹

同类自驾线路

被时光遗忘的地方

美国马萨诸塞州朝圣者小道

你的车在朝圣者小道（Pilgrim Trail）上会化身为时光机，把你带回到400年前。而与此同时，沿途的风景也成了活的博物馆，你可以从中感受到昔日殖民者刚刚在新世界定居时的生活，探索那些与美国同岁的教堂、驿站、农场与磨坊。起点是位于科德角（Cape Cod）尖端的普洛文斯顿镇（Provincetown），那里很可能是当年五月花号的清教徒第一次登陆美洲的地方，比登陆普利茅茨岩（Plymouth Rock）还要早。前方的公路绕着马萨诸塞湾，美景一路相伴。记得在桑维奇镇（Sandwich）停车，看看那栋建于1640年的老房子——修复后的建筑完好地保留了当时的“盐盒屋”（salt box home；美国早期建筑风格，前高后矮，很像当时储存盐的盒子，故而得名）。在普利茅茨（Plymouth），则不妨看一眼仿造的五月花号以及复建的早期定居点。繁华的波士顿曾经也是由清教徒建立的一个小地方，出现时间比五月花号登陆晚了10年。塞勒姆镇（Salem）有一座互动式的女巫博物馆（Salem Witch Museum）和一处女巫之家（Witch House），以夸张的方式再现了臭名昭著的1692年塞勒姆女巫审判案。

起点：普洛文斯顿

终点：塞勒姆

距离：136英里（218.9公里）

意大利维苏威火山周边

这场旅行的起点，在意大利最常被人误解的地方——那不勒斯（Naples）。张扬华丽的巴洛克教堂、大呼小叫的酒保以及精彩刺激的市井生活，共同汇成了这样一座令人眩晕而又兴奋的城市。老城是联合国教科文组织认定的世界遗产，你可以在迷宫般的街巷中穿梭，参观一座座古老的教堂，或是去国家考古博物馆（Museo Archeologico Nazionale）补一补庞贝（Pompeii）与赫库兰尼姆（Heruclaneum）两座古城的历史。赫库兰尼姆遗址距离那不勒斯不远，沿SS18公路绕行海湾即到。79年，维苏威火山（Mt Vesuvius）爆发，古城被泥石流完全吞没，城镇建筑和居民的遗骸都已成为化石，被完好地保留了下来。参观过了古城，你可以前往内陆攀登巍峨的维苏威火山，随后再回到海岸，驾车探访沿途少有人知的瑰宝，比如古老的别墅、波蒂奇（Portici）的皇家宫殿，以及大名鼎鼎的庞贝——另一个被冻结在时光中的古城遗址。最后，在驶向终点索伦托（Sorrento）的途中，你还会欣赏到那不勒斯湾的迷人海景与阿马尔菲海岸（Amalfi Coast）的壮美群山。

起点：那不勒斯

终点：索伦托

距离：56英里（90公里）

德国古堡之路

德国古堡之路（German Castle Road；Burgenstraße）是德国南部一条浪漫的自驾路线，全长370英里（600公里），将带你穿梭这个国家1000年的历史。起点是德国巴洛克建筑的集大成者曼海姆（Mannheim），终点是拜罗伊特（Bayreuth）的旧宫（Altes Schloss），每天都有城堡或宫殿可以探访。就算看腻了城堡，你也大可以逛逛某座有趣的博物馆，或是找一个传统酒馆品尝当地的香肠[尤其是科堡（Coburg）的]和无与伦比的啤酒。沿途震撼的古堡不胜枚举：文艺复兴式的海德堡城堡（Schloss Heidelberg）遗址俯视着老城；罗腾堡（Rothenburg ob der Tauber）老城历史悠久，保留有中世纪城墙；纽伦堡（Nuremberg）的皇宫（Kaiserburg）是一座气势恢宏的城堡，可见这座城市在中世纪时的强大实力。同样不容错过的，还有俯瞰内卡河谷（Neckar Valley）的古滕贝格城堡（Burg Guttenberg），以及被联合国教科文组织列为世界遗产的班贝格（Bamberg）的老城（Altstadt）。

起点：曼海姆

终点：拜罗伊特

距离：316英里（507公里）

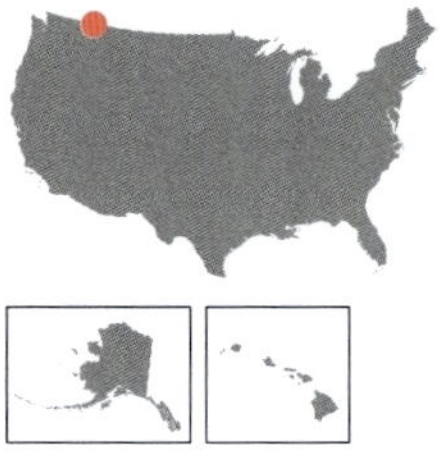

美国冰川国家公园向阳大道

向阳大道仿佛挂在蒙大拿州山间的一条细长丝带，贴着辽阔的冰川峡谷一路攀升，令人窒息的美景不计其数，令人叹为观止。

就我的经验来说，那种“百闻不如一见”的地方，世界上并不多，但蒙大拿州的冰川国家公园（Glacier National Park）就是其中之一。照片拍得再好，也无法真正展现公园气象的壮阔，灰色岩峰的嶙峋，以及峡谷两壁的陡峭。

身处这样一个独特的地方，我几乎能感觉到地壳的运动，因而也不难想象，远古时期巨大的冰川曾在这里开山辟路，将地貌彻底改变。不过，即使这还不能令你心动，公园中的灰熊也足以诱你前来。

想饱览公园风采，沿向阳大道（Going-to-the-Sun Road）自驾可谓最佳方式之一。这条名副其实的铺装公路，海拔高、宽度窄，紧贴峭壁一路蜿蜒，在上面开车，就仿佛坐在一家IMAX影院里，身临其境般地欣赏着一部精彩纷呈的自然纪录片。但与此同时，公路也让我感到了自身的渺小，偶尔甚至会有些紧张。向阳大道在一年中大多数时间里路面都有大雪覆盖，需等道路养护工人清除积雪、修复破损之后才能通行，每年连续通车时间仅为6月底或7月初至10月中旬——正是因为如此难得，才更加让人垂涎。公路于1933年竣工，是唯一一条穿越冰川国家公园的铺装路，因此车辆较多，再加上沿途几乎总在进行养护工作，所以驾驶时一定要谨慎慢行。

这条大道双向皆可通行，你当然也可以来一个往返，但从西向东的沿途景色最为震撼，所以我这回把起点选在了西格拉西尔（West Glacier）这个小社区，那里是探索公园的门户。如果喜欢冒险的你不满足于单纯的自驾，也可以在此咨询向导关于徒步小道、雪鞋徒步团、漂流、飞钓等任何你感兴趣的信息。向阳大道沿途没有加油站，我在西格拉西尔加满油之后便起身上路。

许多人在一条美景相伴的公路上开车时，很容易会陷入一个驾驶怪圈，只想一直开下去，不肯停车细品。但相信我，至少对于这条公路来说，停车与开车同样有收获。更棒的是，路边设有许多临时停车带，我一个都没有轻易放过，要么拍照留念，要么单纯欣赏奇景。

一路向东，感觉还没开多久，我就又一次难挡诱惑停下车来。眼前是小村阿普加（Apgar），村旁就是公园中最大的湖

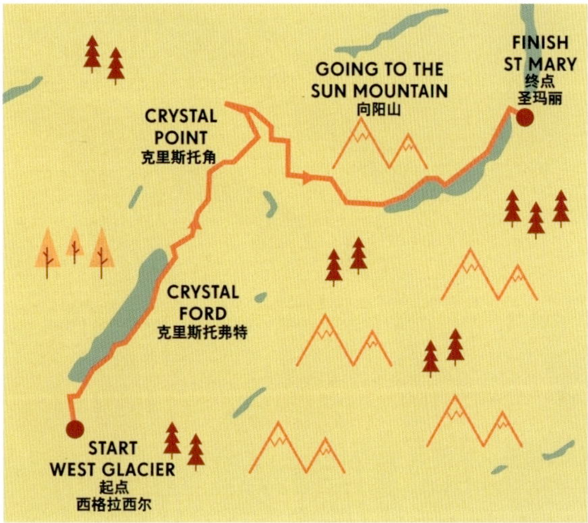

泊麦克唐纳湖（Lake McDonald）。湖面如镜，另一端是白雪覆顶的山峰，景色美不胜收。在冬季大多数时间里，阿普加就是自驾的终点，前方车辆禁行。村中有一家许可证办理处和游客中心，另外还有营地、汽车旅馆、礼品店和咖啡馆。

重新上路，我很快就到达了麦克唐纳河观景点（McDonald Creek Overlook）。眼前的河水随季节变换着性格，夏季温柔恬静，乖乖地在宽阔的岩石河堤间流淌，可此时尚是早春，河水凶猛狂野得连观景平台都被震得瑟瑟发抖。

开到雪崩河（Avalanche Creek）的时候我又一次停车，打算好好活动活动筋骨。这里有两条绝佳的徒步小道，其一叫“雪松小道”（Trail of the Cedars），是一条1英里（1.6公里）长的无障碍木板环状步道，能带你穿过公园中唯一一片雪松林。另一条小道长4.2英里（6.8公里），也是环线，途中会经过雪崩湖（Avalanche Lake）。湖水仿佛被陡峭岩壁环绕的一颗绿松石，颇值得一看。

再次上路，前方路段被称为“The Loop”，走向有点像是一字发夹，修得非常好，弯不急，开起来很舒服，不禁让我对公路的规划者、设计者和建设者们心生佩服。路边岔出一条小道，通往山中木屋Granite Park Chalet。木屋由大北方铁路（Great Northern Railway）修建于1914年，地段绝妙，现在也是美国的“国家历史名胜”（National Hisotric Landmark）。

工程学奇观

最初规划向阳大道的时候，设计了15个急弯，在峡谷上左盘右绕一路攀升至洛根山口。但在经过一组工程师的研究之后，这个方案被推翻，最终敲定了今天这个路线。这样一来，不仅减少了弯道数量，公路对自然景观的影响也随之被削弱，二者几乎融为一体。如果风景看腻了，不妨想想人们是付出了（并继续付出着）怎样的努力，才能在这样一个地方建造并维护这样一条公路。

跨页图片：冰川国家公园是棕熊的家园；右页图片：麦克唐纳湖度假屋（Lake McDonald Lodge）；本页图片：洛根山口处的激流；149页上图：雪崩湖；149页下图：向阳大道上的一段迷你隧道

刚刚开过了“The Loop”，前面就出现了两个奇观，展现了人们在建设向阳大道时的奇思妙想。首先看到的是哭墙（Weeping Wall）：当年施工人员在紧贴公路一侧的山坡上开凿出一面岩壁，如今山上的融水便从岩壁上流过形成水帘，好像哭泣一般。水量大的时候，向西行驶的车辆都会被淋个透心凉。再往前开不远就是三拱桥（Triple Arches）：这条公路的路基是坚硬的岩石，架起这样一座公路桥，就能完美解决岩石裂隙的问题。

如果说每段旅行都有一个终极目标，那么洛根山口（Logan Pass）就是我这次自驾的终极目标。山口是整条公路的最高点（如果你时间有限，开到这里就可以掉头折返）。山口的停车场附近有多条短途徒步小道，遍布公路两侧，随便选一条前去探险，就能收获公园中最震撼的风景——不过事实上，停车场能看到的风景就已经相当震撼了。

从山口继续东行的旅行者会在希耶弯（Siyeh Bend）找到更多徒步小道，那里有着更加森严险峻的山景，还能眺望到黑脚冰川（Blackfoot Glacier）和杰克逊冰川（Jackson Glacier）。尽量去看看它们吧，整片公园里的冰川在持续退化。

临近旅行终点，我把车停在了圣玛丽瀑布（St Mary Falls）徒步小道的起点——小道往返2.4英里（4公里），途经圣玛丽瀑布和圣玛丽湖。如此这般为这场壮观的自驾画上一个完美的句号，无比合适。　文/贝基·奥尔森

“山上的融水从岩壁上流过形成水帘，好像哭泣一般。水量大的时候，向西行驶的车辆都会被淋个透心凉。”

自驾指南

起点：蒙大拿州西格拉西尔

终点：蒙大拿州圣玛丽

距离：50英里（80.5公里）。单纯开车要2个小时，但加上停车和徒步，要留出4个小时才行

到达：冰川公园国际机场（Glacier Park International Airport）就在卡利斯佩尔市（Kalispell）城外，机场有租车网点，距离西格拉西尔车程30分钟。

何时去：公路在6月底或7月初至10月中旬开放，具体视天气条件而定，务必提前确认（www.nps.gov/glac）。

推荐住宿：Lake McDonald Lodge（www.glaciernationalparklodges.com/lodging/lakemcdonald-lodge）是一个瑞士风格的度假村，历史悠久，设有小木屋，毗邻公园最大的湖泊。

公园门票：每辆车30美元，7天有效。

右页图片：在大峡谷国家公园托罗威普观景点（Toroweap Point）看日出

同类自驾线路
美国美景

周游“四角”

这条美国西南部的自驾路线将拉斯维加斯、锡安、大峡谷等地串联起来，胜在一个“大”字，自然的大美令人大开眼界，大饱眼福，而且你还得大胆一些。从拉斯维加斯出发，蜿蜒穿过火焰谷州立公园（Valley of Fire State Park），然后从亚利桑那州进入犹他州，探索锡安国家公园（Zion National Park），花一天时间在公园中体验北美最佳徒步。接下来沿89号公路（Hwy 89）行驶，在马蹄弯（Horseshoe Bend）峭壁之巅俯瞰美丽而又慑人的科罗拉多河（Colorado River）。下一站是纪念碑谷（Monument Valley），谷中的孤丘从远处看起来好像史前城堡的遗迹，金红色的“城垛”里仿佛藏着什么古老的秘密，在阳光下尽显华美，让人只想走进去一探究竟。整条路线绕经5个州，最终折回震撼的红岩峡谷（Red Rock Canyon），沿途精彩不胜枚举，难分伯仲。记得一定要沿着南缘小道（South Rim Trail）来一场徒步，感受大峡谷最为壮美的一面。

起点：拉斯维加斯

终点：红岩峡谷国家保护区

距离：1852英里（2980公里）

犹他州豚背岭

这条路线从托瑞（Torrey）出发，沿12号公路（Route 12）南下，开始一段很好走，但随后便开始上山，直至海拔2750米、常被大雪覆盖的山口。途中会穿过迪克西国家森林（Dixie National Forest），林中松树茂密，风光优美。但真正的亮点在开过博尔德（Boulder）之后。曾经，犹他州的博尔德与埃斯卡兰特（Escalante）两座城镇之间只有一条公路连接，又窄又险，被贴切地称为“地狱脊背”（Hell’s Backbone）。这条险路今天仍在，能带给你狂野西部时代特有的冒险味道，感兴趣的话可以前去挑战。不过后来人们也意识到必须另建一条公路连接两地，于是就有了豚背岭公路（the Hogback）。这条山脊上的狭窄柏油路仍然凶险，两侧的山坡极陡，以岩石为主，偶现土壤，山岭下是溪水和近乎垂直的峡谷。沿途罕有可以临时停车的地方，遇到了一定不要错过，因为景色实在是太美了。除了美景，埃斯卡兰特的Cowboy Blues餐厅还能提供当地的鳟鱼，味道好极了。

起点：托瑞

终点：埃斯卡兰特

距离：65英里（112公里）

亚利桑那州精彩峡谷之旅

这条自驾路线一路北上直至大峡谷，美丽又狂野，还展现了亚利桑那州跌宕的历史，可谓面面俱到。小道在砂岩孤丘和黄松间蜿蜒，眼前有峡谷相伴，风景绝佳。沿途你可以展开一段段狂野西部的冒险，比如骑马，逛酒馆，或是去奥德利矿井井架公园（Audrey Headframe Park），站在惊悚的玻璃平台上俯瞰580米深的矿井。但一路上不是只有历史，那些新兴的葡萄酒馆和艾尔啤酒馆也为这里带来了属于21世纪的光彩。春秋季节最适合自驾，起点不妨选在威肯堡（Wickenburg）。领略了小城从19世纪90年代延续至今的风貌之后，前往普里斯科特（Prescott）和杰罗姆（Jerome）。两地在狂野西部时代叱咤风云，铜矿小镇杰罗姆更被时人称为“西部第一邪”（Wickest in the West）。卡顿伍德市（Cottonwood）有美酒、美食，能让你继续享受当下的乐活。最后，水畔美景、砂岩巨石、红色峭壁和辽阔高原将一直伴随你到达大峡谷。

起点：威肯堡

终点：大峡谷村（Grand Canyon Village）

距离：285英里（459公里）

美国音乐寻踪：重访61号公路

61号公路曾为鲍勃·迪伦等无数美国传奇音乐人带去了灵感。行驶其中，感受这片音乐热土。

美国61号公路（Rte 61）连接着明尼苏达州的怀俄明市（Wyoming）与路易斯安那州的新奥尔良市（New Orleans），等于从美国北方寒冷的平原延伸到了南方闷热的沼泽。鲍勃·迪伦（Bob Dylan）1965年的那张经典专辑，名字就叫《重访61号公路》（*Highway 61 Revisited*），而在那之前或之后，都曾有无数蓝调、灵魂乐和乡村音乐人沿着这条路寻梦——追寻炽热的灯光、都市的繁华，或是一份唱片合约。至少在我看来，世界上任何一条公路的名气都比不过它。

61号公路全长1407英里（2264公里），从头开到尾，想想都觉得过瘾。只不过目前这还只是我的一个想法，每次自驾，我总是选择公路最南端的一段——也就是所谓的“蓝调公路”（Blues Highway）——沿途种种美妙，已经很让我满足了。

这次的起点在田纳西州的孟菲斯（Memphis），我特意先拿出两天时间探索了城中悠久的音乐历史。我去了太阳录音棚（Sun Studios），那里是BB King、嚎狼（Howlin' Wolf）、猫王和罗伊·奥比森（Roy Orbison）初闯乐坛的地方；我去了隔壁的“美国灵魂乐之乡”（Soulsville USA），那是孟菲斯的一个街区，里面那家斯塔克斯唱片公司（Stax Records）是灵魂乐潮流的领导者，成就了奥蒂斯·雷丁（Otis Redding）与艾萨克·海耶斯（Isaac Hayes）等巨星；当然，我还去了猫王的故居——猫王雅园（Graceland）；我也去了国家民权运动博物馆（National Civil Rights Museum），对那个时代美国黑人的生活与抗争有了更全面的认识。晚上我吃了一顿烤肋排——这可是孟菲斯的特色菜——随后到市中心泡吧，沉浸在这座城市种种影响了蓝调、灵魂乐与摇滚的声响之中。

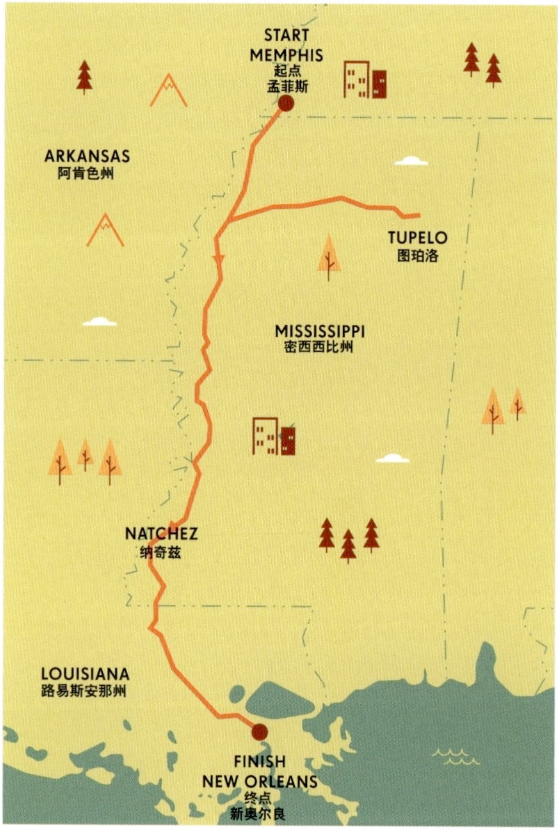

Memphis
MUSIC
Records, Tapes & Souvenirs
Tater Red's
SPEED
LIMIT
25
NO
PARKING
OR
STANDING
ANYTIME
TOW-AWAY
ZONE
ENTER

“那些音乐传奇人物出生于棉花田，他们也在田中劳作。而这些棉花田似乎未因时光流逝而改变。”

沿61号公路离开孟菲斯，没开多久就进入了密西西比州境内。在20世纪60年代以及民权运动期间，密西西比州充斥着血腥的种族暴力，恶名远扬，里面的人只想跑，外面的人不愿来。今天，这里仍是美国经济最落后、种族区分最明显的州之一，但好在社会治安还不错，而且一个世纪前诞生于此的蓝调音乐，现在也把我这类“蓝调驴友”吸引到了这里。

棉花曾经是当地的经济支柱，沿路依然可以看见大片大片的棉花种植园，但视线中时不时冒出来的赌场招牌，似乎预示了密西西比州经济发展的新方向。途中经过了一个叫图尼卡（Tunica）的小镇，紧挨着混浊的密西西比河，简直是一个迷你版的拉斯维加斯。我想看看镇上除了赌博，还有没有别的什么东西，结果很快就注意到了那些“蓝调之路”（Blues Trail）的标牌。“蓝调之路”是一条蓝调主题旅游路线，设有标牌的地方曾经见证了众多传奇蓝调音乐家的生活、工作、录唱或离世。

从孟菲斯往南大约开了90分钟，便到达了克拉克斯代尔市（Clarksdale）。这里本是一个衰败的棉业小城，现在则是蓝调音乐迷心中的圣地。我首先拜访了三角洲蓝调博物馆（Delta Blues Museum）。三角洲蓝调是现代摇滚乐和蓝调音乐的雏形，博物馆介绍了这种音乐的形成过程，展览非常精彩。随后我又去参观了市内的那些蓝调主题景点，比如贝茜·史密斯（Bessie Smith）去世的地方（贝茜死于61号公路上的一起车祸，你开车时一定要谨慎），比如艾克·特纳（Ike Turner）和山姆·库克（Sam Cooke）的出生地，还有在歌曲《十字路口布鲁斯》（*Cross Road Blues*）中提到的那个十字路口——据说歌曲创作者罗伯特·约翰逊（Robert Johnson）真的在那里把灵魂出卖给了魔鬼。一圈转下来，脑子里面满满的，肚子里面空空的，于是我找了一家餐馆，吃了些当地人最喜爱的肉馅玉米卷（tamale）。

克拉克斯代尔的“心脏”是猫头（Cat Head）。那是一家销售蓝调音乐和民间艺术品的商店，也是一个热闹的当地信息中心，老板罗杰·斯托（Roger Stolle）为人友善，我从他那里获得了许多好建议，包括当地的夜生活。夜幕降临，我

© Kris Davidson / Lonely Planet

先去了Ground Zero Blues Club，这家现场音乐酒吧装饰得富丽堂皇，老板是常住密西西比州的著名演员摩根·弗里曼（Morgan Freeman）。之后我又转悠到了一家名叫Red's的黑人音乐酒吧（juke joint），酒吧破败得很，仿佛在20世纪就该被拆掉才对。这种黑人音乐酒吧曾经遍布南方农村的大部分地区，是美国黑人喝酒跳舞的地方，也是孕育蓝调音乐的沃土。如今只有很少一部分酒吧还在坚守，常常成为当地音乐人展现才华的舞台。当时恰逢周五，天气温暖，Red's里面，歌手Big-T正在表演，其他人则在跳舞，气氛十分火爆。每年4月，克拉克斯代尔还会主办黑人音乐酒馆节（Juke Joint Festival），围绕啤酒、烧烤和蓝调整整热闹三天。

第二天早上，为了呼吸点儿新鲜空气，我报名参加了一个独木舟观光团，在导游的带领下泛舟磅礴的密西西比河，感觉就和哈克贝利·费恩一样开心。回到克拉克斯代尔后，我向东来到了牛津市（Oxford）。那里是著名的密西西比大学（University of Mississippi，俗称“Ole Miss”）的所在地，还有一座花楸橡树庄园（Rowan Oak），作家威廉·福克纳（William Faulkner）从1930年到1962年逝世都一直生活在那里。再往东开不远是图珀洛市（Tupelo），1935年，市内某栋两居室小屋里诞生了一个名叫“埃尔维斯·阿伦·普雷斯利”（Elvis Aaron Presley）的男婴——也就是后来名震乐坛的猫王。

重返61号公路后，我来到了印第安诺拉（Indianola），城中现有一座博物馆纪念从这里走出的头号大腕BB King。距离不远是格林威尔（Greenville），平时只是一个小城市，但每到盛夏时节，美国持续时间最长的蓝调音乐节便会在这里拉开帷幕。我这次刚好赶上了这一盛会，只不过当时的天气炎热无比，我感觉整个人都快化掉了，而舞台上的蓝调歌手竟然还能漫不经心地展示才华。格林威尔也有黑人音乐酒吧，不过不同于克拉克斯代尔对待外来游客的友好态度，在这里一定要找个当地人带路，别自找麻烦。

继续南下，前方又经过了两个城镇：维克斯堡（Vicksburg）规模不大，曾在南北战争中扮演过关键角色；东边不远处的杰克逊（Jackson）则是密西西比州萧条冷清的首府。

不过对我来说，密西西比州沼泽遍布、人烟稀少的乡村风光才是61号公路最动人的一面。那些伴随音乐传奇人物生长、劳作过的棉花田，似乎未因时光流逝而改变。那

密西西比州“蓝调之路”

自2006年至今，密西西比州各地相继立起了200多块“蓝调之路”标牌。标牌所在地都与蓝调音乐有着五花八门的联系，比如音乐人安息的墓地，曾经工作过的黑人音乐酒吧、录音棚和唱片公司，居住过的房屋和街道，甚至还包括那座帕彻曼劳改农场（Parchman Farm）——许多“运气不佳”的蓝调音乐人都在里面待过。你可以取一份地图，自驾游览这些地方。蓝调这种世界上最动人的音乐类型之一，就滋生于如此其貌不扬的环境中。

些被蓝调音乐镌刻下来的小镇——纳奇兹（Natchez）、亚祖市（Yazoo City）、葵花镇（Sunflower）、梅利葛德（Merigold）、谢尔比（Shelby）——虽然不少都快成了鬼镇，却仍然坚守在公路两旁。

在《在路上》（*On the Road*）一书中，杰克·凯鲁亚克（Jack Kerouac）与尼尔·卡萨迪（Neal Cassady）两人就是驾车沿61号公路拜访了作家威廉·巴罗斯（William Burroughs）。完成拜访之后，他们又一路开到了新奥尔良。于是我也决定效仿先贤，在体验够了密西西比州小镇的慵懒、过足了蓝调酒吧的瘾之后，去那座“大快活”城（The Big Easy）结束这场自驾。　**文/加斯·卡特莱特**

跨页图片：法国区的克里奥尔建筑；本页图片：全球的蓝调乐迷都难以抗拒密西西比州克拉克斯代尔的诱惑；左页下图：新奥尔良的爵士乐手；155页图片：孟菲斯的比尔街（Beale Street）也是不容错过的蓝调圣地；156～157页跨页图片：乘坐城市电车

自驾指南

起点：田纳西州孟菲斯

终点：路易斯安那州新奥尔良

距离：428英里（689公里）

到达：孟菲斯和新奥尔良都是交通枢纽，乘飞机、长途汽车或火车都能到达，两地都有租车公司。

何时去：春季至秋季，蓝调公路最热闹，但6月至8月的天气很可能极其湿热。现场音乐演出一般都在周末举行，而新奥尔良则每天都是音乐伴随的美好时光。

推荐住宿：密西西比州到处都有便宜的汽车旅馆。孟菲斯和新奥尔良房费可能很高，一定要提前订房。

顺路探访：进入路易斯安那州之后，可以选择向西行驶，逛一逛拉法耶特（Lafayette）。那里是卡真地区（Cajun Country）的首府，可以欣赏到很不错的卡真音乐和柴迪科音乐（zydeco）。

右页图片：在塞尔维亚的古恰音乐节上忘我陶醉

同类自驾线路
音乐朝圣

塞尔维亚古恰音乐节

想欣赏现场音乐，塞尔维亚就是世界上最振奋人心的选择之一。活力四射的首都贝尔格莱德（Belgrade）拥有各类音乐演出场馆和夜总会，先去那里转转一定错不了。但最让乐迷血脉贲张的地方还是位于塞尔维亚中部的小镇古恰（Guca）。那里每年8月都会举办一场古恰铜管音乐节（Guca Trumpet Festival），为期数天，音乐、舞蹈、庆祝活动接连不断，而且完全免费！活动的高潮是一场铜管乐队大比拼，评委团会从全国各地涌来的候选乐队中评选出最能"吹"的那一支。驾车从贝尔格莱德到古恰，本身就非常精彩，要是感觉快被乐队吹晕了，可以到周围森林、湖泊遍布的乡村地区躲一躲。

起点：贝尔格莱德

终点：古恰

距离：98英里（158公里）

英格兰披头士乐队之路

披头士乐队，谁人不迷？这支世界上最著名的乐队，在利物浦（Liverpool）得到了应有的尊敬，乐队各成员的故居、草莓田孤儿院（Strawberry Field）、潘尼巷（Penny Lane）、洞穴夜总会（Cavern Club）、NEMS唱片公司旧址等见证了乐队早期历史的地点都在这里。利物浦小巧而充满活力，自驾游览一天就能轻松搞定。距离艾伯特码头（Albert Dock）不远的披头士博物馆（The Beatles Museum）最适合作为起点，那里不但能详尽地了解乐队的故事，还会提供利物浦披头士相关景点的地图。这群音乐天才积攒人气的演出场馆——都是市郊那种草根气质的平房——以及给了他们灵感的地方，都不要错过。利物浦人深以披头士为荣，很愿意和你分享乐队刚刚成立时的那些故事。如果坐飞机来，利物浦会给你一个"开门见山"的欢迎，因为当地的机场就叫"约翰·列侬机场"（John Lennon Airport）。

起点/终点：利物浦

距离：10～30英里（15～50公里）

西班牙弗拉门戈小路

弗拉门戈早在数百年前就诞生于安达卢西亚（Andalucia），时至今日，你仍然能在当地感受到这种艺术原汁原味的精妙，歌、乐、舞的配合无与伦比。起点应该选在首府塞维利亚（Seville），这座美丽的城市拥有许多现场表演弗拉门戈的酒吧。随后驾车前往东北方向的科尔多瓦（Cordoba），小城里有一座著名的大教堂，建筑十分宏伟，曾经是摩尔人的清真寺。城中街道上常常回荡着弗拉门戈的旋律，那家Tablao Flamenco Cardenal的演出尤其精彩，值得一看。最后驶往东南方向的格拉纳达（Granada），整座城市热情如火，生活在窑洞中的吉塔诺人（也就是西班牙的吉卜赛人）几个世纪以来一直在组织表演弗拉门戈，至今夜夜欢歌不断。除了音乐，沿途还可以了解当地的历史和建筑，游览周围高山，品尝美食美酒，总之你会收获一场难忘的音乐公路旅行。

起点：塞维利亚

终点：格拉纳达

距离：219英里（353公里）

欧洲

探秘野性爱尔兰：大西洋之路

在狂野又神圣的爱尔兰西部海岸上，人迹罕至的沙滩和高耸陡峭的悬崖连绵不绝，更有传统音乐与古堡要塞一路相伴，令人心潮澎湃。

“充满野性的美人”—— 奥斯卡·王尔德（Oscar Wilde）曾经这样形容爱尔兰的西海岸。此言非虚。这里常年狂风凛冽惊涛拍岸，随处散落着锯齿嶙峋的悬崖峭壁，开阔的海滩和多沙的海湾更是比比皆是。深沉的湖泊隐匿于群山之怀，坚固的石墙矗立在山坡之上，树木也总是被狂风吹弯了腰。这里的道路狭窄多弯，路中央有时会冒出长着野草的小土丘，无端出现的羊群还能轻易让你的所有计划泡汤。

尽管如此，这片海岸仍然是我在爱尔兰的最爱。尽管我就在距离海岸仅1小时车程的地方长大，但如今早已客居他乡，很少有机会能回去看看。即使回家，通常也会有一连串的家庭聚会，尽管我有此打算，也很难有时间再去海边走走。然而仿佛在一夜之间，孩提时代无比熟悉的曲折小路、荒凉海滩和静谧海湾摇身一变，成了名头响亮的“狂野大西洋之路”：一条全长1600英里（2600公里）的线路，覆盖了爱尔兰西部崎岖海岸线的每一条弯道、每一个转角和每一次的峰回路转，让我彻底为之倾倒。

既然有机会探寻此前可望而不可即的每一条分岔小路，谁还会步履匆忙走马观花呢？我完全可以在既定路线上漫无目的地闲逛，慢慢领略沿途令人大开眼界的风光。

这条线路的起点在多尼戈尔（Donegal）的伊尼什欧文半岛（Inishowen Peninsula），那是个偏远荒凉的地方，也是爱尔兰的最北端，随处可见传统茅草屋、古代遗迹和数量庞大的鸟群。多尼戈尔野性四溢，群山连绵，我从这里出发，脚下是蜿蜒曲折的海滨道路，身旁则有无数美丽而荒凉的海滩。我爬上了海拔244米高的荒芜山坡，坐在有着2000年历史的厚重的环状石头堡垒（Grianán of Aileách）上，沉迷于眼前

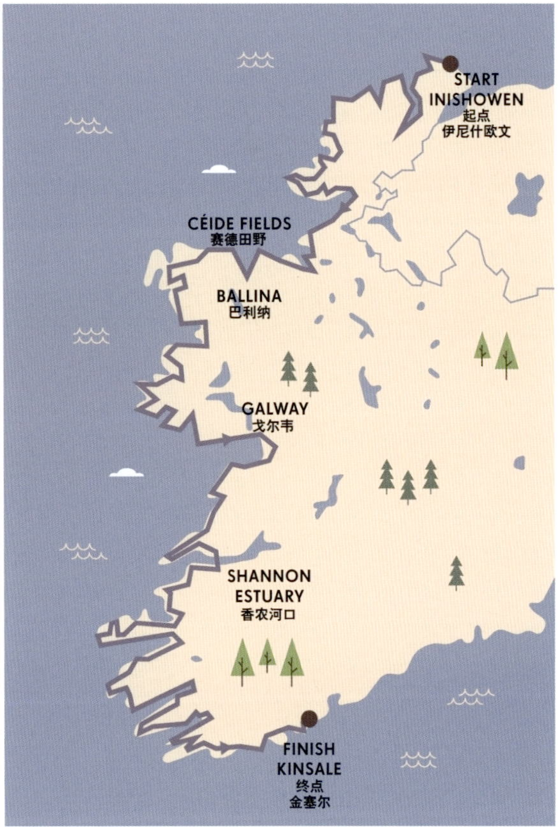

拔地而起的艾里格尔山（Mount Errigal），俯瞰着如刀锋般直插大海的600米高的利格山（Slieve League）悬崖。

一路向南，本布尔宾山（Benbulben）熟悉的平顶渐渐出现在眼前，依然是我记忆中的那般美丽。斯特雷德海滩（Streedagh Beach）背靠着利格山，南面是史前墓穴遍布的山头，在这里极目四望，风景之壮丽无以言表。我本想拜谒爱尔兰传说中的梅芙女王（Queen Maeve）的陵寝，但最终还是选择驱车前往伊尼什克龙（Enniscrone），享受了一次热乎乎、滑腻腻的爱德华海藻浴。接着，在意识到前路漫漫而时间匆匆后，我又赶紧继续上路。我驱车经过了赛德田野（Céide Fields）——世界上占地最广阔的石器时代遗址，在贝尔马利特（Belmullet）狂风大作的海滩上肆意呼喊，到阿基尔岛（Achill）的废弃村落里感慨过去“大饥荒”下的人走村荒。

变幻莫测的天气和曲折多弯的道路告诉我，这里的生存环境格外严苛。然而，在充满佐治亚风情的韦斯特波特（Westport），这些却被通通抛之脑后，取而代之的，是此起彼伏的碰杯欢庆和无处不在的传统音乐。我在这附近登上了被爱尔兰人奉为圣山的克罗帕特里克山（Croagh Patrick），将克鲁湾（Clew Bay）的绝色美景一览无余。行程还在继续。接着我去基拉里港（Killary Harbour）喜怒无常的海湾前吃了一碗热气腾腾的贻贝，又在巴利康尼利（Ballyconneely）的码头上看到了正在熏制的三文鱼。在道格斯湾（Dog’s Bay）风光质朴的白沙滩上，看着夕阳慢慢沉入碧蓝的海水之中。

离开热闹非凡、充满波希米亚风情的戈尔韦（Galway）不久，很快周围的风景就换成了巴伦（Burren）的石灰岩群——也就是陡峭险峻的莫赫悬崖（Cliffs of Moher），以及杜林（Doolin）的酒吧里特有的里尔舞（reels）和吉格舞（jigs）。沿途路况良好，真正的挑战在于如何不被美丽的风景分心。

一路前行，我经过了一些只在船运气象预报中听过的地方，看到了引导船只安全航行的五颜六色的灯塔。我还遇上了一场瓢泼大雨，但我仍在提醒自己此行的真正目的，就是要到访这些以前永远都不会想要去的地方——虽然有无数的断头路让人心烦，但无与伦比的风景是最大的奖赏。

搭乘渡轮跨越香农河口（Shannon Estuary）后，就正式进入了俗称“王国”（kingdom）的凯里（Kerry）。我驱车直奔斯莱角（Slea Head），绕着褶皱岬角欣赏了被悬崖峭壁揽在怀中的美丽海滩。布拉基斯特群岛（Blasket Islands）看起来让人心驰神往，但是我得忍住不去想以前上学时候的课本上，那些由岛民佩格·萨耶兹（Peig Sayers）写下的讲述岛上艰辛生活的文章。在丁格尔（Dingle），传统的五金兼酒吧店让我沉醉其中，流连忘返。不过很快，因什海滩（Inch Beach）的呼啸大风就彻底吹醒了我。

接着我就到了“凯里之环”（Ring of Kerry）上，开始在爱尔兰最高的麦吉利卡迪山脉（Macgillycuddy's Reeks）之中穿梭。我还远远望见了山峦起伏的斯凯利格岛（Skelligs），那里有一座始建于6世纪的修道院，曾经是电影《星球大战之原力觉醒》（*The Force Awakens*）中“天行者卢克”（Luke Skywalker）的隐居之处。从肯梅尔（Kenmare）沿着偏远而美丽的比埃拉半岛（Beara Peninsula）一路向南，路上的车辆越来越少。色彩鲜艳的渔村和田地装点着山间，羊群随处可见，还有一些羊则被赶上了返回小岛的缆车，准备入圈。

在穿过繁华的西科克（West Cork）时，风景逐渐变得不再那么激动人心，我也终于感觉到，这段旅程已经到了尾声。于是在进行最后冲刺之前，我特地到偏僻的巴利湾（Barleycove）去享受了一番阳光。接着我又经过了一些名字奇怪却风景如画的村庄，通常有在水上漂荡的游艇、时尚前卫的商店以及五花八门的有机农夫市场。最后，我来到了金塞尔（Kinsale）狭窄曲折的街巷上，那里的各种美食餐厅都仿佛在催促我快去庆祝这段非凡之旅的终结。

不过，我并没有真的想要庆祝什么。比起满足感，这段畅快淋漓的旅程反而激起了我更多的渴望。我会再回来，弥补这次旅程中留下的缺憾：我要跳上渡轮去往离岛，或是划着皮划艇绕岬角观光；我要靠双脚丈量高山，或是手脚并用地爬上废弃古堡；我还要探访生蚝养殖场，并且一定得学会冲浪——不管要花多少时间。

这一路自然免不了大雨滂沱、狂风怒号；然而，不经历风雨，如何见彩虹？当大雨过后，云开雾散，阳光照亮群山，一切都会变得迷人，让你再也不愿离去。　文/埃泰恩·奥卡罗尔

海内珍馐

美味可口的海鲜是自驾“狂野大西洋之路”的一大乐趣，从时尚光鲜的高档餐厅、舒适惬意的迷人酒吧到毫不起眼的路边摊档，都不难找到刚刚捕捞上岸的鲜美多汁的龙虾、生蚝、贻贝和三文鱼。你可以找一位当地向导带你品尝海鲜，参观烟熏房、贻贝养殖场和生蚝养殖场。如果运气够好，邂逅了美食节，不妨看看风土习俗是如何影响本地美食的烹制的。

左页图片：康尼马拉（Connemara）的德里克莱尔湖（Derryclare Lough），水面波澜不惊；165页图片：伊尼什欧文半岛附近的法纳德角（Fanad Head）灯塔

自驾指南

起点：伊尼什欧文

终点：金塞尔

距离：1600英里（2600公里）

到达：位于伊尼什欧文的河对岸的德里（Derry）有一个小型机场，但95英里（150公里）外的贝尔法斯特交通更加方便。金塞尔距科克机场12英里（20公里）。

何时去：4月至10月，雨水相对较少，雨势也较小。

带什么：雨衣、雨靴、登山鞋、雨伞、紧身潜水衣，要是有挪亚方舟最好一并带上，总之就是所有一切你能想到的应付瞬息万变的天气的东西。

租车：可以在北爱尔兰的德里和贝尔法斯特的机场租车，但如果在科克机场还车，则需要付高昂的异地还车费用。最好在同一地点提车和还车。

更多信息：www.thewildatlanticway.com。

右页上图：秘鲁鸟岛上的鹈鹕栖息地；右页下图：纳斯卡巨画附近的泛美公路

同类自驾线路

滨海之路

秘鲁泛美公路

一边是荒芜的沙滩，另一边是高耸的群山，令人兴奋的秘鲁泛美公路（Pan-American Highway）南段就这样从前印加文明（pre-Inca）一直驶入世界闻名的葡萄酒厂。公路蜿蜒穿过沿海沙漠、小小的渔村和殖民时代的大城小镇，展现出鲜为外界所知的别样风情。你可以在中途参加河道漂流和试品葡萄酒，探访神秘的纳斯卡巨画（Nazca Lines），在迷人的查拉（Chala）发发呆，或者乘船到壮观的鸟岛（Islas Ballestas）去和那里的海狮、企鹅和鹈鹕们打打招呼。随着不断向南，景象变得越发荒芜，最终到达充满魅力的莫克瓜（Moquegua），此时你已经在世界上最干旱的阿塔卡马（Atacama）沙漠的边缘了。为确保安全，切勿夜间行车，而且只要见到加油站就一定要把油箱加满。

起点：利马

终点：塔克纳（Tacna）

距离：767英里（1234公里）

南非查普曼峰公路

这条全程不到10公里的查普曼峰公路（Chapman's Peak Drive）是一条收费公路，转弯多达114处，可以欣赏到让人叹为观止的豪特湾（Hout Bay，真正意义上的整个海湾，而不仅是个渔村）以及对岸的连绵群山。它被人们亲切地称为“Chappies”，最初修建于“一战”期间，之后经过了大幅升级改造。这条公路曾经是一道天险，1998年至2000年，滚落的岩石造成了4人殒命和多人受伤。因此，后续又建造了一条155米的半开放隧道，增设了各种防护网。2003年，这条公路重新开放，不过在极端天气下仍会禁止通行。骑车或驾车征服查普曼峰公路是一项激动人心的挑战：除了无可比拟的风景，还有一段陡峭的攀爬线路，直通海拔593米高峰下的查普曼岬（Chapman's Point）。从那里开始，道路贴着悬崖前行，一直要快到诺德胡克（Noordhoek）时才重新下降到海平面高度并折回内陆。在阳光明媚的日子里，这条路的沿途风景无懈可击。

起点：豪特湾

终点：诺德胡克

距离：5.5英里（9公里）

法国诺曼底登陆海滩

尽管如今诺曼底海岸线上的海滩和悬崖看似沉寂萧索，但若将时钟拨回1944年6月6日，这里就是6000多艘盟军舰船的目的地，而如此规模的舰队前所未有。也因此，“D-Day”（诺曼底登陆日，法语为Jour-J）被永远地烙在了法国境内的这段海岸线上，包括纪念地、博物馆和公墓——不难发现，虽然盟军在这“最长的一天”（电影*Longest Day*就描述了这一天的故事）里大获全胜，但也付出了高昂的代价。最佳出发点莫过于小镇卡昂（Caen），这里有一座获得无数赞誉的和平博物馆（Un Musee pour la Paix），不妨先去了解登陆日作战以及“二战”背景。然后你就可以驾车沿海岸一路北行，在奥马哈（Omaha）、朱诺（Juno）和犹他（Utah）等曾经战况惨烈的海滩上看看德国的大炮、弹坑和登陆点。你还可以去巴约（Bayeux）和奥马哈瞻仰成千上万座墓碑，默默向为打败欧洲法西斯而献出生命的英雄们致敬。

起点：卡昂

终点：犹他海滩

距离：88英里（142公里）

冰与火之歌：冰岛环岛自驾

在冰岛这条环岛公路上来一场自然之旅，探索让人惊叹的熔岩平原、狂野奔放的海岸风光、跌宕奔腾的瀑布飞流以及气势磅礴的北极冰盖。

在冰岛东海岸，时针已经指向中午，然而阴暗的天色却与午夜无异。漫天大雾笼罩了道路，道路、海洋和天空仿佛浑然一体，呈现出同样的灰色。一片昏沉之中，黑色山峰时不时地露出清晰的轮廓，偶尔的云开雾散也会突然照亮海岸，让人得以一瞥怪石嶙峋的岩崖、绿意盎然的沙丘和充满野性的黑沙滩。而在风中，还有海鸥时栖时翔，别有一番情趣。

一直以来，狂野多变的天气都是冰岛环岛公路的固定搭

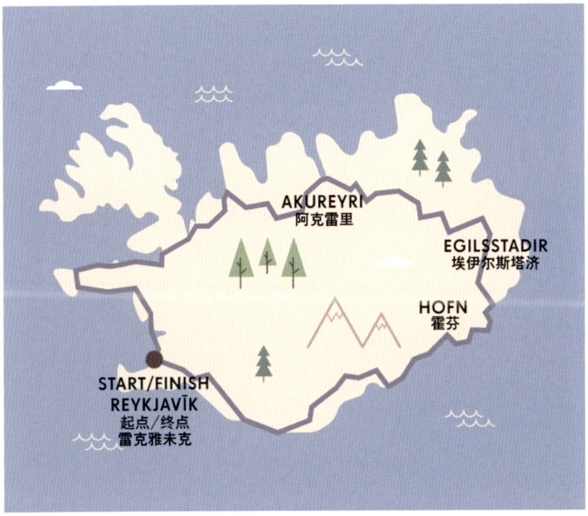

档。这条公路在地图上被标示为1号公路（Route 1），沿冰岛海岸线环行约830英里（1336公里）。它既是一项工程奇迹，也是这个国家的骄傲，到2014年的时候，这条公路正好开通了整40年。

不用说，1号公路的起点当然设在冰岛的首都雷克雅未克，所有里程也从这里开始测量。虽然雷克雅未克是一座画廊和酒吧云集的城市，但这里仍不难找到冰岛狂野的一面。向北眺望，在法赫萨（Faxaflói）海湾的另一边，一道高低起伏的陆地向着海平面的尽头延伸，终点就是白雪皑皑的斯奈菲尔火山（Snæfellsjökull），那也是儒勒·凡尔纳（Jules Verne）经典科幻探险小说《地心历险记》（*Journey to the Centre of the Earth*）的故事背景地。而当环岛公路穿过雷克雅未克郊区一路向北时，这座火山也依然阴沉着相伴，仿佛在提醒人们永远不要小觑大自然的力量。

凡尔纳不是第一个向冰岛西部的峡湾和山谷寻求灵感的作家。对冰岛人而言，该地区还是奠定冰岛文化基础的萨迦文学（Sagas；英雄传奇）之源。这种文学虽然是由12世纪、13世纪的历史学家们创作，但其根源却是世代相传的口述故事，其中包括了家庭世仇、天命英雄、武士国王和悲情浪漫等情节，既是族谱，也是历史，还带着几分戏剧色彩。

在翻越博尔加内斯（Borgarnes）西北部的重峦叠嶂后，环岛公路开始转向内陆，通往萨迦传奇中的许多场景，包括

《埃吉尔传奇》(*Egil's Saga*)中提到的一座农场，以及《格雷特传奇》(*Grettir's Saga*)中英雄卸甲休息的温泉。虽然绝大多数故事都基于现实，但是也有许多细节植根于冰岛的神话传奇，例如魔王、巨人和龙的奇闻逸事，以及关于岛上神秘的老人、侏儒、仙女和精灵的怪谈。

超凡脱俗的自然风光与光怪陆离的神话传说之间的联系显而易见：经过成千上万年地质活动的雕琢和刻画，你很难将这里与俗世凡尘混为一谈。

地处冰岛火山活动最活跃区域的米湖(Lake Mývatn)和克拉夫拉火山(Krafla)是这种感觉最强烈的地方。在这里，环岛公路脱山而出，环绕神之瀑布(Goðafoss)边缘一路前行，浪花飞溅，水声震天，仿佛是从地壳表面的裂缝中喷涌而出的。

这还只是更多非凡景象的前奏。随着环岛公路逐渐靠近米湖湖岸，你会看到路边出现了嶙峋的巨石和火山石柱，那些都是远古火山爆发时留下的地质遗迹。与此同时，间歇泉不断喷涌，泥浆中鼓起泡泡，地上的裂缝还时不时喷发出一排排蒸汽柱——这一切仿佛都在提醒人们，冰岛的这片区域坐落于大西洋的中脊之巅，是欧亚板块和北美板块不稳定的交会点。

沿着环岛公路到了东海岸，风景变得愈加野性空旷。冰川峡湾旁时常出现孤绝的村庄，废弃的牧羊人小屋林立于道

“对冰岛人而言，该地区是萨迦文学之源，天命英雄、武士国王和悲情浪漫的故事在这里世代流传。”

路两旁，包括欧洲最具气势的黛提瀑布(Dettifoss)在内的瀑布群层层叠叠沿山而下，在巨岩上刻划出一道道峡谷。

东海岸向来显得与世隔绝，遥远的距离和复杂的地形切断了两地之间的往来。在环岛公路竣工之前，许多村庄都只能通过翻山越岭的艰难跋涉才能到达，而且经常还会遇到大雪封山，不得不依靠空运或海运来投送物资。对环岛公路建设者而言，将公路修到这些村庄无异于一项艰难的挑战，他们需要借助隧道、堤坝和桥梁来克服各种地形上的天险。

冰岛最负盛名的目的地——瓦特纳冰盖(Vatnajökull)，是欧洲冰雪量最大的冰川，在冰岛东南占据了3000平方英里(7770平方公里)的地盘。从冰岛东南峡湾之一的小港霍芬(Höfn)驱车向西，天边的这座冰山隐约可见，仿佛一座冰冻的白色海洋，正在穿过犬牙交错的山峰。

当环岛公路告别瓦特纳冰盖一路向西，就进入了辛格瓦德拉湖(Þingvallavatn)旁边一马平川的牧场，还会经过两座壮观的瀑布——冰岛地势最高、落差达到60米的

斯科加瀑布（Skógafoss），以及最为上镜的塞里雅兰瀑布（Seljalandsfoss），喷雾如棱镜般折射着阳光，在空中变幻出美丽的彩虹。慢慢地，田园牧歌让位于了现代文明，城镇越来越常见，路边也出现了各种温室。这里还是冰岛马的乐园，不计其数的农场都从事着冰岛纯种马的养殖工作。

继续西行，向北暂时驶离环岛公路，不久便到了辛格维利尔国家公园（Þingvellir National Park）。正是在这个充满野性和美景的地方，维京人进行了一次露天集会，成立了冰岛首个议会（Alþingi）。它正式成立于公元930年，被公认为世界上最古老的民主政府形式，对冰岛人而言具有极深的历史意义和象征意义。

冰岛有文字记录的历史的开始，自然也意味着环岛公路之旅的结束。公路蜿蜒穿过雷克雅内斯自然保护区（Reykjanesfólkvangur nature reserve）的熔岩地，终于又来到雷克雅未克市郊。我也得以在清澈的夜空和星光下度过一个星期之后，再次沐浴在了昏黄的街灯下，感觉十分奇妙。视线越过法赫萨海湾，斯奈菲尔山冰盖（Snæfellsnes）在夜色中闪着光亮，环岛公路从那里向北延伸，开始了新一轮的旅程——银色夜空下，这段路似乎永无止境。 **文/奥利弗·贝瑞**

托尔金与冰岛

冰岛的传奇故事是古冰岛语学者和萨迦文学创作者J.R.R.托尔金的重要灵感来源。许多托尔金的粉丝认为，采用泥炭砖和茅草顶建造的冰岛草皮房屋，也许正是小说《霍比特人》（*The Hobbit*）中比尔博·巴金斯（Bilbo Baggins）的地下房屋“袋底洞”（Bag End）的原型。实事求是地说，它们看起来的确和霍比特人的房屋十分类似，但这一设计的出现其实是为了应对冰岛长久以来在房屋建造过程中面临的难题——木材短缺。

左页左上：纯种冰岛马；左页左下两图：独具个性的红顶教堂，忙于一年一度的羊群转场的小伙；左页右图：塞里雅兰瀑布；本页图片：雷克雅未克哈尔格林姆教堂（Hallgrímskirkja）外面的探险家雷夫·埃里克森（Leif Eriksson）塑像；170~171页跨页图片：辛格维利尔国家公园

自驾指南

起点/终点：雷克雅未克

距离：830英里（1336公里）

到达：近年来抵离冰岛的交通已经有了很大的改善，航班和航线数量都在稳步增长。对于希望从欧洲其他国家自驾前往的旅行者而言，往返丹麦北部的渡轮也是不错的选择。

何时去：6月至8月为旅游旺季，住宿价格居高不下，而且需要提前预订。但此时也是极昼季节，可以参加众多趣味盎然的活动和节庆。如果想要躲避汹涌人流和高价住宿，5月和9月也是不错的选择，不过晴朗无云的日子相对较少。

重要提示：不要走马观花——至少准备10~14天自驾环岛。如果只能抽出一周，不妨将行程安排在一两个重点区域。

右页上图：长岛蒙托克灯塔；右页下图：纽约市沙滩

同类自驾线路

环岛线路

美国纽约长岛

这条长岛环线的起点和终点都是纽约市，沿途经过一望无际的海洋和海湾沙滩，还可以看到著名的葡萄园、显赫的巨富豪宅以及重要的历史景点。从第五十九街大桥驶离曼哈顿，沿着长岛高速公路（Long Island Expressway）和25A公路（Rte 25A）东行，直达时尚漂亮的小镇蒙托克（Montauk），最后顺着长岛东南海岸线返回。给自己预留4天来完成这段环线，这样你就有足够的时间来游览沿途景点，譬如近30座葡萄园，北福克（North Fork）的天然农场，以及谢尔特岛（Shelter Island）上汉普顿（Hamptons）富人区的漂亮住宅。此外，你还可以绕道（步行）前往没有汽车的法尔岛（Fire Island）。

起点：中央公园

终点：康尼岛（Coney Island）

距离：267英里（429公里）

新西兰怀希基岛

怀希基岛（Waiheke）距离奥克兰仅1小时车程，拥有温暖而干燥的小气候，历来就是深受城市居民和旅行者喜爱的度假胜地。这条环岛自驾线路途经门欧沃湾（Man O' War Bay）和旺唐伊（Onetangi）等地的美丽海滩，许多百万富翁的豪宅就建在这里，此外康奈尔斯湾（Connells Bay）的雕塑公园也值得一游。勇敢的旅行者还可以参加高空飞索探险（Eco Zip Adventures），去葡萄园和原始森林的上空滑翔。如果喜欢休闲放松，则可选择数量众多的葡萄园——大部分都附设餐厅。同样不容错过的，还有欧罗尼亚（Oneroa）的岛冰激凌公司（Island Gelato）出品的应季冰激凌。

起点：奥克兰

终点：蒂法尔角（Te Whau Point）

距离：38英里（62公里）

爱尔兰漫漫长路环线

最好花上两周时间，让这条线路带你领略爱尔兰崎岖、美丽、壮观的边界风景，你就会明白这座“翡翠岛”（Emerald Isle；爱尔兰别称）的瑰丽海岸线是当之无愧的世界一流。从都柏林启程一路北行，然后依次游览这座岛屿的北部、西部和南部边缘，沿路欣赏璀璨美景、连绵山脉和传统村落，以及贝尔法斯特、戈尔韦、斯莱戈和科克等活力四射的城市。若还想去离岛转一转，不妨在体验康尼马拉的荒芜之美后前往阿伦群岛（the Arans），最后在东南部最迷人的海滨村庄之一的阿德莫尔（Ardmore）结束你的旅行。

起点：都柏林

终点：阿德莫尔

距离：807英里（1300公里）

法国阿尔萨斯葡萄酒之路

作为法国最佳自驾线路之一，每转过一个弯都能见到具有童话风情的村庄、葡萄藤蔓构成的风景以及静待嘉宾的酒窖，一杯杯葡萄美酒触手可及。

在这儿开车，我总有一种错觉，仿佛无意中闯入了迪士尼电影的场景之中。我正在探访的村庄是如此迷人，以至于显得有些不真实：半木结构的山形墙房屋有着明艳的色彩，窗框上的天竺葵正迎风绽放。鹳鸟待在烟囱顶帽上的巨大巢穴里小心翼翼地保持着平衡，街上的鹅卵石被数百年的川流不息磨得光亮，烘焙店里飘出姜饼的香味，凉棚下随处可见马卡龙的身影。在中世纪城墙外面，葡萄藤蔓排列成整齐的方阵，远处是朦朦胧胧的孚日山脉（Vosges Mountains）。

这里是法国东北部，许多风景依然鲜为人知。然而阿尔萨斯（Alsace）的确与众不同。它与德国接壤，数百年里曾经数易其帜，归属地在德法之间辗转，直到“二战”结束才回到法国怀抱。不仅阿尔萨斯的方言带着德国腔调，点餐时留意观察，你还会看到菜单上的德法混搭——choucroute garnie（别出心裁的阿尔萨斯酸菜，搭配香肠和熏肉）、wadele（黑皮诺葡萄酒烤猪肘）以及lewerknepfle（猪肝、青葱和香菜混合馅的饺子）。

就算是见多识广的法国人，每每提到阿尔萨斯也会不禁为之动容，将其视为某种具有跨文化特质的国家宝地。这条风景优美的“葡萄酒之路”（Route des Vins）全长105英里（170公里），起于斯特拉斯堡以西13英里（21公里）处的马尔勒南（Marlenheim），止于坦恩（Thann），一路可以尽览当地风光之精华。这条自驾线路路况良好，沿途的盎然绿意让人心旷神怡，近在咫尺的童话风情的村庄、供应美食的餐厅和佳酿飘香的酒窖更让人流连忘返。与其他赫赫有名的香槟产区或波尔多产区等地不同，这里的酒庄通常无须预约即可现场试品（petite d.gustation），而且当地葡萄酒的品质往往好得出乎意料。白葡萄酒中值得一试的，包括清淡且带着柑

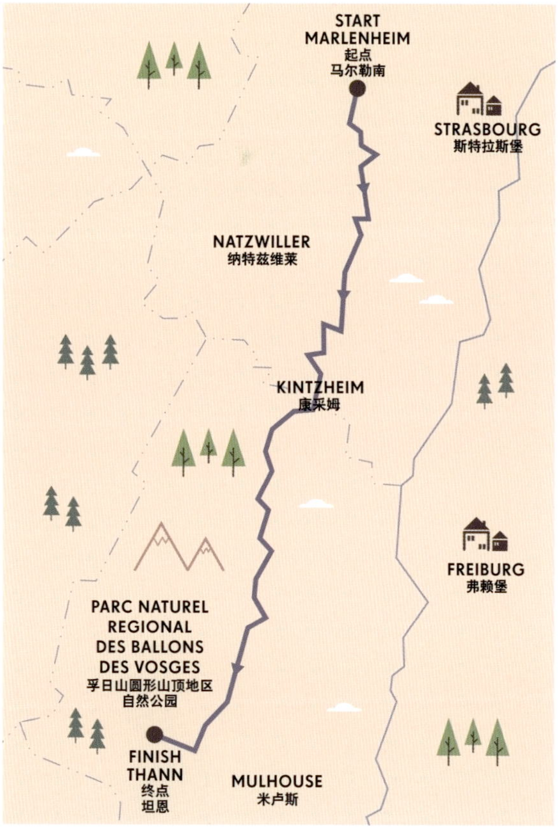

“在途中过夜不仅能深入体验村落风情，还可以开怀畅饮而无酒后驾车的顾虑。”

橘味的西万尼（sylvaner）、酒味强烈的雷司令（riesling）、辣口的琼瑶浆（gewürztraminer），以及带着芬芳的蜂蜜味的慕斯卡（muscat）。而当地红葡萄酒中的主流，则是充满成熟水果风味、酒体轻盈的黑皮诺（pinot noir）。

如同享用一顿大餐，“葡萄酒之路”也可大致分为“几道菜”，让你慢慢品尝。在途中停车过夜，不仅是为了领略灯火阑珊的城镇村庄，最重要的是能够摆脱酒驾的负疚，开怀畅饮。

在游览过斯特拉斯堡的历史中心和哥特式大教堂后，我开始一路向南。虽然刚刚初秋，漫山遍野的葡萄藤却已逐渐变成金色，新酿葡萄酒的香味也从道旁的酒窖中飘散到路上。经过绵延低矮丘陵脚下的沉睡村庄时，我不禁沉溺于恬静怡然的田园风情中不能自拔。这里没有宏伟的城堡，老式风格的村庄则如同一个完备的铁路模型，我仿佛还嗅到了一丝圣诞节的气息。

在奥贝奈（Obernai），我漫无目的地游走于镇上的小街背巷之中，感受着这座始终以市集广场为中心的城镇。广场上有文艺复兴风格的六眼井，以及一座钟楼模样的玉米交易所。我沿着一条小路穿过镇上的城墙，走到山上的葡萄藤蔓中，在一间舒适的葡萄酒馆（winstub）里用一块洋葱馅饼（zwiebelkuchen）和一杯冒泡的新酿葡萄酒犒赏了自己。

如果要找特级园葡萄酒，可以去附近的村庄米泰尔贝尔甘（Mittelbergheim）。其中首屈一指的当属吉力歌酒庄（Domaine Gilg），它的葡萄园密密麻麻地占据了佐森堡（Zotzenberg）和摩恩西堡（Moenchberg）的山坡。建于16世纪的石头酒窖是这里的骄傲和快乐之源，同样出彩的还有获奖无数的雷司令和西万尼。

继续南行，到达当巴克拉维尔（Dambach-la-Ville），这又是一座色彩缤纷的小村，中世纪晚期的房屋比比皆是，外墙被刷成了各种颜色——开心果白、焦糖栗、树莓红，让人按捺不住想要大快朵颐的念头。在葡萄藤蔓上方林木茂盛的峭壁上，屹立着当巴克拉维尔最引人注目的景观：始建于12世纪的国王城堡（Chateau du Haut-Koenigsbourg）。这座城堡由威廉二世（Kaiser Wilhelm Ⅱ）在1908年重建，红色高塔和角楼林立。在晴朗无云的日子里，从城堡塔楼极目西眺，可以看到葱郁的孚日山脉，向东则能将德国黑森林的绵延群山一览无余。如果能见度够高，那么南边还会出现阿尔卑斯山的朦胧身影。

“葡萄酒之路”沿线的村镇美得难分伯仲，但是犹如孪生兄弟般的希伯维列（Ribeauville）和希格维尔（Riquewihr）却是其中的佼佼者。它们的历史氛围都颇为浓厚：前者拥有一处旧时镇上吹笛人的下榻之所（Pfifferhüs），以及一座“屠夫钟楼”（Tour des Bouchers）；后者的城墙内尽是纵横交错

的街巷和半木结构房屋，且一直向上延伸到“小偷塔”（Tour des Voleurs）。为了深入了解阿尔萨斯葡萄酒，我明智地待了1个小时，去参观希伯维列酒窖（Cave de Ribeauville）博物馆，并且品尝了几杯上等的葡萄酒。

然而，直到见了名不见经传的小村凯塞尔斯贝尔（Kaysersberg），我才真正感觉到时间的静止，也由此体会到了阿尔萨斯地区的精髓。在Vignoble Klur品尝了有机葡萄酒之后，我借着最后一缕暮光沿着小路步行前往山中。此时我已是独自一人，陪伴我的只有一排排成熟的葡萄——天亮之后，这里的人们又要开始忙着收葡萄。虽然明知接下来还有开阔的道路和著名的科尔马（Colmar）在前方等待，我还是停下了脚步，不愿离开。　**文/凯瑞·克里斯蒂亚尼**

印象·科尔马

科尔马是一处适合探索葡萄酒之路的大本营。老城里随处散落着五颜六色的半木结构房屋，但最引人注目的，还是河道纵横的小威尼斯街区（Petite Venise）——夏天你甚至还能租一叶轻舟在运河上荡桨。科尔也是自由女神像创作者弗雷德里克·奥古斯特·巴托尔迪（Frederic Auguste Bartholdi）的故乡。巴托尔迪博物馆（Musee Bartholdi；www.musee-bartholdi.fr）正是这位传奇人物在1834年的诞生地。

左页图片：藤上的葡萄；跨页图片：沿途最美村庄之一——希格维尔；本页图片：斯特拉斯堡附近的运河；177页图片：阿尔萨斯广袤的葡萄园

自驾指南

起点：马尔勒南

终点：坦恩

距离：106英里（170公里）

到达：最近的机场在斯特拉斯堡（www.strasbourg.aeroport.fr），所有大型汽车租赁公司在机场都设有服务点。

何时去：道路全年都可通行，每个季节都有不同的看点——从盛夏的葡萄酒节到金秋丰收日，再到法国最具节日气氛的圣诞市集。

推荐住宿：沿途村庄有众多酒店和餐厅。旅游办公室可提供关于当地含餐民宿（chambres d'hôtes）的详细信息。

更多信息：了解线路沿途景点和食宿信息，可浏览www.alsace-wine-route.com网站。当地旅游办公室提供实用的英语地图和宣传册《阿尔萨斯葡萄酒之路》（*The Alsace Wine Route*）。

右页上图：杜罗河畔的葡萄园；
右页下图：Quinta da Pacheca酒店的葡萄酒木桶

同类自驾线路
葡萄酒之路

葡萄牙杜罗河谷

长久以来，葡萄牙的这条自驾线路可谓“养在深闺人未识”，然而杜罗河谷（Duoro Valley）的美丽风景以及品质日增的葡萄酒，最终还是吸引了葡萄酒爱好者蜂拥而至。作为世界上最古老的葡萄酒划定产区（记录在案的时间是1756年），这里连绵不断的葡萄园梯田从杜罗河边一直爬至山坡。这里的中心地是上杜罗（Alto Douro），如今已被列入联合国教科文组织世界遗产名录中。你的行程可以从波尔图港口开始，随后驱车向东前往与西班牙接壤的边境地带，沿途经过众多历史悠久的葡萄酒庄园——其中比较知名的包括诺瓦酒庄（Quinta Nova）和克拉斯托酒庄（Quinta do Crasto）。你一定还会在洛尔伍斯（Casal de Loivos）的观景台流连，为眼前如同明信片般的杜罗葡萄园风景倾倒。最好给自己预留5天来完成这段自驾之旅。

起点：波尔图

终点：杜罗河畔米兰达（Miranda do Duoro）

距离：222英里（358公里）

意大利基安蒂之路

领略托斯卡纳风情最简单的方式，莫过于沿着穿越基安蒂（Chianti）乡村的SR222公路来一次经典的自驾之旅。作为联系两座中世纪古城的纽带，这条公路蜿蜒穿过栽满柏树、橄榄和葡萄藤的田野。在佛罗伦萨畅享艺术和建筑的盛宴后，驱车南行前往锡耶纳，游览那里最宏伟的大教堂以及建于12世纪的坎波广场（Piazza del Campo）。途中会经过各种洋溢着蜂蜜色彩的山城，往往有个热闹的城镇广场和一座准点报时的钟楼。遇到葡萄酒商店（enotecas）时可稍作停留，试试该地区享有盛誉的红葡萄酒，包括主要用桑娇维塞酿造出的经典基安蒂（Chianti Classico）。严格地说，这条公路全年都可以通行，不过最上镜的季节，还属野花竞相怒放的暮春之时。

起点：佛罗伦萨

终点：锡耶纳

距离：44英里（71公里）

瑞士拉沃葡萄园

这条路途不远但是风景绝佳的自驾线路非常适合从日内瓦出发进行一日游。途中可以看到被列为联合国世界文化遗产的拉沃（Lavaux）葡萄园——梯田从日内瓦湖北岸沿着陡峭的石壁逐阶而上。这条线路一直沿着9号公路（Rte 9）前行，始于略显杂乱的法语区城市洛桑，经过一些类似沃韦（Vevey）这样的湖畔小镇，最后辗转东南，到达蒙特勒（Montreux；其夏季爵士音乐节颇负盛名）和始建于13世纪、气势恢宏的西庸城堡（Château de Chillon）——拜伦在1816年创作的诗歌《西庸的囚徒》（*The Prisoner of Chillon*）令这里名声大噪。在葡萄园里游览时，不妨找间酒窖品尝一下莎斯拉（chasselas）白葡萄酒；这种酒口感清冽，富含矿物，通常以小批量的手工方式酿制。湖畔小镇里瓦兹（Rivaz）的拉沃微诺拉玛酒庄（Lavaux Vinorama）拥有该地区300多种佳酿，提供试饮。

起点：洛桑

终点：西庸城堡

距离：25英里（40公里）

QUINTA DA
PACHECA
PACHECA
PACHECA

法国蔚蓝海岸峭壁公路

摇下车顶，戴上墨镜，畅享法国最诗情画意的自驾线路，
从“美好时代”的尼斯，一路驶往意大利边境，然后掉头返回，再来一遍。

晨曦初露，我已身处蔚蓝海岸边的悬崖峭壁上。今天的天气让这片海岸诚如其名：我正站在高峭壁公路（Grande Corniche）的一处观景台上，远眺蓝色大海，试图找到海天尽头。

然而这并不容易。地平线像是由不同蓝色组成的“蓝虹”，从浅蓝到蔚蓝再到深蓝，恍若一首蓝色交响曲。我不由得想起那些曾经到访这里，并从这一海岸线中获得灵感的诸多艺术家——从亨利·马蒂斯（Henri Matisse）到巴勃罗·毕加索（Pablo Picasso），还有在1958年创造了属于自己的颜色“国际克莱因蓝”（International Klein Blue）的伊夫·克莱因（Yves Klein）。

空气中弥漫着普罗旺斯特有的气息——薰衣草的甜蜜、松脂的微醺、海风的咸涩彼此交织，我深深地吸了一口，随后便跳回车上，沿着崖顶公路再次上路。海鸟在天空盘旋，蓝色的地中海在崖下泛着亮光。

我此次来到普罗旺斯，就是为了感受法国最著名的三条道路——在尼斯和芒通之间沿着蔚蓝海岸曲折前行的“峭壁三公路”。它们按照位置分别以低、中、高（Basse、Moyenne、Grande）命名，每条道路都独具个性。低峭壁公路是享乐主义者和冒险主义者的乐园，途中经过众多海滨城镇和度假村，夏季时路上车辆川流不息，所有的乐趣都围绕着咖啡馆、俱乐部和赌场展开。

中峭壁公路则稍显安静。路旁有一些寂静而充满阳光的山村，老人们在街边的咖啡馆里品着茴香酒，每天晚上村镇广场还会举办一场法式滚球（pétanque）比赛。高峭壁公路（Grande Corniche）在3条公路中位置居顶，风景也最为狂野，一路爬升至海拔500米。这条公路由拿破仑一世修建于18世纪，希区柯克1955年的电影、由大名鼎鼎的加里·格兰特（Cary Grant）和格蕾丝·凯利（Grace Kelly）主演的《捉贼记》（*To Catch A Thief*）也曾在此取景。公路的高差让人头晕目眩，不断出现的发卡弯令人提心吊胆，每个弯道都堪称扣人心弦。对于追求刺激的自驾爱好者而言，没有任何一条法国公路可以与高峭壁公路相媲美。

一大早从尼斯出发后，沿着宁静的林荫大道驱车前行，经过了无数路边咖啡馆以及橱窗里摆着新鲜出炉的羊角面包和法式长棍的烘焙店。驶离尼斯市区后，我选择由高峭壁公路进入纵横交错的普罗旺斯山峦。山坡上栽种着各种灌木和松树，尼斯天文台的白色穹顶一闪而过，人烟渐渐稀少，高峭壁公路开始初显真容。

与其说是开车，不如说这时的感觉更像是在坐过山车。公路沿着崖顶曲线辗转延伸，穿过被灌木、野生迷迭香和百里香所环绕的野性森林。出其不意的发卡弯意味着目光必须时刻紧盯路面，但是有时我还是无法抗拒大海的诱惑，总会偷瞄一眼，看看在晨曦映照下如镜面般闪闪发光的地中海。

“高峭壁公路不只是风光绝美、历史也相当悠久，到如今已被使用了2000多年。”

在山顶小镇拉蒂尔比耶（La Turbie），我停下了车，稍事休息。这里有一座被称为“阿尔卑斯胜利纪念碑”（La Tropheedes Alpes）的巨大罗马式拱门，由罗马皇帝奥古斯都为纪念公元前6年征服高卢而下令建造。高峭壁公路不只是风光绝美，历史也相当悠久——从最初的修建到如今已被使用了2000多年。公路大部分走向都与建于公元前13年的奥古斯都古道（Via Julia Augusta）重合，不过现在这条是拿破仑一世在1796年远征意大利时为了便于行军和后勤物资运输而下令修建的。

离开拉蒂尔比耶，继续沿着高峭壁公路向东前行，海拔逐渐下降，并与低峭壁公路交会，随后开始跟着海岸线辗转而行。寂静荒野逐渐被文明气息所取代，可以看到优雅的别墅和“美好时代”（Belle Époque，欧洲社会史上相对平和的一段时期，约从19世纪末至第一次世界大战爆发）的豪宅不断出现。在靠近意大利边境的海港之城芒通（Menton），我饱享了一顿海鲜大餐，然后掉头向西前往美丽的马丁岬（Cap Martin）。那里曾让侨居于此的菲茨杰拉德（F Scott Fitzgerald）和海明威

(Ernest Hemingway)等著名作家流连忘返。接下来就到了如同迷宫般的摩纳哥,这里的享乐主义生活方式和历史悠久的赌场早已闻名四海——每平方公里的百万富翁密度在全球更是首屈一指。一级方程式赛车的赛车手们每年还会云集于此参加大奖赛,从摩纳哥的大街小巷呼啸而过,但是在其他时间里,这里的交通却无比拥堵。当你终于将摩天大楼甩在身后,重新上路回到宁静嶙峋的群山中时,一定会感觉无比幸福。

在进入寂静荒芜的乡村后,我选择沿着中峭壁公路慢慢爬升,小心翼翼地跟着过山车般的道路曲线前行。金乌西坠,薄暮将至。在我周围,风景开始呈现出梦幻般的橙色、赭色、红褐色和棕色,仿佛画家的调色盘。下面的海岸线则弥漫出朦胧的薄雾,令我突然有种在天空飞翔的感觉,仿佛不是在开车,而是飘浮在银色的云海之中。

当我到达此行终点——山村埃兹(Èze)之时,落日已然难觅其踪。我来到埃兹城堡(Chateau Eza)酒店的酒吧,衣着得体的服务员给我倒了一杯马提尼酒,此时远处的天空中,正是一道道赤土色、猩红色、淡紫色和粉红色的晚霞。

“当我意识到每天清晨我都能看到这种光芒时,”画家亨利·马蒂斯在1917年如是写道,“我无法相信自己有多么幸运。”

品着马提尼,听着清风穿过松树的摩挲声响,我确切无疑地明白了他的感受。 文/奥利弗·贝瑞

摩纳哥公国

摩纳哥面积虽然只有1.95平方公里,人口仅3.6万,但实力不容小觑。这个世界上第二小的弹丸之国,人口密度位居全球第一。它是一个主权国家,自1297年以来一直由格里马尔迪家族统治,拥有自己的国旗、国歌和邮票,以及宽松的税法。詹姆斯·邦德的最爱——赌场,就位于蒙特卡洛(Monte Carlo)的港区。

左页左上:埃兹,一座俯瞰蔚蓝海岸的沉寂山村;左页左下:路边商店里的薰衣草;左页右图:中峭壁公路上的石拱桥;本页图片:滨海博略(Beaulieu-sur-Mer)道路上的敞篷车;183页图片:滨海自由城(Villefranche-sur-Mer)的沙滩上方

自驾指南

起点:尼斯

终点:埃兹

距离:45~50英里(72~80公里),具体取决于相应路线

到达:尼斯机场有定期的国际航班往返欧洲和其他目的地。

何时去:夏季交通会让人头疼,5月、6月和9月更加安静。

带什么:防晒霜、游泳装备和时尚的太阳镜。

推荐住宿:Hotel Windsor(www.hotelwindsornice.com)、Hostellerie Jerome(www.hostelleriejerome.com)、Chateau Eza(www.chateaueza.com)、Napoleon Menton(www.napoleon-menton.com)。

更多信息:www.frenchriviera-tourism.com。

同类自驾线路
法国风情

勃朗峰隧道

在从瑞士前往意大利的旅途中，你会两次越过国境线、穿过一座山峰。从日内瓦出发，先跨过瑞士—法国国境线（阿讷马斯方向），你会看到阿尔卑斯山静静屹立于道路前方。想要一览众山小，可以在夏蒙尼（Chamonix）搭乘缆车前往海拔3842米的南针峰（Aiguille du Midi）。驶往勃朗峰隧道（Tunnel du Mont-Blanc；收取过路费）的途中，公路两边山峰陡峭，远处山峦（海拔4809米）白雪皑皑，越发会令你觉得仿佛身处电影之中。这条隧道就从夏蒙尼开始，在勃朗峰下方穿行7.2英里（11.6公里），一直通往意大利奥斯塔山谷（Aosta Valley）的门户库马耶（Courmayeur）。离开库马耶之后继续前行约22英里（35公里），在奥斯塔（Aosta）让疲惫的汽车引擎稍事休息，你也可趁此机会参观镇上的罗马遗址和高架水渠。奥斯塔也是人气极旺的滑雪胜地，这意味着：这条激动人心的公路在冬季依然畅行无阻。

起点：瑞士日内瓦

终点：意大利奥斯塔

距离：84英里（135公里）

塞文山脉

1879年，作家罗伯特·路易斯·斯蒂文森（Robert Louis Stevenson；因小说《金银岛》而成名）记录了一次经典、有趣的塞文山脉（Cévennes）徒步穿越之旅，一头名为“Modestine”的倔驴陪着他完成了这次旅程。如今，你可以驾车重走这条线路的一部分。起点是圣让迪加尔（St-Jean-du-Gard；斯蒂文森线路的终点），之后翻越林木茂密的山峦前往弗洛拉克（Florac）。从这里开始沿着崎岖的塔恩峡谷（Gorges du Tarn）崖边公路直至米约（Millau），周围都是被当地人称为“喀斯”（causses）的奇形怪状的石灰岩高原。沿途风光秀丽、树木茂盛、空无人烟——除了旺季的7月和8月，那时似乎所有的法国人都挤在了这条路上，交通拥堵得让人抓狂。但在春秋两季来到这里，你就能独自坐拥美景。在行程的最后，不妨驾车穿越米约高架桥（Viaduc de Millau），那可是世界上最高的桥梁（禁止驴子通行）。

起点：圣让迪加尔

终点：米约高架桥

距离：88英里（142公里）

韦尔东峡谷

面对阻碍通行的韦尔东峡谷（Gorges du Verdon），法国人决定直接凿开这普罗旺斯的石灰岩山体，于是有了这样一条长15英里（25公里）的公路，也成就了自驾旅行者一次难忘的一日游出行。线路起点通常选在山城穆斯蒂耶圣玛丽（Moustiers-Ste-Marie），然后贴着峡谷边缘前行，数次在深达近1000米的峡谷悬崖之巅忐忑前行。沿途设有路边观景台，还有各种支线道路可以选择，例如14英里（23公里）长、有14个观景台的山脊之路（Rte des Crêtes）。不妨留心空中的雄鹰和秃鹫——但如果你有恐高症，千万别往下看。

起点：穆斯蒂耶圣玛丽

终点：卡斯泰朗（Castellane）

距离：54英里（87公里），含山脊之路

波罗的海巡游：从爱沙尼亚到立陶宛

驾车经过欧洲列强的十字路口，体验有着千年历史的波罗的海诸国独特的北方风情。

十多年前在里加的一次晚宴上，当我摆弄着一块熏猪肉和水煮土豆时，听到一件十分有趣的事——作为地球上最古老语言的拉脱维亚语，居然没有词语来指代“高山”，最接近的替代词也只是“山丘”（kalns）。原来那儿整个地区都没有真正意义上的高山山脉，当地语言中自然就无须再增加相应的词汇。事实上，这个词根本就是多余：从海滨城市塔林（Tallinn）的鹅卵石街巷，到荒无人烟的库尔斯沙嘴（Curonian Spit），整个波罗的海地盾（Baltic shield）都被密密麻麻的高大松树所覆盖。

这片丝毫不受冬季严寒侵袭的绿色森林似乎经年累月也不曾改变，无论我回来看过多少次，车窗外的景致始终如一。但是只要转上一条偏僻的小路，就不难发现千年地缘政治历史在此留下的痕迹。

诚然，塔林、里加（Riga）和维尔纽斯（Vilnius）作为波罗的海（Baltic）区域的“首都三叉戟”，都在新旧交织中不断大步前行；但正是乡村地区——古帝国和现代帝国的真正战场——才会为你生动细致地讲述关于征服和荣耀的历史。

高亚（Gauja）国家公园是拉脱维亚最大的国家公园，因河得名，在高亚河的两岸，就分布着众多部落战争纪念地和中世纪古堡废墟。我的行程也沿着河岸展开。地形的细微起伏标出了2000多年前在该地区发动战争的部落的据点，考古学家们也在这里发现了来自其他地方的古老石头，为该地区曾是全球贸易中心的观点提供了充足的论据。

图雷达堡（Turaida Castle）玫瑰色的高塔和塞西斯城堡（Cesis Castle）的灰色石头尖顶将丰富的中世纪历史娓娓道来。在锡古尔达（Sigulda），我第一次看到了苏联遗迹——许多公寓房和奇怪、狭窄的水泥围墙。如果是在城市里，这样的建筑还可以因为土地有限而勉强说得过去，但是在深绿色环绕的森林中，难免会让人感到十分突兀。

苏联雪橇队曾经在锡古尔达训练，并摘得包括奥运会在内的诸多国际比赛冠军。然而，随着苏联解体，设施也都被废弃。如今，当地经营者在雪道上开展起了入门级的活动，同时提供各式雪橇。

在高低起伏的道路上颠簸了好一阵，我终于和一位朋友的朋友在他常去的桑拿房（pirts）碰了面。与芬兰人一样，爱沙尼亚人和立陶宛人也拥有精致而狂热的桑拿文化，并且绝没有其他西方国家那样的习惯性内敛。

在一阵热情的握手过后，我的这位新朋友立刻脱光了衣服，面朝上躺在池畔桑拿房的桦木薄板上。我自然也随之照做。接着桑拿房主人——一位年长的妇女——迅速捧着一把树枝和干花走进房内，开始了一系列如同精心设计的舞蹈般的步骤。她先朝着空中挥舞树枝以增加湿度，然后用花环轻拂我们的身体以打开毛孔。在这个环节持续15分钟之后，我被抓着胳膊扔到门外冰冷的小湖里浸泡。接下来是打肥皂、冲洗身体，最后再用一杯伏特加和腌制肉类安抚肠胃。到傍晚时，我已经完全体验到波罗的海生活方式的个中滋味，这才准备继续我的旅程。

树木如同高傲的战士般立于道路两旁，看似清凉的深色湖泊不时在附近露个脸。突然之间，波澜壮阔的波罗的海就

利加特内地堡

在拉脱维亚的松林中，有最引人注目的苏联时代遗迹之一，令这片土地多了几分反乌托邦的色彩。利加特内地堡（Ligatne Bunker）是21世纪初在一处疗养所地下室发现的核庇护所，旨在为苏联高级官员提供防护。这里自20世纪80年代以来一直保持着原样：墙上挂的宣传标语、控制室的各种手柄以及为高级指挥官准备的单人床。

“科尔卡附近区域在苏联时期严格禁止外人进入，你会在这里感觉到时光的凝滞。”

跨页图片：塔林五彩缤纷的建筑外立面；右页图片：波罗的海的碧海蓝天；本页图片：从主教座堂山（Toompea Hill）上看到的塔林天际线；189页图片：高亚河边的图雷达堡

出现在了眼前。在海滨度假胜地尤尔马拉（Jurmala），木屋建筑和艺术风情让新旧世界之间的过渡显得更加自然。在夏季，海滩上满是来此一日游的里加人。但是在其他季节，这个度假小镇就略显冷清，所谓的疗养院如同搁浅的游船一样孤立在海岸边。

接着拉脱维亚的海岸线转了个弯，前往波罗的海与里加湾交汇处的科尔卡（Kolka）。深蓝色海水与海湾清水的交接处形成一道鲜明的线条，在海蚀柱上清晰可见。在苏联时期，这片区域严格禁止外界人士进入，因此你会在这里感到时光的凝滞，岸边的战时水泥哨塔也就显得不足为奇。

科尔卡岬角（Cape of Kolka）是利夫人（Livs）或称利沃尼亚人（Livonians）的原住民土地。他们是最古老的地区部落之一，守卫自己的领土不受传说中凶残的维京人的侵扰。如今，只有少数几个利夫部落留存，会说利夫语言的本民族人甚至不到十个。他们在岸边的小屋和熏鱼棚里忙活时，海蓝色的眼珠一定会引起你的注意。

我就这样穿梭在海滨城镇之间，渐渐地，海岬的孤绝感被各种活动带来的热闹氛围所取代。在悠闲的帕维洛斯塔（Pavilosta），当地人身着橡胶潜水服，带着风筝冲浪板在波罗的海上劈波斩浪。而在略显破旧的利耶帕亚（Liepaja），旧式港口仓库里的俱乐部总会在夜晚传出狂欢的音乐。

接下来，这条路在立陶宛的边境到达终点。而此时，波罗的海标志性的松树也在瞬间消失无踪，眼前变成一片肃穆之景，仿佛就是自然中的苏联：一片荒漠。带有可爱木屋建筑的小型度假村出现在沙漠与海洋相接的地方，但是大片的沙丘却让人感觉似乎来到了撒哈拉深处。如此种种，不禁让我心生疑惑：波罗的海词汇中缺少“高山”，却有七个词语来指代“沙漠”，这两者到底哪一个更奇怪？ **文/布兰登·普雷瑟**

自驾指南

起点：爱沙尼亚塔林

终点：立陶宛尼达（Nida）

距离：589英里（948公里）

何时去：6月是最佳旅游月份，3个波罗的海国家在夏至前后都会举行纪念非基督教的庆祝活动；7月、8月和9月，海滨城镇依然游人如织。

推荐餐饮：塔林拥有许多时尚餐厅，不妨先从Must Puudel（“黑色贵宾犬”）开始；在里加，试试高端的Vincents，它率先尝试用其他食物取代常见的猪肉和土豆，让拉脱维亚在世界美食的地图上占据了一席之地。

带什么：城镇之间大部分地带都尚未开发，这些地方提供了天然的露营场地，因此你可以带上夏季安营扎寨的所有户外装备。

右页上图：晨曦中的圣米歇尔山；右页下图：南卡罗来纳州查尔斯顿的天际线

同类自驾线路

追溯战争历史

法国诺曼底和布列塔尼

与波罗的海原始松林中的古堡废墟和水泥公寓类似，诺曼底和布列塔尼诗情画意的海岸线上也林立着各种战时碉堡和庄严公墓。这条法国西北部的自驾线路囊括了大部分标志性的目的地，例如半山半岛的圣米歇尔山（Mont St-Michel），以及经典的布列塔尼风情城镇圣马洛（St-Malo）。该区域的历史可上溯至法国统一之前，但在以壮观潮汐和紫红色落霞闻名的岩石海岸，你依然能看见几处“二战”留下的巨大伤痕。

起点：卡昂

终点：圣马洛

距离：182英里（293公里）

美国南部

想更好地体验美国南部诸州风情，最适合的方式莫过于利用连接“梅森–迪克森分界线”（Mason-Dixon Line）以南大部分重要城市的艾森豪威尔州际高速公路。南卡罗来纳州查尔斯顿附近的萨姆特堡国家纪念地（Fort Sumter National Monument），或者马里兰州沙普斯堡（Sharpsburg）附近的安提坦国家战场（Antietam National Battlefield），都在提醒世人：美国是一个海纳百川的国家，是各种价值观、风俗、文化的大熔炉。弗吉尼亚州的里士满曾经是联邦首府，遍地都是讲述内战故事的遗址。不妨将终点设在宾夕法尼亚州的葛底斯堡（Gettysburg），这里不仅是亚伯拉罕·林肯在1863年发表著名演说的地方，也是美国南北战争的转折点——李将军（General Lee）正是在此第一次预见到，南方军队可能以失败告终。

起点：南卡罗来纳州查尔斯顿

终点：宾夕法尼亚州葛底斯堡

距离：660英里（1062公里）

苏格兰

苏格兰对英国邻居一直抱有强烈的分离主义和独立情结，这里的数十处废墟象征着数百年来苏格兰人民的自由抗争。驾车穿越苏格兰高地，除了可以饱览壮观风景，也能顺便了解这片土地上曾经发生的可歌可泣的故事。其中华莱士纪念碑（Wallace Monument）标志着对抗英格兰的苏格兰人首次大获全胜的地方——斯特灵桥（Stirling Bridge），这座狭窄的小桥曾在13世纪末将英格兰军队一分为二。此外，尽管一些历史记载的重要战场的所在地依然成谜，但格伦科（Glencoe）已然成为了热门景点，这多少得益于电影《007之天幕坠落》（*James Bond Skyfall*）的宣传。而对于前往斯凯岛（Isle of Skye）的勇敢的公路旅行者来说，因弗内斯（Inverness）附近的库洛登（Culloden）就是最实在的犒赏。

起点：斯特灵

终点：因弗内斯

距离：234英里（377公里）

克罗地亚的亚得里亚公路

沿克罗地亚海岸线修建的亚得里亚公路全长近400英里(643公里)，沿线分布着1185座岛屿，璀璨的文化财富和慢食传统让人大开眼界。

我与克罗地亚的初次相逢是在20年前的“Jadranska Magistrala”，也就是亚得里亚公路(Adriatic Hwy)。这条滨海高速公路从北方的里耶卡(Rijeka)发端，沿着海岸线一直南行至与黑山的交界处，途中经过近1200座岛屿，以及不计其数的葡萄园、联合国世界文化遗产、国家公园和橄榄树林。但当时我对此一无所知，一路上光顾着欣赏没完没了的海景。在那次旅行中，我驾驶着租来的黄色菲亚特汽车驰骋在柏油碎石的双车道上——它是欧洲E65道路的一部分，如今也已并入规模略逊一筹的克罗地亚D8国道。汽车行驶在狄那里克阿尔卑斯山脉(Dinaric Alps)之中，一边是峥嵘嶙峋的石灰岩悬崖，另一边则是波澜壮阔的大海。依山面海的地势，让这条公路带着阵阵禅意延向远方的天际线。不过，偶尔也会出现让人必须全神贯注的发卡弯，有时你还会主动减至一挡，以更好地欣赏下方沙滩上出现的彩色帆船。

在那些初为旅行记者的日子里，我对这份职业的浅薄理解，就是找一处隐秘的村庄，寻一方作者的天地，用一些特别的材料来打动尚未出现的编辑们。我期待着看见小船散落在鹅卵石沙滩上，湛蓝的亚得里亚海浪花拍打着饱经风霜的船尾，要是还能遇上带着咸味的渔夫们坐在阳光里一边修补渔网一边惬意地抽烟，就更好了。因此，当我不得不减慢速度，如同蜗牛般跟在一头驴子身后，看着牵着缰绳的男子催促这头驮着满筐葡萄的驴子前行，我就知道我来对了地方。

当然，这里不乏渔夫。每天我都会加入村民队伍去取两次水——从岩壁上的水管中接取山泉水，并灌满水壶。在那些深入体验当地风情的日子里，我了解到隐秘的海滩、洞窟，以及一些我从未想过能在这个独立不久的国家找到的活动。

对我而言，这里在过去的20年中并没有发生太多改变。每年我都会驾车行驶在亚得里亚公路上，既是出于职业需求，也是为了放松身心。只不过，现在的克罗地亚早已不再神秘。但与此同时，从许多方面来说，川流不息的游客也使得慢步游览的方式显得更加特别。

如今，时间有限的旅行者大多都直奔必游景点，唯有那些喜欢慢节奏深度游、愿意寻找地道当地体验的旅行者，才会有更多收获。

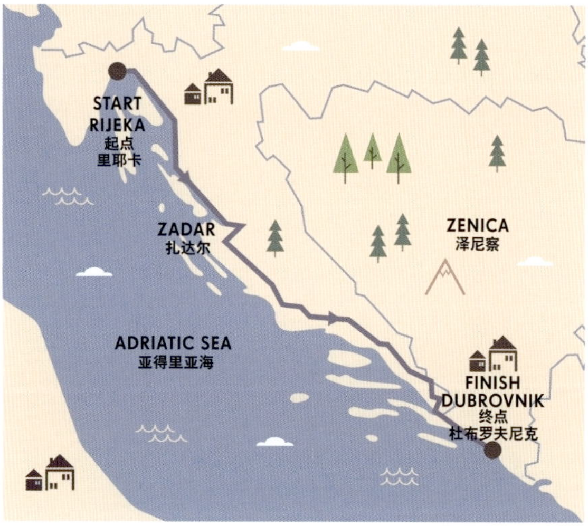

“沿着这条公路开车——摩托车会更棒——是体验克罗地亚多样性的绝佳方式。”AndAdventure（www.andadventure.com）的总经理韦塞卡·胡利奇（Veselka Huljic）表示。这家位于斯普利特（Split）的探险旅游机构提供各种固定线路和活动，包括海上皮划艇、徒步和骑行等。但是他们最擅长的，还是根据需求量身定制合适的团队游。“只有放弃固定行程，你才会真正理解这个底蕴深厚的国家，”胡利奇说道，“在海岸线上想停就停，欣赏无可比拟的迷人海景，前往岛上体验各种文化、公园、可口的食物以及葡萄酒。以这样的节奏游览，你就会慢慢在这个国家找到归属感。”

多年来，亚得里亚公路早已成为我了解这个国家底蕴和传统的终极工具，同时我也会把它推荐给前往这里的亲朋好友。

举个例子，这条公路串起了5座国家公园，每一座都能为你打开一扇领略海岸风情的窗口。北韦莱比特国家公园（Northern Velebit National Park）拥有壮观的海景，是徒步者前往韦莱比特山脉进行长线穿越的起点，这条穿越路线也是从斯洛文尼亚到马其顿的环巴尔干步道（trans-Balkan Via Dinarica）的其中一段。帕克莱尼采国家公园（Paklenica National Park）拥有纵横交错的陡峭峡谷，是声名远扬的登山目的地。克尔卡（Krka）国家公园可让游客欣赏到欧洲最美丽的瀑布群，岛屿上的科纳提（Kornati）和姆列特（Mljet）国家公园则会给旅行者带来海岸特有的与世隔绝感。公路两边还有四处联合国教科文组织世界遗产：西贝尼克（Šibenik）的圣詹姆斯大教堂、历史悠久的小镇特罗吉尔（Trogir）、斯普利特的戴克里先宫（Diocletian’s Palace），以及杜布罗夫尼克（Dubrovnik）城墙围出的老城。所有这些景点都能让旅行者更加深入地了解亚得里亚的历史。此外，沿途还有数量众多的古罗马和古希腊遗址，路过此处，看见人们在古老的建筑顶上乱转的场景简直稀松平常。其中的扎达尔城（Zadar）就是一座露天博物馆，最初的罗马广场和街道如今仍在被人们使用。

“这条公路串起了五处联合国教科文组织世界遗产，其中还不包括各种古罗马和古希腊遗迹。”

对于那些冲着传说中的美食前往克罗地亚的旅行者而

言，亚得里亚公路无异于一个源源不断供应珍馐的大食堂。位于达尔马提亚（Dalmatia）北部的帕格岛（Pag），堪称这个国家的羊奶酪之都，专门生产赫赫有名的帕格芝士（paški sir），混合着一种动物吃的咸草和香草的风味。接下来你会经过波塞达列村（Posedarje），这里的风干火腿（pršut）同样远近闻名。继续向南，来到佩列沙茨半岛（Pelješac Peninsula），你可以在这里好好享用一餐，尝尝刚从海湾中捞起来的生蚝，再搭配上由当地特有的普拉瓦茨马里（plavac mali）葡萄酿造的高品质红葡萄酒。

20年前，当我离开亚得里亚公路并归还了租来的黄色菲亚特之后，脑海中的味道、风景和字迹潦草到难以辨认的笔记，都让我对这里久久难以释怀。我已经不记得那时自己将旅游文章投给了哪家刊物，不过毫无疑问，这就是我作者生涯的起点。更重要的是，这次自驾之旅彻底改变了我作为一个旅行者的旅行方式。　**文／亚历克斯·茨瓦雷尔**

给自己加油

忘掉汽油吧，它不过是亚得里亚公路上让汽车发动机保持运转的液体，以及让你有机会享受饕餮大餐的基础。在道路沿线，你会遇到各种销售自酿葡萄酒、拉基亚（rakia；一种水果白兰地）、橄榄油和蜂蜜的路边摊。你当然可以购买贴有标签的漂亮玻璃容器装着的精致版本，不过要是遇到塑料瓶装的乡村版本，千万不要犹豫，它们大概是你在地球上能品尝到的最新鲜美味的产品了。

左页左上：帕格岛上的羊群；左页左下：克罗地亚滨海公路；左页右图：俯瞰杜布罗夫尼克；本页图片：普洛祖拉（Prožura）的当地人；195页图片：杜布罗夫尼克北部美丽的马卡尔斯卡海滨（Makarska Riviera）

自驾指南

起点：里耶卡

终点：杜布罗夫尼克

距离：368英里（593公里）

到达：从内陆首都萨格勒布（Zagreb）进出，然后驾车或乘坐巴士前往里耶卡。

何时去：避开旺季人流，选择在5月至6月和9月至10月的平季前往。

驾驶方向：由北向南，夕阳和克罗地亚全部1185个岛屿都在你右边。

推荐住宿：沿途有众多酒店和民宿，后者有相应标识和“sobe”（房间）字样。

交通规则：了解克罗地亚具体法律以及寻求道路救援，可浏览克罗地亚汽车俱乐部网站（www.hak.hr）。

右页上图：巴塞罗那兰布拉大道（La Rambla）；右页右下：西班牙公牛广告牌；右页左下：加塔角（Cabo de Gata）公园

同类自驾线路
海滨线路

葡萄牙阿连特茹与阿尔加维海滩

葡萄牙南部海岸有一些令人流连忘返的海滩，这里的空气中都弥漫着松树、迷迭香、葡萄酒和烤鱼的香味。因此，这里还有可以征服的巨波大浪、悠久的航海历史，以及激动人心的野生动物观赏等活动。此次自驾线路会经过该地区首屈一指的海滩，包括阿尔热祖尔（Aljezur）附近背靠狂野沙丘的阿莫雷拉海滩（Praia da Amoreira），在远处绵延的白沙滩瓦莱菲盖拉海滩（Praia de Vale Figueira），以及在前往法鲁（Faro）路上、长达4英里（6公里）的法莱斯亚海滩（Praia da Falésia）。此外，你还可以探索多个魅力小镇，尤其是古老的阿尔热祖尔、偏安一隅的萨格里什（Sagres）、游客云集的拉古什（Lagos），以及阿尔加维地区的首府法鲁（Faro）。

起点：米尔丰特什新镇（Vila Nova de Milfontes）

终点：卡塞拉旧城（Cacela Velha）

距离：225英里（360公里）

西班牙地中海闲游

从多拉达海岸（Costa Daurada）到太阳海岸（Costa del Sol），从西切斯（Sitges）加泰罗尼亚的骄傲到阿尔梅利亚（Almeria）安达卢西亚的热情，从塔拉戈纳（Tarragona）的罗马遗址到巴塞罗那的现代主义风格建筑——这条线路足以说明，西班牙南部并非都是流于庸俗的游客海滩。沿着A7公路从文化中心马拉加（Malaga）向东北驱车行驶680英里（1095公里），穿过使用2种语言的4个地区，以及巴塞罗那、瓦伦西亚、马拉加等喧嚣的都市中心，当然还有不计其数的海滩。罗马遗址、重量级艺术展馆和盛大的节庆都处在这条文化海岸线上。在狂野的加塔角，你还能感受如同未经开发的太阳海岸一样的风情。

起点：马拉加

终点：巴塞罗那

距离：680英里（1095公里）

美国佛罗里达州1号公路

这条史诗级滨海线路会经过无数海滩和各种历史景点，最终在时尚的迈阿密画上圆满的句号。从阿米莉亚岛（Amelia Island）的港口启程，用车轮来丈量佛罗里达海岸，你会深刻感受到这片“阳光之州”的精华。在圣奥古斯丁（St Augustine），你会找到西班牙人于1565年在美洲建立的第一个永久定居点；肯尼迪航天中心（Kennedy Space Center）的游客设施会让孩子们乐不思蜀；历史爱好者会钟情于乔治堡岛（Fort George Island）上记录奴隶制历史的金斯利种植园（Kingsley Plantation）；最后，还有充满拉丁风情的迈阿密。如此种种，再加上所有的海滩，你一定会常常想要踩下刹车。

起点：阿米莉亚岛

终点：迈阿密海滩

距离：475英里（764公里）

德国黑森林大道

层峦叠嶂，林海茫茫，穿梭其中的黑森林大道坡陡弯多却风景瑰丽，美得仿佛是《格林童话》中的场景。

眼前的景象就像是圣诞卡片上的画面变成了现实：一晚上的皑皑大雪将黑森林（Schwarzwald）高耸的山峰染得须发皆白，其中一些高度达到了海拔1400米。霜冻的冷杉在晨曦中光彩毕露，一些枝条被积雪压弯了腰。峡谷里，童话般的村庄紧紧围绕在教堂的高塔下，斜屋顶上铺着木瓦垄的农舍村屋炊烟袅袅。清晨的黑森林大道（Schwarzwaldhochstrasse; Black Forest High Road）难觅人踪——但这是在德国，不用担心道路不能通行，在人们还沉浸于梦乡时，早已有人驾驶着扫雪机清理出道路。

在所有穿越黑森林的道路中，编号为B500的黑森林大道被认为是风景最优美的一条——这种观点不无道理。这条路上有着让人叹为观止的景致，以及无穷无尽的急弯和弯道。作为德国最古老的景观大道，公路从漂亮的温泉小镇巴登-巴登（Baden-Baden）出发，在37英里（60公里）后爬升至弗罗伊登施塔特（Freudenstadt），途中穿越林木茂盛的黑森林国家公园（Black Forest National Park）核心地带。当你行驶在海拔600米至1000米的高度之间时，黑森林的美景就会如立体书一般呈现在你眼前。在每一个需要减速的弯道，你都会见到云杉森林，还有睡前故事中才有的各种场景：一个姜饼村庄、一片有古堡屹立的山坡，以及和房子一样大的布谷鸟钟。晴朗的日子里，还可以在观景台远眺上莱茵平原（Upper Rhine Plain）和邻居法国境内的孚日山脉（Vosges Mountains），而你所处的位置，其实也是这座山脉的一部分。

我选择在一个清爽的冬日进行这次公路旅行，沿途的畅通与交通拥堵的高速公路形成了鲜明的对比。在这里，路上的车辆少之又少，一切几乎都是寂静的。路边有许多观景台和步道小径，才走出去短短几分钟，我就发现自己已然身处高大冷杉和松树组成的森林里，清风拂过，还有树上的雪花星星点点飘落。竖起耳朵仔细聆听，我唯一能听到的，就是啄木

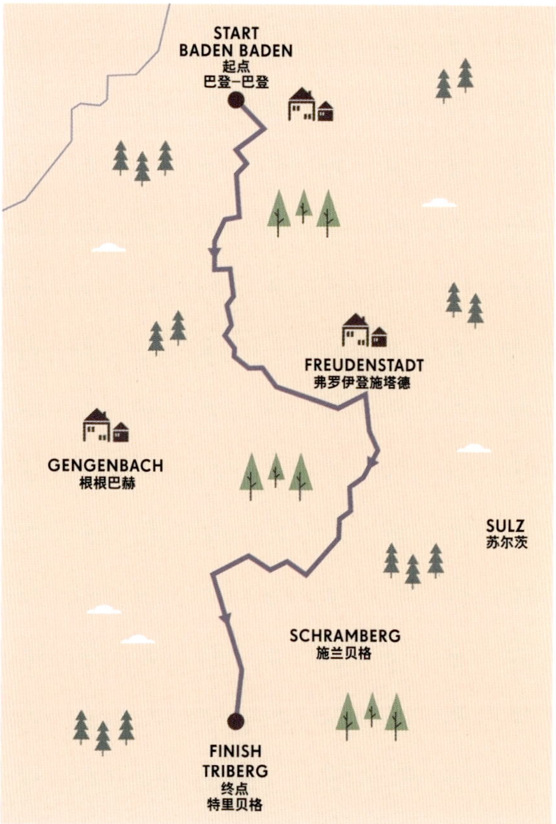

鸟的啄木之音。

黑森林交通便捷，适合亲子旅行，但同时也不乏地广人稀的荒野之感。有些人将其比作微缩版的加拿大（除了没有熊），这并无不妥。黑森林在全年任何时候都适合前往：春季万物生长，夏季石楠盛放，秋天树林金黄，蘑菇在青苔遍地的林间空地冒出脑袋——但我认为色彩单调的隆冬才最显可爱。初雪将西至法国、南达瑞士的群山银装素裹，只有在那时，你才会真正理解黑森林名字的由来：暗色的山峦上，树木高耸密集，看上去就似一片无法通行的黑幕。

这片南北长100英里（160公里）、东西宽37英里（60公里）的黑森林，不仅会呈现出你孩提时代梦寐以求的德国风景，而且还有许多精彩的公路旅行线路，其中许多都很适合在周末慢慢游览。

黑森林大道两边的主要景点都是自然风光，例如我的第一站：格罗尔德瑟瀑布（Geroldsauer Wasserfall）。在瀑布后面，一条小路蜿蜒穿过森林通往Waldgaststätte Bütthof，那是一家温馨、热情且富有当地特色的小酒馆，可以品尝到香气四溢的热饮葡萄酒（Glühwein），以及厚面包片配烟熏黑森林火腿（Schwarzwälder Schinken）。不妨在这里先填饱肚子，然后回到公路上，专心欣赏沿途的茂密森林、高地沼泽以及平缓的圆丘。

“才走出去短短几分钟，我就发现自己已然身处高大冷杉和松树组成的树林里，我唯一能听到的，就是啄木鸟的啄木之音。”

我一边欣赏收音机里传出的民谣（Volksmusik），一边继续驾车驶往蒙梅尔湖（Mummelsee）。这座森林环绕的冰斗湖充满了各种当地传说，据说湖水深处生活着一位国王和无数仙女。从蒙梅尔湖出发，步行不远就可登上北黑森林最高的霍尼斯格林德峰（Hornisgrinde；海拔1164米）。整片高原都十分安静，除了偶尔一闪而过消失在白色森林中的越野滑雪者。当我登临顶峰时，已是日近黄昏，我凝视着山下的层峦叠嶂，它们在夕阳下的剪影就如同一堆燃烧后的灰烬。

在湖畔质朴别致的蒙梅尔湖山区酒店（Berghotel Mummelsee）过了一晚之后，黎明带来了又一次晨曦。上午的行程相对比较轻松：探访悬于峭壁上白练道道的万圣（Allerheiligen）瀑布群。这里有一条很短的小径，能通往一处林木茂密的峡谷，里面有一座已被废弃的哥特式修道院，中庭直接暴露在苍穹之下。接下来的道路带我穿越了被1999年的“洛塔尔”（Lothar）飓风破坏、又重新栽育的林地——

当时这场激烈的风暴以高达每小时100英里（160公里）的速度横扫黑森林地区，将大量树木夷为平地。

官方定义上的公路终点在弗罗伊登施塔特，这里有德国最大的城镇广场（据记录为长219米、宽216米），但我仍然感觉意犹未尽。由于在“二战”中遭到了狂轰滥炸，这座小镇显然缺乏其他黑森林城镇所具有的那种魅力。因此我继续驱车向南，又用了几天逛了逛马蹄形的金齐希山谷（Kinzig Valley）。峡谷里散布着半木结构、糖果色的村庄，例如希尔塔赫（Schiltach）、豪萨赫（Hausach）和根根巴赫（Gengenbach）等，一个赛一个的漂亮。

从金齐希山谷出发，B33公路经过城堡高耸的霍恩贝格（Hornberg）前往特里贝格（Triberg）。特里贝格有德国最高的瀑布之一，以及目前世界上最大的布谷钟。这段后续的行程可谓名副其实的锦上添花，其中最让我魂牵梦萦的是沙弗咖啡馆（Cafe Schafer），那里从1915年就开始制作远近闻名的黑森林蛋糕（Schwarzwälder Kirschtorte）。“烘焙优质的奶油蛋糕其实并不复杂，但它需要时间、耐心和新鲜的食材。”当我将蛋糕送入口中，让它在舌尖上慢慢融化时，克劳斯·沙弗（Claus Schafer）这样对我说。的确，每一口都充满了深沉、黑暗和美味的感觉，就像与之同名的这个地方一样。　文/凯瑞·克里斯蒂亚尼

黑森林美食明星

从弗罗伊登施塔特北行4英里（6公里）即可到达拜尔斯布隆（Baiersbronn）。这个小村只有不到1.6万居民，却不可思议地拥有8家米其林星级餐厅，包括2家三星餐厅。在Schwarzwaldstube餐厅，主厨哈拉尔德·沃尔法特（Harald Wohlfahrt）会施展神奇的厨艺，同时又让食物不失法式烹饪的传统特色。而Restaurant Bareiss餐厅里，主厨克劳斯－彼特·伦普（Claus-Peter Lumpp）出色的时令菜单总会受到无数追捧。

左页左上：希尔塔赫的半木结构房屋；左页左下：该地区的钟表制造业远近闻名；左页右图：在沃尔法赫（Wolfach）附近的林中空地稍事休整；本页图片：古塔赫（Gutach）附近的葱郁峡谷；201页图片：黑森林地区的层峦叠嶂

自驾指南

起点： 巴登－巴登

终点： 特里贝格

距离： 黑森林大道全程37英里（60公里），加上去金齐希河谷和特里贝格的路程共75英里（121公里）

到达： 最近的机场是卡尔斯鲁厄/巴登－巴登（www.airport-baden-baden.com）。

何时去： 线路全年通行，但是在出发前最好先查看天气情况。冬季要做好迎接降雪的准备，带上防滑链和冬季轮胎。

更多信息： 了解景点、酒店和餐厅的详细信息，可浏览www.schwarzwaldhochstrasse.de，了解其他信息，可浏览www.blackforest-tourism.com。

游客中心： 黑森林国家公园（www.schwarzwald-nationalpark.de）游客中心在B500上的塞巴赫（Seebach），可在此停车获取地图和实用信息。

右页图片：在被列入世界文化遗产的挪威盖朗厄尔峡湾驰骋

同类自驾线路
高山穿越

奥地利大格洛克纳山公路

大格洛克纳山公路（Grossglockner Road）通常被认为是阿尔卑斯山区最好的公路。全长30英里（48公里）高低起伏的道路，最不缺少的就是瑰丽壮观的风景，包括冰川雕凿的群山、飞流直下的瀑布、林木茂密的山坡、透彻清澄的湖泊，以及几乎在每个弯道都会映入眼帘的海拔4000米高峰。那弯道可真险！你一定会对在这条道路上挑战一个又一个发卡弯的自行车车手们钢铁般的意志感慨万分。随着你爬升得更高，到了埃德尔魏斯隘口（Edelweiss Spitze；海拔2571米），经典的阿尔卑斯风景就开始与你擦肩而过。其中最精彩的部分当属"大锤"外形的大格洛克纳山本身，这座海拔3798米的山峰是奥地利最高峰，下面还有在迅速消退的帕斯泰岑冰川（Pasterze Glacier）。只要天气允许，这条路从5月初到11月初开放通行，出发前可以先确认一下。

起点/终点：萨尔茨堡州布鲁克（Bruck）

距离：60英里（96公里）

瑞士富尔卡山口

对于狂热的高山自行车手而言，瑞士的富尔卡山口（Furka Pass）是必经考验之一。同时，因为电影《007之金手指》中阿斯顿·马丁和福特野马的精彩竞速镜头，这里也成了自驾爱好者们检验车技的绝佳路段。这是一条让人叹为观止的阿尔卑斯山口路段，拥有一些桀骜不驯的发卡弯，沿途还有白雪皑皑的山峰，直接通往海拔2431米的超凡脱俗的高原地带。在贝尔韦德雷酒店（Hotel Belvedere）停车，看看因正在消融而出现深邃裂痕的隆河冰川（Rhone Glacier），以及闪闪发光的蓝色冰窟。相信我们，在行驶过程中遇到降雪是一件很可怕的事情，道路在冬季也会禁止通行，因此最好选择气候适宜的仲夏前往。还可以多预留出几天，以便探访风景如画的戈姆斯峡谷（Goms Valley）。

起点：瓦莱州格莱奇（Gletsch）

终点：乌里州雷阿尔卑（Realp）

距离：19英里（31公里）

挪威盖朗厄尔——精灵之路

心脏不好的人或恐高症患者请绕行。这条挪威国家旅游线路（63号公路；Rd 63）属于自虐级线路，平均坡度达到9%的陡峭斜坡、让人手忙脚乱的发卡弯以及让人忍不住停车拍照的美丽风景，都使这段路上的车速普遍慢得可怕。但这段"精灵之路"（Trollstigen）也会让你充分体验到挪威的迷人：这里有颇为神秘地以Kongen（"国王"）和Dronnigen（"王后"）命名的群山，从陡峭悬崖上飞流直下的瀑布，还有蓝得无以言表的深邃峡湾。线路上最大的亮点当属被列入联合国世界文化遗产的盖朗厄尔峡湾（Geirangerfjord），它从葱郁的山坡上蜿蜒流过，上方就是白雪皑皑的峰顶。如果有胆量，不妨试试自驾这条线路，但记得一定要挑个晴天——虽然道路在5月中旬至10月期间开放，但降雪或潮湿的天气里可能会临时禁止通行。

起点：朗厄湖（Langevatn）

终点：索格桥（Sogge Bru）

距离：64英里（104公里）

在意大利追寻塔格·佛罗热大赛赛道

在出现专业赛车场之前，汽车竞速都是在公共道路上举办的，
但没有哪条环形公路赛道能与意大利的这条相媲美。

右页这张照片拍摄于1970年，我毫不费力地就认出了它的拍摄地点是在坎波费利切迪罗切拉（Campofelice di Roccella）。这座滨海小镇位于西西里岛北岸，从巴勒莫（Palermo）出发可以轻松到达。那儿有一片长长的海滩、一座著名的教堂、一间建于14世纪的古堡，希姆拉（Himera）古希腊遗址也位于附近。而照片上是小镇的街道，我一眼就认出了上面的建筑阳台，甚至还能想象到，那年镇上的居民们挤满了街道两旁，向着街道中央兴高采烈地挥舞双臂，竭尽全力为一位巴勒莫当地教师呐喊助威。那是5月的某个星期日，当时发生的事情，许多当地人至今仍记忆犹新。

这位正飞驰而来的教师名叫尼诺·瓦卡雷拉（Nino Vaccarella），他的座驾是一辆亮红色的600马力的法拉利512S——这时他已经处于塔格·佛罗热（Targa Florio）公路赛的第一梯队。虽然他在当年的赛事中未能夺魁，但次年他再次参赛，1975年终于在第三次比赛中摘得桂冠。这张1970年的照片充分展现了西西里汽车公路赛如此受欢迎的原因：无可比拟的环境、热情洋溢的当地人以及赛事中涌现出的种种不可能。很难想象，当赛车呼啸而过时，人们就那么毫无防护地站在路边。

然而，从1906年到1977年，这一世界上最古老的赛车活动的确就是这样举办的。最初，比赛线路是环绕整个西西里岛，后来也加入过其他线路，但是从1951年开始，比赛正式启用马多涅山小赛道（Circuito Piccolo delle Madonie）。马多涅山（Madonie）是西西里岛上最主要的山脉，因此这条赛道实际上是在群山间穿梭，尽管道路不长，却拥有超过700个弯道。想要赢得塔格·佛罗热大赛的冠军，你就得在这条赛道上行驶11圈。虽然沿着海岸通往巴勒莫的长直路段能让瓦卡雷拉先生将他的法拉利油门踩到底，但由于进入山区之后公路弯道不计其数，即使车速再快，绕圈的平均时速也不会超过80英里（129公里）。

如今尼诺·瓦卡雷拉已经年逾八旬，依然会带着自己鼎盛时期的座驾参加一些纪念性赛事。作为车手，他参加过众多一级方程式大奖赛，但他始终对跑车情有独钟，而比赛则能让他摆脱看似单调的日常工作：讲授会计课程。他在任何

114

类型的赛事中都获过奖，包括勒芒24小时耐力赛（Le Mans 24-Hour-Race），但人们总是最爱提起他在塔格·佛罗热大赛上的表现。1966年，他驾驶的法拉利撞到了路边的墙上，从而被迫退出比赛，没想到后来人们竟在那堵墙上喷上了“Viva Nino”（尼诺万岁）的涂鸦。

从坎波费利切迪罗切拉出发，我循着那张令人回味的汽车赛事照片继续前行。沿着海岸线驱车6英里（10公里）后，赛道向左急转并开始爬坡——道路变得蜿蜒曲折——从海平面一直通往海拔272米的小镇切尔达（Cerda），即塔格·佛罗热大赛的起点和终点。在这样一条狭窄多弯的道路上，想要所有赛车同时发车无异于天方夜谭，于是和马恩岛（Isle of Man）的山路巡回赛摩托车赛道一样，所有参赛车辆陆续发车，中间间隔15秒。发令时的场景相当混乱，而且即使他们并非同时启程，赛道上的角逐也会很快变得异常激烈。昔日的起跑线边依然能看到计时牌，汽车厂商也仍然喜欢将最新产品带到这里来测试性能。让人心醉神迷的田园风光和风景如画的汽车赛道无疑更是让人难以忘怀。

仿佛是觉得这还不够虐心，从切尔达出发不久，连续不断的发卡弯就接踵而至，到海拔635米处被称为“秃鹰之城”（Fortress of Vultures）的卡尔塔武图罗（Caltavuturo）才得以消停。至此，从海边出发一路向南的赛道开始转向北方，穿

舌尖上的西西里

从科莱萨诺步行没多远，即可到达Casale Drinzi，这里有一家知名的慢食餐厅，菜单上特别供应有马多涅山区的特色菜肴，晚上还有比萨。如果你喝了太多西西里葡萄酒，有些晕晕乎乎，这里还能为你提供含餐房间（B&B）。而有了美食、好酒、建筑、老教堂、历史和漂亮的西西里山景的陪衬，赛车活动就显得更加有趣迷人。

跨页图片：小镇科莱萨诺；右页图片：巴勒莫中部；本页图片：西西里的蒙德罗（Mondello）海滩；207页图片：路易吉·塔拉马佐（Luigi Tarramazzo）的法拉利250GTO正在塔格·佛罗热大赛中过弯

过海拔468米的希拉托（Scillato）和科莱萨诺（Collesano），最后下降到海边。科莱萨诺是希腊和阿拉伯文化的交汇之地，这里有一座诺曼风格的城堡遗址，以及各种趣味盎然的教堂。此外，官方设立的塔格·佛罗热博物馆也在此处，馆内还展出着历年折桂赛车的模型。

“Targa”的意思是“奖牌”，而这一大赛的奖牌，就是由温琴佐·佛罗热（Vincenzo Florio）出资颁发。这位富有的西西里商人靠葡萄酒生意发家，同时也是狂热的赛车爱好者。如今，这个名字仍会出现在一年一度环澳大利亚岛屿的塔格·塔斯马尼亚大赛（Targa Tasmania），在洛杉矶罗迪欧大道（Rodeo Drive）或伦敦切尔西的国王大道（King's Rd）上驰骋的每一辆保时捷911 Targa上。保时捷是塔格·佛罗热大赛的常客，历史上曾经11次赢得冠军——虽然这个成绩只比阿尔法·罗密欧（Alfa Romeo）多出一次。

在塔格·佛罗热大赛仍在举办的日子里，赛车手们经常会趁道路日常开放通行的时候在此练车，而且躲避路上的驴子也是行驶其中的一大乐趣。但是由于需要熟记于心的弯道数量实在太多，平常的练习显然只是杯水车薪。虽然今天的马多涅山小赛道已不再用于比赛，但它仍不失自驾魅力。你可以尝试跑一跑，但对于每圈不到34分钟的赛事记录，就不必痴心妄想了。谷歌地图的建议行程时间是2小时7分，换算下来平均速度只有每小时20英里（35公里）。考虑到沿途700处急弯、转向、发卡弯和各种爬坡、下坡……恐怕这真的已经是力所能及的最快速度了。　文/托尼·惠勒

“在塔格·佛罗热大赛仍在举办的日子里，赛车手们经常会趁道路日常开放通行的时候在此练车，毛驴也是路上的常客。”

自驾指南

起点/终点：西西里岛切尔达

距离：45英里（72公里），不过都是百转千回的上山路或是发卡弯组成的下山道。只有海岸线边上的5英里（8公里）在道路封闭的情况下可以开到时速200英里（322公里）

到达：西西里岛的首府巴勒莫位于切尔达以西31英里（50公里）处，有往返欧洲各地的定期航班，以及频繁来往于其他意大利港口的渡轮。

何时去：避开夏天的人群或者尽量赶早，推荐在黎明破晓时、享用早餐前先去跑上一圈。

关于车辆：一辆保时捷或者阿尔法·罗密欧是最适合不过的了，但是在意大利，只要和极速竞赛有关，找一辆法拉利准没错。

推荐住宿：海岸边或山村里有许多出众的小旅馆。

右页图片：2015年一千英里拉力赛（Mille Miglia）中的一辆1922年的菲亚特501 S

同类自驾线路

赛事线路

美国炮弹飞车之旅

1973年爆发的石油危机迫使美国紧急出台了一则节能限速令：汽车行驶速度不得超出时速55英里。显然，布洛克·耶茨（Brock Yates）早就预料到了这一天的到来，因此提前发起了名为“炮弹飞车”（Cannonball Run）的“海岸至海岸纪念奖杯冲刺赛”（Sea-To-Shining-Sea Memorial Trophy Dash）。规则非常简单：在比赛启程日当天的任意时间从曼哈顿的红球停车场（Red Ball Garage）出发，驾车前往洛杉矶国际机场南边不远处雷东多海滩（Redondo Beach）的波托菲诺酒店（Portofino Inn）。而耶茨先生本人就于1971年，在一级方程式车手兼勒芒24小时耐力赛冠军达恩·葛尼（Dan Gurney）的帮助下，在36小时内完成了这段旅程，平均时速达到80英里（129公里），其间只有因为落基山脉的降雪而稍稍放慢速度。整个过程中只吃了一张超速罚单——当时的时速达到了135英里（217公里）。如今这一赛程的最好记录为不到29个小时。

起点：曼哈顿

终点：太平洋

距离：2863英里（4608公里）

英国曼岛斯纳费尔山区赛道

1907年，世界上历史最悠久的摩托车赛开始在斯纳费尔山区赛道（Snaefell Mountain Course）举办。这条赛道举办过汽车和自行车赛，不过最著名的还是“旅行者杯”（Tourist Trophy）摩托车大奖赛，也叫曼岛TT摩托车大赛。从5月底到6月初，公路都会因为举办“旅行者杯”比赛而封闭，但是其他时间你都可以来此尝试一番。从爱尔兰海小岛的首府道格拉斯（Douglas）出发，沿着公路穿过一座座美丽的小村庄，攀上海拔422米的斯纳费尔山，最后顺着盘山道返回道格拉斯。当前赛事的最高纪录是单圈平均时速134英里（216公里），但你别急着去打破——除了来往车速都非常快以外，这条山路本身也非常危险。那些路缘的石墙就意味着，一旦冲出公路，后果不堪设想：已经有250多位赛车手因此不幸殒命。

起点/终点：马恩岛道格拉斯

距离：38英里（61公里）

意大利一千英里拉力赛

从意大利北部的布雷西亚（Brescia）出发，向南前往罗马，最后再返回布雷西亚，“一千英里拉力赛”可谓名副其实的千里之遥。这项赛事从1927年举办至1957年，吸引了多达500万观众到场助威，而其最终停办的原因也让人大跌眼镜——因为观众的死亡人数甚至超过了赛车手。最经典的夺冠过程出现在1955年，当时英国车手斯特林·莫斯（Stirling Moss）驾驶着梅赛德斯–奔驰300SLR勇夺桂冠。他的搭档——后来成为著名赛车记者“Jenks”的丹尼斯·詹金森（Denis Jenkinson），能够及时发出各种驾驶指令，准确得如同一台真人卫星导航仪。他们的平均时速达到了接近100英里（161公里），而且这一纪录从未被打破。如今，这条赛道上每年仍会举办汽车拉力赛，不过参赛车辆必须产于1957年或更早，从某种意义上保证了这一赛事的延续性。

起点/终点：布雷西亚

距离：1000英里（1609公里）

北爱尔兰贝尔法斯特环线

虽然常常被爱尔兰共和国远近闻名的悬崖和湖泊的光芒所掩盖，
但北爱尔兰这片遗世独立的海岸，也许正是短暂逃离贝尔法斯特都市喧嚣的好去处。

“这是我们今天的特色优选，”服务员说道，将瓷盘推到桌上，“我们捕获的鲽鱼通常都会出口到葡萄牙或西班牙，但是我们会留下其中品质最佳的鱼提供给客人享用。”于是我轻轻地叉了一块白色的鱼肉，蘸了一些橄榄酱后送上舌尖。午餐过后，我赤脚站在沙滩上，任由清澈翻滚的浪花向我袭来——此时的感觉竟然与享用午餐时极其相似。

我得揉揉眼睛清醒一下。眼前是开阔的海滩，到处都是游泳的人，海水也清澈得如同加勒比海一般。但我可不是在热带岛屿上——这里是北爱尔兰北部斯图尔特港（Portstewart）的公共海滩。晴朗无云的天气看上去并不像是什么偶然事件，我对这个地方的印象也随之彻底扭转，以往脑海中的褐色和灰色全部变为眼前青绿交织的生动色彩。

我想在许多人看来，到了这座有着都铎风格联排住宅的海滨小镇，就意味着贝尔法斯特北部海岸道路一日游的结束。但是，就在我疯狂舔着手中的蜂窝状冰激凌，以免它融化在夏天的热浪中时，我发现自己竟十分享受这种不长不短的公路之旅。

从贝尔法斯特出发的“滨海堤道线路”（Causeway Coastal Route）是一条能够在一天时间里轻松游玩的环线，并且可以通往景点“巨人堤道”（Giant’s Causeway）——线路得名正源于此。那是一处联合国教科文组织认定的世界遗产，由一堆神秘的六角形巨石组成，沿着这条滨海道路开上大约2小时即到。

然而，在一路驱车前行中，我渐渐意识到，要到达预定目的地，绝不是短短几个小时的事。尽管多年来在社交媒体上看到的“巨人堤道”的照片让我迫不及待，但滨海道路上的

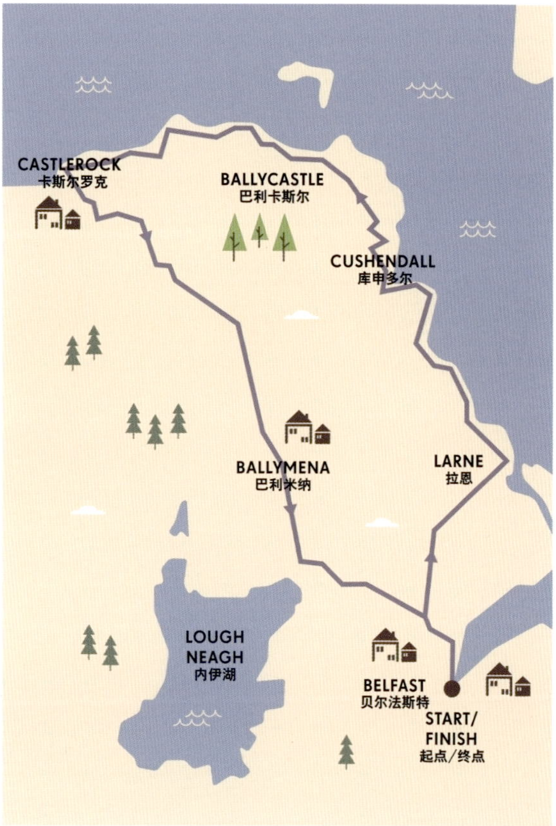

"路边的标识显示附近还有一处'黑暗树篱'——这是阿尔斯特郡的诸多天坑之一，因《权力的游戏》而广为人知。"

每一处风景都足以诱使我驶离道路，停车游览。我想竭力抵御诱惑，但是好几次都没能忍住。

车过拉恩（Larne）之后，如同堡垒城墙一般的石崖峭壁在海边绵延将近100英里（160公里），中间仅有9处断开，形成了一道道绿痕似的深峡幽谷。它们并称为安特利姆峡谷（Glens of Antrim），彼此都独具个性和氛围，再加上北大西洋天气喜怒无常，很可能在前一个村庄还是浓雾笼罩，到下一个就已然阳光普照。而这种奇妙的景观，也令这里显得越发引人入胜。

我在格莱纳姆（Glenarm）停车，游览了一番这个保存完好的古村，随后又去了卡恩拉夫（Carnlough），在风景如画的海港里享用了一顿美味的午餐。而在格莱纳里夫（Glenariff），我还沿着栈道走进了郁郁葱葱的沼泽森林，探索起了内陆星罗棋布的神秘瀑布群。

虽然人们都说这里的峡谷陡峭无比（当地人总会颇为自豪地向你介绍），但更北侧的邓路斯（Dunluce）遗址才符合我对挥舞长剑的英雄们的想象。这处遗迹由麦克奎利亚（MacQuillian）家族在1500年左右建造，后来数易其主，最终于17世纪初前后成为安特里姆郡（County Antrim）伯爵的宅邸。据说正是这座雄踞于危崖边缘的城堡的石头山墙，激发了C.S.刘易斯创作出经典的《纳尼亚传奇》（*Chronicles of Narnia*）。

在"巨人堤道"沿途的其他许多景点中，卡里克索桥（Carrick-a-Rede）尤其值得多花点时间绕道前往，因为只有在这里，你才能感受到爱尔兰工匠们的奇思妙想。这座细绳索桥横跨大陆和岩石嶙峋的离岛之间，岛上海燕云集，沙鸥翱翔。在日出云开的日子里，崖壁上的每一道裂缝都清晰可辨，还能望见远方地平线上的苏格兰岛屿。

看到通往"巨人堤道"的最后几块标识牌时，我感觉心已经跳到了嗓子眼儿，而在真正见到露出地表的巨石时，我还是不由自主地将它的实际景象与外界的大肆宣传进行对比。也因此，当代的反主流旅行文化更加主张避开声名显赫的经典景点，多前往游客罕至的小众目的地。

我沿着"牧羊人阶梯"（Shepherd's Steps）攀爬时，玄武岩巨石如管风琴般出现在我周围——这比我想象的更加震撼。从远处看，这些奇怪的光滑巨石如同一头正在水边假寐的巨兽。传说，这些岩石都是由巨人英雄费恩·麦克库尔（Finn McCool）打造的，用来对付来自海峡对面苏格兰的另一位巨人贝南多纳（Benandonner）。遐想着实奇妙，不过事实上，这样的地貌主要还是形成于5000万年前的火山活动。

如同青蛙在荷叶上往返蹦跳一样，我用了1个小时在石头之间跳来跳去，最终跳回到了先前停车的地方。我准备就

此返程，回到贝尔法斯特。路边的标识则显示附近还有一处“黑暗树篱”（Dark Hedges）——这是阿尔斯特郡（Ulster County）的诸多天坑之一，还被热门电视剧《权力的游戏》（*Game of Thrones*）选为了外景地。

然而，夏季的天光似乎在告诉我还可以多玩一会儿，于是我继续前往海边的波特拉什（Portrush），然后一路驶往斯图尔特港。尽管贝尔法斯特和“巨人堤道”之间不会再出现海岸景观，但我依然对前路充满期待——据说有新鲜的鱼、柔软的沙，甚至还有可口的冰激凌球。　**文/布兰登·普雷瑟**

首饰匠人

当你穿过格莱纳姆的沿海村庄时，很难想象当地有一家名为Steensons的作坊负责制作了《权力的游戏》中的一些珠宝首饰，例如“龙母”丹妮莉丝的龙形胸针以及兰尼斯特家族的狮子坠饰。剧迷们可以在这里挑选自己中意的首饰，包括用剧中模具制作的珠宝——这无疑是参观该剧诸多外景地之后的最佳纪念品。

左页图片：巴利马尼（Ballymoney）“黑暗树篱”路边的山毛榉树；跨页图片：滨海堤道公路；本页图片：当地海螯虾；213页图片：巨人堤道的玄武岩柱

自驾指南

起点/终点：贝尔法斯特

距离：143英里（230公里）

到达：飞往贝尔法斯特国际机场。

推荐住宿：位于一座重新装修过的银行里的Merchant Hotel（www.themerchanthotel.com）。

何时去：夏季晴天最多，近岸的海水清澄。

推荐餐饮：在斯图尔特港的Harry' s Shack尝尝新鲜鱼类，然后品品旁边Morelli' s的冰激凌球，或者在贝尔法斯特的Berts Jazz Bar享用牛排和欣赏爵士乐。

带什么：即使是一日游，也可能遇到瞬息万变的糟糕天气——所以雨具是必备。也别忘了带上你的变焦镜头，用来拍摄峡谷对面的精彩风景。

右页图片：前往阿卡迪亚国家公园

同类自驾线路
逃离都市

缅因州波特兰

不管按照美国的什么标准来看，波特兰都只能称得上平实古朴，但若放在美国东北一隅的缅因州，它可就是一座大都会了。这里也是探索"Downeaster"海岸铁路沿线的嶙峋岩层和孤独灯塔的真正大本营。随着道路朝北向加拿大海滨诸省（Canadian Maritimes）延伸，风景变得越来越壮观多姿，小巧的渔村个个都很迷人，是停车休息的好地方（还可品尝各种龙虾卷）。你可以依次在不伦瑞克（Brunswick）、巴斯（Bath）、罗克波特（Rockport）和卡姆登（Camden）停车休整，然后在巴港（Bar Harbor）结束一天的行程。巴港拥有童话故事般的魅力，阿卡迪亚国家公园（Acadia National Park）里还有许多偏僻的徒步小道。这条线路最佳出行时间是夏季，沿途村庄会举行丰富多彩的节庆活动，而且可以乘船观光。此外，许多季节性餐厅也会邀请大城市里的知名大厨来一显身手。

起点：波特兰

终点：巴港

距离：156英里（251公里）

爱尔兰都柏林

提到爱尔兰的别称"翡翠之岛"，人们往往会想起细雨迷蒙的悬崖峭壁，然而爱尔兰内陆崎岖不平的山脉其实并不逊色于社交媒体上那些打着"无滤镜"标签的照片。驾车驶离都柏林的哥特式街区，向威克洛山脉国家公园（Wicklow Mountains National Park）进发，你会见到被石峰怀抱的宁静湖泊，以及无风的山毛榉林和松树林。之后穿过萨利裂谷（Sally Gap），绕着盘山道进入格林达洛河谷（Glenealo Valley）——另一处由神秘圣石、古老遗迹和流淌河溪构成的隐秘王国，再顺着平静如镜的湖泊一路向西，便可到达平淡无奇的莱伊什港（Portlaoise）。或者你就原路返回，沿着海岸慢悠悠地开回城内。回程靠近海边时记得在布瑞（Bray）稍事停留，去港口酒吧（Harbour Bar）喝喝茶或来一杯酒，用最棒的当地音乐结束一天的行程。

起点：都柏林

终点：莱伊什港

距离：85英里（137公里）

澳大利亚悉尼

在世界上，地形如悉尼般戏剧化的城市屈指可数。这里风景如画的社区沿着一系列海湾分布，看上去如同一排鳄鱼牙齿。但如果你从这座澳大利亚最大城市驱车向北，便能在一处水湾——斯蒂芬斯港湾（Port Stephens Bay）——欣赏到更加璀璨的风景。途中你会经过壮观的沙丘和棕榈成荫的安静水域，随后在肖尔湾（Shoal Bay）和安娜湾（Anna Bay）等海滨小镇停车休息时，顺便欣赏下小镇上如同《绿野仙踪》里人物一般的纯真笑容。旅途的最后，你会到达尼尔森湾（Nelson Bay），不妨在那里的海滨长廊附近观赏鲸鱼并享用晚餐。

起点：悉尼

终点：尼尔森湾

距离：134英里（215公里）

沉迷挪威西海岸

挪威的自驾游成本不菲，但好处在于，
你能够因此独自坐拥壮美大气的风景和赞誉无数的道路。

“挪威”（Norway）从字面上可以理解为“穿越海峡的窄路（narrow way through the straits）”，联想到它的西海岸如刀削斧劈般的冰川峡湾，这个名字倒是恰如其分。不过，当我从卑尔根（Bergen）驱车向北时，一开始并没有遇到多么惊艳的风景。或许是好戏未至，总之此刻的我只是在沿途见到了一些工程车间和小型工厂，它们所支撑的油气行业正是这座城市得以复兴的财富之源。港口周围还有些迷人的建筑，仿佛在

提醒着旅客：卑尔根作为一个成功的商业中心已经有数百年的历史，甚至可以追溯至汉萨同盟（13世纪中期逐渐形成的各城市的商业、政治联盟）时期。

当我沿着峡湾东转、北上，重新进入内陆朝着沃斯（Voss）行进时，怪石嶙峋、山崖耸立的乡村景象开始出现在我的眼前，不禁让我想起维京人和喜怒无常的北欧神灵。

挪威的道路、桥梁和隧道都是建设者高超技巧和坚韧精神的完美体现，不过在千丈崖壁之下抬头仰望，通常只能看见它们的朦胧身影。糟糕！由于心不在焉，加上长时间的路面霜冻造成的坑洼，我的前轮差点酿成事故。挪威主要道路的路况堪称一流，但是并非所有的小道都能在凛冬中安然无恙。

在沃斯转而向北，我开上了一条名为Stalheimskleiva的盘山路。这条路线连接着两座瀑布，通往一间与道路同名的酒店（Stalheim Hotel）。在短短1英里（1.6公里）长的路程中，坡度却有20度，发卡弯的数量更是高达13个。这条全长6英里（10公里）的道路耗时7年修建，最终于1849年完工。从酒店望向居德旺恩（Gudvangen），山光水色一览无余，近乎垂直的悬崖峭壁下，便是绿意盎然的狭窄谷底。

开过弗洛姆（Flam）后不久，我遇到了一个选择题——究竟是继续前行，从长达16英里（28公里）的隧道穿过（它曾是世界上最长的公路隧道），还是去走老路，翻山越岭？好在此前曾经自驾穿越过这条隧道，因此答案显而易见。这段老

BRYGGEN
HAND

路长30英里（48公里），狭窄、陡峭、崎岖，路边还有厚厚的积雪，所幸路面已经被清理干净，让我安心了不少。

下到海平面，我沿着松恩峡湾（Sognefjord）的一条岔路前行，为了穿过峡湾，中间还搭乘了一次渡轮。到了对岸后，我沿着峡湾向西行驶，随后又乘坐另一艘渡轮越过德拉斯维克（Dragsvik）峡湾来到E39主干道上。我从这里继续向东北驶去，一路上要么挨着峡湾岸边，要么就在发卡弯、平坦路、长弯道上和各种隧道中翻山越岭。

在格罗特利（Grotli），我再次转而向西，沿着水边前行了一段，之后就又开始翻越直插峡湾的冰冷高山。公路在盖朗厄尔（Geiranger）峡湾重回海平面，但紧接着从盖朗厄尔开始的一段爬坡，实在让我记忆犹新。这就是著名的“老鹰之路”（Ørnesvingen），最高处的观景台如同从公路上伸出的长长的混凝土舌头，上面的风景无与伦比。

接着我进入了一片特产草莓的高山峡谷，四处是一望无际的田野。我在Jordbæstova咖啡馆稍事停留，品尝了据说是全挪威最棒的草莓蛋糕。随后我便沿着精灵之路（Trollstigen），一路开到了最高处的观景台附近。站在上面看，石块堆叠，岩石散落其中。“游客们认为这些石头就是精灵们变的，”一位当地人说道，“但其实不是。不管怎么说，世界上根本就没有精灵存在。”我倒是对此半信半疑。至少在未来主义风格的信息中心外面，就有一个这样的精灵，奇特的外表看起来又可笑又吓人。

按精灵之路的宣传册中所说，下山的路上只有11个发卡弯。也许严格意义上来说的确如此，但我总感觉远远不止这个数字：蜿蜒的道路挨着耸立的岩壁，一不小心就有可能落下陡峭的悬崖，更何况途中还要通过一座高架于谷底激流上方762米处的桥梁。下山之后，沿着罗姆斯达尔峡湾（Romsdalsfjord）前行一小段，便可来到半岛上。半岛顶部是一个可爱的小镇奥勒松（Ålesund），你可以在小镇后方水道环绕的小山上俯瞰全貌。

从这里往北前往克里斯蒂安松（Kristiansund），中途还有一处不容错过的奇观——大西洋路（Atlantic Rd）。这条路全长只有5英里（8公里），却拥有8座跨海大桥，包括弧度奇特的斯托尔桑德特桥（Storseisundet Bridge），许多汽车广告中都有它的身影。这是一段振奋人心的路程，尤其是当你开到海天尽头时。事实上，我在看到通往克里斯蒂安松的长长隧道时，就已经准备好了开杯庆祝。 文/彼得·托明

酒精限额

在挪威，酒精饮料价格很高，如果需要，最好在途中储备一些免税品。在渡轮上，你会发现自己并非唯一在购物车中放满啤酒、烈酒、葡萄酒或香槟的旅行者。但是注意，你只能携带一定量的酒精饮品，所以不要像许多挪威本地人一样，自信不会有人检查。在挪威关税局网站（www.toll.no/en/goods/alcohol-and-tobacco/quotas/）看看你可以携带的酒精和烟草的上限。

左页上图：从老鹰之路的观景台上俯瞰盖朗厄尔峡湾；左页左下：卑尔根的街边商铺；左页右下：奥勒松小镇；218页图片：精灵之路的盘山道；219页图片：盖朗厄尔峡湾和七姐妹（Seven Sisters）瀑布

自驾指南

起点：卑尔根

终点：克里斯蒂安松

距离：404英里（650公里），具体里程取决于你所选的线路

到达：搭乘渡轮前往奥斯陆或克里斯蒂安松，开启骑行或自驾之旅。也可以搭乘海达路德（Hurtigruten）的船，其在沿岸设有多条航线，自行车和汽车都可以上船。

何时去：6月至8月，精灵之路在此期间开放。

推荐住宿：提前订好酒店或是露营地小屋。

签证：挪威是申根协议成员国，中国公民前往之前需要办理申根签。

租车：最好自驾前往。当地可以租到摩托车和汽车，但是费用高昂。

右页图片：密林遍布的希腊扎戈利亚地区

同类自驾线路

欧洲小众游

摩尔多瓦修道院之路

地处罗马尼亚和乌克兰之间的摩尔多瓦（Moldova），在很大程度上仍算是一个游客罕至的国家。但要一览摩尔多瓦过往的风采，你得先驱车驶离首都基希讷乌（Chisinau），告别多车道的混乱交通。沿着M2公路向北行驶，你会看见路边戴着头巾卖着石楠花的小贩，路上还有马匹和马车，必要时放慢一下车速。接着在伊万恰（Ivancea）转上特雷布赫尼（Trebujeni）方向，此时两侧的风景也渐渐由干草垛变成了石灰岩山体。你会看到被峭壁环绕的老奥尔海伊（Orheiul Vechi），那是一处由洞穴修道院组成的考古遗址群。之后重新转上M2公路前往奥尔海伊（Orhei），在岔路口转往蒂波瓦（Tipova），那儿有一座10世纪的洞穴圣坛。继续往里走就是萨哈纳修道院（Saharna Monastery），在里面能看到珍贵的圣母马利亚足印。可以在基希讷乌租车。

起点：基希讷乌

终点：萨哈纳

距离：100英里（160公里）

立陶宛库尔斯沙嘴

库尔斯沙嘴（Curonian Spit）是立陶宛与俄罗斯飞地加里宁格勒（Kaliningrad）之间的一片土地，这条悠闲的线路就会带你穿过茵茵绿草前往那里。从希奥利艾（Šiauliai）出发，那儿有一座用十万个十字架象征立陶宛国家的十字架山（Hill of Crosses）。之后沿E272公路一路西行至帕兰加（Palanga），看看这个国家最欢乐的海滨小镇。接下来顺着波罗的海岸线前往充满日耳曼风情的港口城镇克莱佩达（Klaipeda），那儿的水边密密麻麻的都是小酒馆。搭乘渡轮去斯米蒂尼（Smiltyne），再顺着沙丘之间的蜿蜒道路前往耶德库安特（Juodkrante）。在那儿的露天异教徒雕塑馆，即“女巫山”（Witches' Hill）稍事休整，最后到尼达（Nida）享受熏鱼和波罗的海啤酒。

起点：希奥利艾

终点：尼达

距离：137英里（220公里）

希腊扎戈利亚

无数旅行者涌至希腊寻觅阳光，却总是忽略了层峦叠嶂的伊庇鲁斯（Epirus）。从约阿尼亚（Ioannina）出发，沿着如诗如画的景观大道，伴着平都斯山脉（Pindos Mountains）的风光，一路穿过平都斯国家公园（Pindos National Park），就可以来到扎戈利亚（Zagorohoria）地区内那些用石板和石头建起的村庄。你只需前往约阿尼纳的北边，再向东转往国家公园方向即可。在扎戈利亚最美村庄之一的迪罗夫（Dilofo）稍事休息之后，继续向东前往沃武萨（Vovousa），那里有一座石桥，可以通往维约萨河（Aoös River）的对面。到了国家公园东缘后，道路会变得更加平顺（尽管仍然弯弯曲曲）。终点在格雷韦纳（Grevena），那里有古朴的教堂、茂密的森林和美味的蘑菇。整条路线坡陡弯多且路面狭窄，小心别被成群结队的山羊移走了注意力。

起点：约阿尼纳

终点：格雷韦纳

距离：100英里（160公里）

传说中的斯洛伐克59号公路

59号公路串起了斯洛伐克几处最具传奇色彩的景观。沿着这条风景优美的大道行驶，你不仅能一窥当地民俗风情，了解革命英雄事迹，还有机会邂逅历史或传说中的妖魔鬼怪。

斯洛伐克59号公路（即E77公路）从一艘外星人飞船（UFO）开始，在吸血鬼巢穴中达到高潮。这种主题也许和你以往的自驾线路有所不同，但毕竟这是在斯洛伐克。在这个中欧国家，村庄都仿佛是从童话故事中走出来的，各种黑暗的历史似乎就在草甸之下沉睡。

斯洛伐克中部地区到处都有折戟沉沙的英雄故事，也很适合自驾游览。59号公路就会经过其中一些最为有趣的地点。小镇班斯卡比斯特里察（Banská Bystrica）有一座UFO外观的航天时代建筑——SNP博物馆，你的旅程就由此开始。

当我在博物馆阴翳蔽日的广场上规划线路时，我感觉自己像是坐在《星际迷航》中“企业号”（Enterprise）飞船的舷窗下。这个用混凝土和玻璃共同构成的大型穹顶建筑，是这个国家最让人难以忘怀的野兽派建筑之一。你不妨花几个小时在SNP博物馆，了解一下这里在“二战”期间爆发的大规模反法西斯起义——斯洛伐克民族起义，以及随之而来的血腥报复的历史。穹顶一分为二，一束铜色阳光从中间缝隙里倾泻而下，刚好照亮了下方一尊象征着牺牲者的巨大塑像。

虽然斯洛伐克民族起义的部队是在班斯卡比斯特里察集结，但斯洛伐克中部的革命传统却是源远流长。尤拉伊·亚诺希克（Juraj Janošik）是一位18世纪劫富济贫的大盗，他传奇的故事在斯洛伐克堪称家喻户晓，“二战”时的革命正是受其启发，甚至还有一支游击队就以“亚诺希克”为名。而这条59号公路，正好能带我穿过亚诺希克昔日聚啸山林的核心领地。

离开班斯卡比斯特里察后，公路直奔群山之怀，开始在两座国家公园之间穿梭。公路西端的大法特拉山（Vel'ká Fatra）国家公园拥有矿泉，众多的温泉小镇就聚集在公园的西部。公路东端则是斯洛伐克面积最大的下塔特拉山（Nizke Tatry）国家公园，由728平方公里（281平方英里）的石灰岩峡谷和风力强劲的平原组成，峡谷内长满了枫树和山毛榉。这两座公园植被

茂密，洞窟遍布，无疑为侠盗们提供了完美的藏身场所。

驱车向北，在经过一堆方方正正的客栈和奶油色外观的教堂后，再往东走一段盘山公路，此时道路两旁突然出现了密密麻麻的云杉树，给我带来极大的视觉冲击。而在每个弯道，群山都会跃入眼帘，只有当我主动收敛心神、望向路边的绿色时，才会消失于我的视野之中。偶有阳光从树叶间倾泻而下，映得平坦的柏油碎石路光影斑驳。

树木开始稀薄，路边也出现了落石的痕迹。汽车发动机吃力地轰鸣，一路攀爬至海拔718米处的伏尔考林耐克（Vlkolinec），那是斯洛伐克最迷人的村庄之一。在这里，我被一群木制雕像吸引，不由自主地停了车游览起来……

伏尔考林耐克村虽然只有19位居民，却是远近闻名的木雕村，村中的木雕数量远远超过这里的工匠人数。手工雕刻的人像忠诚地屹立于村庄四围，许多以斯洛伐克的乡村生活为原型：面包师、牧羊人、哄孩子的妇女，以及偶尔出现的慈祥老祖母。

这个村庄似乎一直保持着14世纪始建时的模样。45座房屋外立面被漆上了热情洋溢的淡紫和明黄色调，深色的木屋顶上方，苹果树在风中摇曳。村中最高的建筑是1875年建成的罗马天主教堂的钟楼，教堂名为圣母利亚报喜堂，圣母马利亚就在一个石制壁龛中悲悯地注视着芸芸众生。

伏尔考林耐克周围的环境同样让人心醉神迷。它坐落于大法特拉山脉层峦叠嶂的怀抱之中，草甸上花团锦簇，姗姗来迟的紫色沼泽兰和如鸟眼般的报春花正在迎风怒放，而它下方的山谷，则是一片云雾缭绕之景。即便是村庄的名称也带着丝丝神秘气息："伏尔"（vlk）是斯洛伐克语的"狼"。我不禁想象，会不会有哪座古老的房屋，一打开门，就走出了一位"小红帽"。

回到59号公路，我又经过了几座在山影下打着盹的城镇。首先映入眼帘的是鲁容贝罗克（Ružomberok），这里曾经是古代商贸的交通要冲，下塔特拉山、大法特拉山和乔科山（Choc Mountains）等3座山脉在此交集。沿着橡木林立的道路继续向北，我到达了另一座赫赫有名的历史城镇下库宾（Dolný Kubín）。如今一些旅行者经常对这座中世纪采石中心视若无睹，他们心心念念的，是更前方的奥拉瓦城堡（Orava Castle）。

当然，这座壮观的14世纪城堡也是我此行的最终目的地。在行程最后几公里的路上，我可以看到哥特式的高塔慢慢出现在道路前方——仿佛示意着某种"生人勿近"的警告。城堡屹立于小村奥拉夫斯基波扎莫克（Oravský

斯洛伐克羊奶酪

"未见其物，先识其味"一定是你对这种食物的初体验。许多路边摊都有这种羊奶酪（Ovci syr）出售。羊奶酪具体还分为许多种。奶味浓郁的bryndza羊奶酪是斯洛伐克经典面食bryndzove halušky必不可少的重要食材；最漂亮的奶酪则当属巴掌大小、通常带有各种图案的oštiepky羊奶酪；此外形似发辫的Korbáčik羊奶酪，蜗牛壳状的parenica羊奶酪，都是好吃到停不下来的美味零食。只是要注意别在租来的车里留下挥之不去的奶酪味道……

跨页图片：奥拉瓦城堡；右页上图：伏尔考林耐克村的蜂箱；右页下图：下塔特拉山国家公园；本页图片：伏尔考林耐克村里五颜六色的房屋；225页图片：班斯卡比斯特里察的斯洛伐克民族起义博物馆

Podzámok）上方的山峦上，茂密的森林环绕山脚，如同为城堡披上了一件绿色斗篷。

对于喜爱恐怖电影的人来说，这座古堡的剪影应当再熟悉不过了——奥拉瓦城堡正是F.W.穆瑙（FW Murnau）的吸血鬼电影《诺斯费拉图》（*Nosferatu*）的外景地。这部表现主义电影巨作至今仍被视为影史上最恐怖的电影之一。不过在这部无声电影设定的背景时代中，吸血鬼还没进化成像《暮光之城》里那样能在阳光下生活的让人心动的英俊小生。

沿着风化的石头台阶爬上城堡后，我便开始在它宏伟的走廊和厅堂之间随意漫步。墙上挂着熊皮和甲胄，不禁让人想到《诺斯费拉图》中邪恶的奥洛克伯爵（Count Orlok），也许他此刻正在城堡中的某个地方游荡。事实上，电影荧幕还未能完全展现城堡的阴森之处。在那些曾穿梭于这些石墙之间的贵族继承人中，有一位名叫尼古拉斯·德拉斯克维奇（Nicolaus Draskovics），据说他曾下令活剥仆人的人皮。古堡的主人还包括乔治·瑟罗（George Thurzo）法官，他曾经对号称“血腥伯爵夫人”的连环杀手伊丽莎白·贝斯里（Elizabeth Bathory）宣判定罪——这位恶名昭彰的匈牙利贵妇曾经谋杀了数百位年轻妇女，据说还会用受害者的血液沐浴。

这些黑暗的传说似乎都与城堡高贵宁静的形象格格不入。通过城堡墙壁上的垛口，我还能望见如茵的绿草正向高塔特拉山（High Tatras）蔓延。如果要说我从这段自驾之旅中获得了什么，那一定是了解到了，原来斯洛伐克如画的风景下竟隐藏着这么多的秘闻逸事。　文/安妮塔·艾萨尔斯卡

“奥拉瓦城堡屹立于嶙峋的山峦之巅，我越爬越高，它那座哥特式塔楼也渐渐浮现——仿佛示意着某种‘生人勿近’的警告。”

自驾指南

起点：班斯卡比斯特里察

终点：奥拉夫斯基波扎莫克

距离：56英里（90公里）

到达：首都布拉迪斯拉发（Bratislava）有交通便利的机场，位于班斯卡比斯特里察以西130英里（210公里）处。

何时去：5月至9月气候最为适宜。

时间安排：这条线路可以在一天内完成，但是最好能在半途歇上一晚，从而有充足的时间在奶酪摊上品尝特产，在伏尔考林耐克漫步，再赶在关门前到达奥拉瓦城堡。

推荐住宿：鲁容贝罗克是非常不错的过夜地点。Penzion Andrej（www.penzionandrej.sk）房间舒适、服务热情。

实用建议：冬天道路会进行积雪清扫，不影响通行，而且你还可以顺道去班斯卡比斯特里察以北17英里（27公里）处的多纳瓦利雪公园（Park Snow Donovaly）滑滑雪。

右页图片：罗马尼亚特兰西瓦尼亚（Transylvanian）山脉的布兰城堡

同类自驾线路
民俗文化

罗马尼亚布兰山口

这条前往布兰山口的线路在巍峨森严的古堡和时光凝固的村落之间起伏蜿蜒，同时也是一条扣人心弦的罗马尼亚中世纪历史线路。起点是古城布拉索夫（Brasov），相传“花衣魔笛手”（Pied Piper of Hamelin）就是在这里的中心广场上出没。沿着73号公路向西南行驶至拉斯诺夫（Rasnov），看到一座迷宫般的城堡高高屹立于旁边的山顶，然后继续前行至布兰城堡（Bran Castle）——尖似利矛的哥特式塔楼和密林遍布的地理位置，使这里充斥着一股浓浓的吸血鬼德古拉的气息。布兰小镇差不多就在行程至半的位置，有许多可供过夜的浪漫住宿地，其中The Guest House（www.guesthouse.ro）就不失为舒适而精致的选择。接下来，从布兰到鲁克尔（Rucar）的路段如同传说中一般刺激：道路穿梭于孤绝的山村之间，在发卡弯上可以直接俯瞰布切吉山脉（Bucegi Mountains）。尽量选择5月至10月前往，因为布兰至鲁克尔路段冬季道路湿滑，安全系数极低。

起点：布拉索夫

终点：鲁克尔

距离：40英里（65公里）

波兰木制教堂线路

小波兰省（Małopolska）南部的教堂因其与众不同的样式和宗教艺术而入选联合国教科文组织世界遗产。当地人认为这些中世纪全木教堂之所以能够从无数战争中幸存，与神的介入不无关系。它们地处克拉科夫（Krakow）以东的一条迷人自驾线路上，外形如同秀丽的巫师帽。你的第一站是利普尼察穆罗瓦纳（Lipnica Murowana），哥特风格的圣伦纳德教堂（St Leonard's Church）自从15世纪以来就屹立于此。继续向东前往比那洛瓦（Binarowa），这里最大的看点是装饰繁复的16世纪教堂。然后向南行驶，去看塞库瓦（Sekowa）屋檐陡峭的教堂，它侥幸躲过了“一战”中的大火。向北回到主路，一条穿过广袤农村的公路把你带到东面哈克佐（Haczow）的珍贵教堂前。这是欧洲最大的哥特风格木教堂，奇迹般地在鞑靼人的攻击中逃过一劫。最后前往布里兹列（Blizne）去参观装饰独特的原木教堂。想要在最佳的天气出行，可以选择5月至9月之间。

起点：克拉科夫

终点：布里兹列

距离：140英里（225公里）

法国利弗拉杜瓦－福雷

这条线路将带你深入利弗拉杜瓦－福雷地区公园（Livradois-Forez Regional Park），体验经过时间洗礼的民俗工艺和奶酪制作。从以温泉疗养闻名的维希（Vichy）出发，一路向南，便可进入利弗拉杜瓦－福雷的崇山峻岭之中。在时光凝滞的提耶尔（Thiers）停车休息，看看这里湍急的河流，参观过往600多年间工匠们打造的时尚刀具。当地人认为，在收到一把提耶尔刀作为礼物后，受礼者必须回馈1枚硬币，以表示刀不会斩断友谊。继续向南，在昂贝尔（Ambert）停车品尝蓝色的昂贝尔奶酪（Fourme d'Ambert），是采用法国一种最古老的奶酪配方制作的。接下来经过拉谢斯德约（La Chaise-Dieu）的神秘修道院，最后抵达终点勒皮昂韦莱（Le Puy-en-Velay），一些小教堂就屹立于那里的火山岩之上。在这条南北向的观光线路上，停车游览本身也是一种乐趣：在维希试试温泉水疗，或在终点留宿一晚，充分领略勒皮昂韦莱绿色的弗莱马鞭草（Verveine du Velay）利口酒。

起点：维希

终点：勒皮昂韦莱

距离：100英里（161公里）

穿越“欧洲之尖”

这条穿越西班牙北部的自驾线路堪称激动人心，尤其是令人垂涎的美食——不，应该说是风景，或者是人。啊，是这里的饮品！也不对，好像还是美食。我是这么认为的……

对于一段公路之旅而言，还有什么起点会比弗兰克·盖里（Frank Gehry）设计的举世瞩目的毕尔巴鄂古根海姆博物馆（Guggenheim Museum）更美妙呢？带着对这座造型奇特的建筑的惊叹，在户外咖啡馆点一盘小吃，再配上当地的苹果酒，全新的体验即将开启，与之类似的震撼感受也将会一再出现。离开毕尔巴鄂，先向北，再向东，沿着滨海道路前往圣塞巴斯蒂安（San Sebastian），那里才是这段公路之旅的真正起点。

坐拥壮美海湾的圣塞巴斯蒂安，其实是一座双子城。新城规整，沿着海滩分布；老城则如同一座迷宫，各种背街小巷在乌尔古尔山（Monte Urgull）下纵横交错。一整个晚上，我都在享受加量版西班牙小吃（tapas）——“pintxos”，配上当地产的白葡萄酒，和风趣幽默的当地人练习我的西班牙语，时间倒也过得飞快。

第二天大部分时间我都行驶在圣塞巴斯蒂安南边美丽富饶的乡村地带，翻越乌萨特盖塔山口（Usateguieta Pass）后，最终到达巴斯克地区的首府——维多利亚（Vitoria-Gasteiz）。这是一座热情洋溢、绿意盎然和悠闲自得的城市，拥有历史悠久的苹果酒产业。当地人还会一种独特的“高空飞流”倒酒技法，但新手千万不要模仿！我当然不是无师自通的天才，最终膝盖以下全部被苹果酒浇透。好吧，又是一个难忘的夜晚。

从这里启程后，我便真正地驶入了荒野之中。前往欧洲之尖（Picos de Europa）山脉的蜿蜒小路上，路况时好时差。在穿过索布仑水库（Sobron Reservoir）时，我沿着狭窄的道路一连

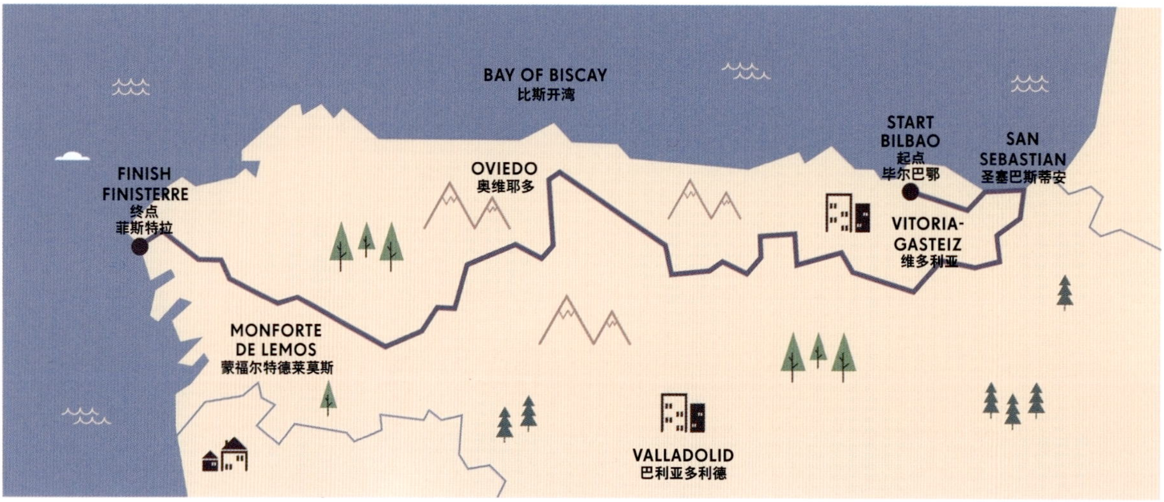

开过了几条小隧道。在这里，河水在深谷底部流淌，坡度略缓的崖壁上挂满了葡萄藤或其他作物。一路上还会经过被当地人称为“海鲜饭弯”（paella turns）的180度弯道，颇为刺激。路上几乎见不到其他车辆，除了偶尔一闪而过的前往圣地亚哥－德孔波斯特拉（Santiago de Compostela）的朝圣者。

“欧洲之尖”的巨大石柱怒指苍穹，因而成了当时从美洲大陆“新世界”返回欧洲的航海者们最先看到的“指路牌”，名字也由此而来。这里的风景会随着光线而变化，我其实最期待黄昏时分，然而前路漫漫，我不得不继续启程。一位当地人告诉我，公路虽然由欧盟出资修建，但是那些时好时差的山中小路“则都是我们自力更生修建的”。沿着这些山中小道，你可以前往一些极具吸引力的景点，例如与阿斯图里亚斯（Asturias）交界的海拔1492米的塔尔纳山口（Tarna Pass），以及雷德斯国家公园（Redes National Park）等。

奥维耶多（Oviedo）——其在当地方言（未受到国家认可的Bable语言）中的拼写其实是“Uvieo”——着实是一大惊喜。这里不仅有伍迪·艾伦（Woody Allen）的塑像，城内大街小巷里也不乏各种让人流连忘返的元素。

继续驱车向西，然后向南，我一路翻山越岭，穿过索米多国家公园（Somiedo National Park），沿着曲折但路况良好的盘山路驶入群山之中。在翻过索米多山口（每年冬天大雪最先在此降下）之后，我逐渐下到了巴比亚山谷（Babia Valley），这里是莱昂王国的贵族们最青睐的度假胜地，各种烦恼都能被暂时抛到脑后。西班牙语中形容忘却烦恼或做白日梦的短语是“estar en Babi”，根源就是这里。人称“熙德”（El Cid）的西班牙英雄德·维瓦尔（Rodrigo Diaz de Vivar）的胯下名马巴别卡（Babieca），同样也出生在这里。

“在旅行中我奉行‘不走回头路’的原则寻找各种新鲜事物，然而却先后三次经过这座山口——先上，后下，然后再上。”

在旅行中我通常都会奉行“不走回头路”的原则寻找各种新鲜事物，然而这场旅程中我却先后3次经过了Pozo de las Mujeres Muertas山口——先上，后下，然后再上。前往山口的道路并不出名，但沿途的风景在西班牙北部堪称绝美。我在几英里外的蒙福尔特德莱莫斯国营酒店（Parador de Monforte de Lemos）住下，视线越过此行难得一见的平原，远远就可以看见翻修过的古老的本尼迪克特内（Benedictine）修道院屹立于陡峭的山顶。

我的目的地本来是西北部的圣地亚哥－德孔波斯特拉和菲斯特拉角（Cabo de Finisterre），但又有人告诉我南边的

地区美食

穿越西班牙北部时，你会经过4个饮食风格截然不同的省份。巴斯克地区盛产西班牙首屈一指的大厨，圣塞巴斯蒂安特有的“pintxos”更是赫赫有名。坎塔布里亚（Cantabria）有一种采用各种食材进行烹饪的口感出众的炖菜——cocido montanes。而在阿斯图里亚斯，你还可以品尝到Fabada Asturiana——又一道诚意满满的炖菜，加了豆子和血肠。加利西亚的招牌菜则是著名的加利西亚大章鱼（Pulpo a la Gallega），有时还会加入土豆。

左页上图：圣地亚哥－德孔波斯特拉的天主教堂；左页左下：美味的西班牙菜；左页右下：洋溢着休闲氛围的居所；跨页图片：美食之都圣塞巴斯蒂安；231页图片：欧洲之尖山脉

锡尔河（Sil River）沿线更有意思，于是我决定改道而行。果不其然，这条路让我见识到了估计是由巨人打造出的无敌风景——巨大的山坡直探公路下方深达500米处的河流，坡上栽满葡萄藤。这条道路沿山而行，随势而转，没有让人提心吊胆的发卡弯，更多的是从容不迫的弯道，不过距离更长，也更加激动人心。

走完这段路后，我转而向北，依旧去探访圣地亚哥－德孔波斯特拉。作为每年成千上万的朝圣者紧随“圣詹姆斯之路”（Way of Saint James）前去朝圣的天主教圣城，它令人印象深刻的古典建筑和宗教魅力绝对值得一游。这里还有西班牙最庄严宏伟的酒店之一，位于大教堂广场上的圣地亚哥－德孔波斯特拉国营酒店。但是旅程到此并未结束。

德孔波斯特拉并非圣地亚哥朝圣之路（Camino de Santiago）的终点：要走完全程，还需前往被视为世界尽头的菲斯特拉（Finisterre）。于是我驾车翻越布克桑德斯山脉（Montes de Buxantes），经过一架架风力发电机，最终到达了距离菲斯特拉角咫尺之遥的小渔村塞埃（Cee）。其实这里并非真正的欧洲最西端，但是从史前时代开始，就被认为是世界的尽头，朝圣者们经过艰难跋涉来到这里，烧掉身上的衣服来象征自己的重生。当然现在你无须烧掉衣服，不过这里始终是个重新思考人生方向的好地方。　文／彼得·托明

自驾指南

起点：毕尔巴鄂／圣塞巴斯蒂安

终点：菲斯特拉

距离：620英里（1000公里）

到达：飞抵毕尔巴鄂。如果从英格兰出发，还可以驾车从朴茨茅斯搭乘渡轮前往。

何时去：夏天。海风使天气不会过热。

推荐住宿：一系列国营酒店（Parador），由以前的城堡、宫殿和修道院改造而来。可参考旅行指南或登录网站（www.parador.es/en）。

带什么：好胃口和一本西班牙常用语手册。

租车：租一辆汽车或摩托车，在毕尔巴鄂最方便。或者驾驶你自己的爱车搭乘渡轮前往。

手续：中国公民前往西班牙需要办理申根签证。持驾驶证原件及其公证译文在西班牙合法驾车。

右页上图：博洛尼亚市中心；右页右下：博洛尼亚老海鲜街的市场摊档；右页左下：地道博洛尼亚风味的意大利宽面

同类自驾线路
美食之旅

意大利艾米利亚-罗马涅

艾米利亚-罗马涅（Emilia-Romagna）地处托斯卡纳和威尼托大区之间，是所有美食家的终极梦想之地。意大利的许多招牌菜都起源于此，其他当地特色菜肴在意大利国内也广受追捧。这段美食线路经过烹饪之都帕尔马（Parma）、摩德纳（Modena）和博洛尼亚（Bologna），以及迷人的文艺复兴城镇费拉拉（Ferrara）和富有艺术气质、以其璀璨的拜占庭马赛克闻名的拉文纳（Ravenna）。你可以在帕尔马尝一下这个国家最美味的火腿和最享盛名的奶酪，在摩德纳尝尝著名的香醋、猪蹄和猪肉香肠，生机勃勃的博洛尼亚不仅特产博洛尼亚肉酱（ragu），也是意大利千层面（lasagne）和饺子（tortellini）的诞生地。在这段行程的上半段，从帕尔马到博洛尼亚，你会一直行驶在该地区最著名的道路——笔直的艾米利亚路（Via Emilia）上，它最初由罗马人在公元前2世纪修建。

起点：帕尔马

终点：拉文纳

距离：152英里（245公里）

美国马萨诸塞州安角

曾经有人（毫无疑问来自新英格兰地区）说过："蛤蜊……只有在刷上调料并上火油煎时，才能表现出最美丽的一面。"而这种将大腹便便的双壳贝进行腌制和油煎的做法，据说就源于马萨诸塞州埃塞克斯（Essex），因此那里的安角（Cape Ann）显然就成了品尝美味的好地方。北岸（North Shore）线路会带你经过无数蛤蜊摊，中途可以停车在海滩上发发呆、观观鸟，或是看看画、拍拍照。别急着直接从纽伯里波特（Newburyport）沿1A公路向南，不妨先绕道去一趟梅花岛（Plum Island），探访帕克河野生动物保护区（Parker River Wildlife Refuge）以及栖息于此的800余种鸟类和动植物。随后再沿海岸前行，在鹤滩（Crane Beach）停车休息，这是该地区最长和沙滩最多的一片海滩。当然你也不会错过埃塞克斯，这里的航海历史、古董店和美味多汁的蛤蜊令人心驰神往。这儿还有许多可以俯瞰河口的野餐桌，没有比这儿更好的午餐地点了。

起点：纽伯里波特

终点：格洛斯特（Gloucester）

距离：54英里（86公里）

奥地利蒂罗尔和福拉尔贝格

当你从康斯坦茨湖（Lake Constance）岸边以歌剧节闻名的布雷根茨（Bregenz）出发，一路向东，你就会发现阿尔卑斯山的另一面——完全不同于那段让人头晕目眩的大格洛克纳山路（Grossglockner Road）。这段美食和文化之旅翻山越岭，经过斯坦茨村（Stanz）的五十多座烈酒厂、中世纪城堡啤酒厂Starkenberger Biermythos以及数家阿尔卑斯山奶制品工坊。在Bergkaserai Schoppernau参观完奶酪制作后，你可以试着从绍珀瑙（Schoppernau）出发，转上布雷根茨森林奶酪之路（Bregenz Forest Cheese Road），去探索奶制品农场，游览巨大的奶酪地窖，参观工厂，并来一次野餐——记得尝尝Käsespätzle（手擀面配奶酪，加上香脆的炸洋葱）。最后回到大路，向东北方的目的地萨尔茨堡前行，探访历史悠久、赭白相间的施塔姆斯修道院（Stift Stams），以及美丽的因斯布鲁克。

起点：布雷根茨

终点：萨尔茨堡

距离：238英里（383公里）

Ditta Bardelli
Frutta e Verdura

在苏格兰遇见斯凯岛

从斯凯岛的波特里到本岛的沿海小镇阿普尔克罗斯，
这是一段苏格兰高地上的非凡之旅。

波特里（Portree）与阿普尔克罗斯（Applecross）之间的公路路程不过74英里（119公里），沿途风光却能给人带来全方位的震撼。驾车蜿蜒前行，几乎全程都能看到乌青色的大海或开阔的湖泊，通常是一幅波浪翻腾、白沫点点的景象。有时窗外也会变成繁茂的松树林，崎岖且布满岩石的荒原，或是雄伟的山脉。这两个小镇，一个靠近苏格兰西部海岸，一个就在海边，将它们分隔开的是大不列颠群岛上最高的山口，驾车通过时如入仙境。

我第一次体验这条非凡的自驾路线是在2011年夏天，当时是从阿普克洛斯去波特里，而这次我是从波特里出发。隆冬时节的早晨异常寒冷，远处驼状的本迪安纳维格（Ben Tianavaig）山峰上方飘着一些枪灰色的云团，它和另一座山峰共同形成了波特里天然的港湾。开出不到1英里（1.6公里），我就进入了斯凯岛（Skye）的旷野之中。暗褐色的荒野连绵起伏，上面散落着岩石，生长着一片片松树林。在与公路平行的方向上，一条溪流汩汩流动，上方雾气氤氲——这样的景象一路上经常可以看到。来自斯堪的纳维亚半岛的维京人在公元9世纪入侵此地，并将这座岛屿命名为Skuy，即古挪威语里的“雾气弥漫的岛屿”。

即使是那些四处劫掠的古代斯堪的纳维亚人，也一定曾被库林山脉（Cuillins）所困。这两座双子山脉将岛屿一分为二，A87公路刚好从中穿过：斯利格亨峡谷（Glen Sligachan）的一侧是红库林山脉——像是小孩子画的那种三角形山峰，又像是火星上的地貌；峡谷的另一侧则是黑库林山脉，崎岖不平的山峰如同一排被打碎的牙齿。我驾车在山脉中穿行，一直开到较为平坦的布罗德福德湾（Broadford Bay），在那里我望到了斯凯岛的姐妹岛拉赛岛（Raasay），高高的岛屿上散布着许多岩石。

我沿着海湾的弯道来到岛屿的南端和斯凯岛的公路桥。1995年，这座横跨在风景如画的洛哈尔什海湾（Lochalsh Sound）上方的桥开通，从此摆脱了自17世纪以来人们对各种渡轮的依赖。只不过，这座桥从一开始就争议不断。政府指定私营公司来管理桥梁，但他们征收的过桥费高得离

谱，导致当地人拒绝支付。超过100人因为此事被捕，但斯凯岛的居民还是坚持自己的立场不动摇——就像他们的先辈那样，最终这项过桥费在2004年被取消。生活在这片土地上的确需要有坚韧不拔的精神，在离开洛哈尔什教区凯尔（Kyle of Lochalsh）前往希尔峡谷（Glen Shiel）的路上，我对这一点的认识越发深刻：一路上只有看不到尽头的黑色硬质土地和来自海峡的寒风。

左转驶离A87公路，继续前行大约3英里（5公里），差不多在经过奥彻泰尔（Auchtertyre）后，我驶上了韦斯特罗斯（Wester Ross）海岸路线。此时，我感觉自己进入了中土世界。曲折的道路在松树林和白桦林中起伏，我的视野前方是雄伟的托里登山脉（Torridon），山顶上白雪覆盖，整座山脉给人一种不祥之感。往右看，深紫色的石楠花爬满了陡峭的山坡，卡伦湖（Loch Carron）在下方激起层层波浪。乌鸦在高处盘桓，一只秃鹰站在路牌上，一动不动地注视着四周。

整整20英里（32公里）的路程，我都被天然质朴的美丽风光所环绕，但它们不过是这场自驾的序幕。开出小镇基斯霍恩（Kishorn）2英里（3公里），出现了通往牛群山口（Bealach na Bà; Pass of the Cattle）的岔路。岔路前面立着一块红色的大警示牌，上面写着：“此路不适合房车、大型车辆和新手司机！降雪风险极高！”（Not suitable for caravans,large vehicles or learner drivers! High risk of

野外精灵

苏格兰的西海岸生活着丰富的野生动物。库林山脉和拉赛岛上方经常可见白尾鹰和金雕翱翔的身影，而在斯凯岛岸边，不只灰海豹和水獭很常见，就是看到宽吻海豚、鼠海豚甚至小须鲸也不算什么稀奇事儿。从波特里、埃尔戈尔（Elgol）或希尔代格（Shieldaig）参加一次乘船游，你就有机会看到此地难得一见的鲸鱼。

“到了高原后，一派荒凉惨淡的景象出现在我面前：黑色的岩石、比岩石更加暗沉的天空、地上的冰雪以及一些在灰暗中模糊不清的东西。”

跨页图片：白尾海鹰；右页图片：牛群山口公路；本页下图：波特里的日落；237页图片：斯凯岛的壮丽风景

snow!）然而我就像霍比特人佛罗多·巴金斯一样，还是毅然决然地踏上了去魔多的路。

从这里到牛群山口约有11英里（18公里），沿着坡度达到20%的陡峭盘山路上升至海拔626米处，然后下降至阿普尔克罗斯海湾。它给人的初印象极具欺骗性，会让人误以为这里是一个气质温和的地方。我驾车拐过一道不怎么陡的上坡弯道，一望无际的大海和破云而出的太阳出现在我眼前，两只马鹿和几只牡鹿站在山腰上，静静地望向我。然而没过多久，道路逐渐变窄，最后成了一条单行道，此时真正的好戏才算开始。道路在这里变得颠簸起来，汽车引擎发出呜呜的抗议声。与此同时，弯道的幅度不断增大，最后变成一连串令人头昏目眩的急转弯。我的胃早已翻江倒海。

进入高原后，一派荒凉惨淡的景象出现在我面前：黑色的岩石、比岩石更加暗沉的天空、地上的冰雪以及一些在灰暗中模糊不清的东西。就在那时，仿佛被施了魔法一般，下坡路顶端和炭色云层之间竟出现了一片晴朗的天空——太阳出来了！阳光洒向陆地和海洋，让它们呈现出令人愉悦的绿色和蓝色。我也开始下行，朝着山下的阿普尔克罗斯开去。阿普尔克罗斯在盖尔语里叫作“A' Chomraich”，意为“神圣之地”——名副其实。镇上只有一连串的白墙房屋、一家商店和一间面朝深邃而宽阔的海湾的旅馆，是个寂静、安宁而友好的地方。

从阿普尔克罗斯向西行驶3英里（5公里）后，我将车停在一个石头粗凿成的小停车场里。路边有一条下坡小径，我沿着它走到了一个碗状的金色沙滩，挨着路基的堤岸有21米高。整个沙滩上只有我一个人。此时潮水已经退去，我踏着湿润的沙子来到海边，站在那里远远地欣赏对面的拉赛岛和斯凯岛。它们离我似乎近在咫尺，却又恍若相隔天涯。　**文/保罗·里斯**

自驾指南

起点： 波特里

终点： 阿普尔克罗斯

距离： 74英里（119公里）

到达： 最近的大机场是129英里（207公里）外的因弗内斯（Inverness），那里提供租车服务。斯凯桥的存在意味着，你可以经由英国大陆的任何地方跨海来到这座岛。

推荐餐饮： 一定要去Applecross Inn（www.applecross.uk.com/inn）吃顿午餐或晚餐，尤其不要错过炸鱼薯条和新鲜的海鲜拼盘。你还可以住在那里（每人/每晚 £65起），但是需要预订。

重要提示： 出发前先去travelscotland.org确认牛群山口公路是否开放。冬季时这条路线经常封闭。

更多信息： 波特里和阿普尔克罗斯有旅游信息中心。

右页上图：诺森伯兰的阿尼克城堡；右页下图：林迪斯法恩城堡

同类自驾线路
大不列颠

英格兰阿尼克至林迪斯法恩

这条路线将带你尽览英国鲜有人知的诺森伯兰（Northumberland）的海岸。起点阿尼克（Alnwick）是一个漂亮的集市城镇，位于A1公路北边、圣岛（Holy Island）的对面。从那里出发前，先去巴特书店（Barter Books）看看。那是欧洲最大的二手书店之一，坐落在维多利亚时期的火车站，在它的咖啡馆可以吃到全英格兰最美味的水果蛋糕。在前往林迪斯法恩（Lindisfarne）的路上，副驾驶位的窗外是绵延起伏的群山和高沼地，而驾驶位外则是一望无际的北海（North Sea）。沿途你还可以参观英国保存完好的3座城堡：因《哈利·波特》系列电影而名声大噪的阿尼克城堡（Alnwick）、班堡（Bamburgh），以及林迪斯法恩城堡。林迪斯法恩城堡只能在潮落的时候开车进入，因此在出发和返回前记得先查看潮汐时刻表。同时需要注意的是，11月至次年1月林迪斯法恩修道院不开放。

起点：阿尼克城堡

终点：林迪斯法恩修道院

距离：35英里（56公里）

威尔士阿伯圭辛山口

这条路线不长，却是威尔士众多自驾路线中最亮的那颗明珠。阿伯圭辛山口（Abergwesyn Pass）与牛群山口的公路类似，不仅有多段陡坡，还有一连串吓人的急转弯道，以“恶魔的阶梯”（Devil's Staircase）一名而为人所知。尽管如此，你将获得的回报仍会让你忍不住动身：从集市城镇特里加伦（Tregaron）出发行驶几英里，或者从阿伯里斯特威斯（Aberystwyth）往内陆驾车35分钟，坎布里亚山脉（Cambrian Mountains）的壮观景象会给你带来无与伦比的震撼，整条路线就是一场由森林、河谷、湖泊和陆地组成的视觉盛宴。如果想要感受一下别样的风景，不妨绕道去布赖恩水库（Llyn Brianne）看看，虽是人造工程，景致也颇为迷人。晴朗的春日和夏季是沿途风光最为美丽的时间，但不管你是什么季节过来，都要小心驾驶，因为道路崎岖不平且坑坑洼洼。

起点：特里加伦

终点：阿伯圭辛

距离：18英里（29公里）

苏格兰格拉斯哥至威廉堡

这条线路是进入苏格兰高地的最佳选择。从格拉斯哥（Glasgow）出来后不久，眼前就出现了罗蒙湖（Loch Lomond）和特罗萨克斯山国家公园（Trossachs National Park）的绿色山丘，塔比特（Tarbet）和克林拉里克（Crianlarich）两个村庄依次从身边经过，美丽的湖泊相伴绵延了数英里。而进入雄伟的科河谷（Glen Coe；苏格兰高地的门户）后，却又几乎是另一番风景，全年营业的科河谷山脉度假村（Glencoe Mountain Resort）就是个停车赏景的好地方。你可以坐滑雪缆车到山顶，去高原上走走，还有机会看到金雕和马鹿。之后回到主路，继续往前去本尼维斯山（Ben Nevis）山脚下的威廉堡（Fort William）。城堡北边7英里（11公里）处是尼维斯山脉度假村（Nevis Range Resort），就在A82公路附近，你可在此结束这趟旅程。天气晴朗时，从雪鹅餐厅（Snowgoose Restaurant）还能看到英国的最高峰，餐馆全年营业，有美味的椰子蛋糕。

起点：格拉斯哥

终点：威廉堡

距离：108英里（174公里）

穿越意大利阿布鲁佐的荒野

巍然屹立的群山、诗情画意的田野、蜿蜒崎岖的道路，
意大利阿布鲁佐地区虽然鲜为人知，却能为你带来一场心旷神怡的自驾穿越和原野邂逅。

“到处都是雪，狼群也已经来到镇上寻找口粮，你们晚上可千万不要出门瞎逛。”

这时，我们正坐在田园牧歌般的斯坎诺湖(Lago di Scanno)湖畔，四周都是绿树覆盖的山坡。湖泊位于亚平宁地区的阿布鲁佐(Abruzzo)，从罗马驱车向东2小时即可到达。正午艳阳明媚，水面波光粼粼，一位当地售货亭老板向我们讲起了山里的真实生活。他说，正是厚厚的冬雪迫使动物们离开了森林：“有一天我出门看看自己的售货亭有没有被大雪压塌，结果看到了一头熊，就在那里，身边还跟着一只熊崽。”

乌鸦在天空乱飞，虽然这里距离罗马只有68英里（110公里），但阿布鲁佐与五光十色的意大利首都却是截然不同的两个世界。罗马弥漫着艺术、历史气息，还有稍许都市的嘈杂喧嚣；阿布鲁佐则拥有绵延的山脉和远古的森林、空旷的风景和偏远的山镇，几百年来时光似乎在此凝滞，许多古老的传统依然如故。这里是我在意大利最喜欢的地方之一。

这段超凡脱俗的自驾线路，是某个夏天我带着妻子和两个孩子自驾旅行时无意中发现的珍宝。我们的行程深入阿布鲁佐、拉齐奥和莫利塞国家公园（Parco Nazionale d’Abruzzo,Lazio e Molise）腹地，前往巨大的格兰索萨山（Gran Sasso）游览。我们的起点是美丽的苏尔莫纳（Sulmona），那里的一种杏仁糖“confetti”很是出名。也是在那里，我们首次感受到了当地人的热情好客。在家庭经营的Hostaria dell’Arco用餐时，老板特别为我们点燃起了炭火烧烤炉。他坚持说，只有这样，烤出的羊排才好吃。

第二天，我们告别了苏尔莫纳的鹅卵石巷道，驾车前往马耶拉国家公园（Parco Nazionale della Majella）的旷野。汽车沿着道路慢慢爬升，带着我们穿过林木繁茂的小山，群

峰在天边若隐若现。经过波斯科迪圣安东尼奥(Bosco di Sant' Antonio)山毛榉森林几公里后，我们到达了佩斯科科斯坦佐(Pescocostanzo)。这座令人叹为观止的山顶小镇坐落在群山环绕的平坝上，周围是葱郁的森林，其古朴原始的历史中心城区可追溯至这里作为阿布鲁齐古道(Via degli Abruzzi)歇脚点的年代，当时这条连接佛罗伦萨和那不勒斯的传统跨亚平宁大道是举足轻重的商贸路线。

之后我们继续前往佩斯卡塞罗利(Pescasseroli)，它是阿布鲁佐、拉齐奥和莫利塞国家公园的中心地区。至此的行程可谓一帆风顺，我们轻松自如地在SS83公路上行驶，路边的巴雷亚湖(Lago di Barrea)纯净天然，湖水碧绿。事实上，即使是一年中人气最旺的季节，佩斯卡塞罗利也依然显得相当宁静，当我们到达时更是如此。我们将车停在路边，下车活动身体——多亏了晕车药(Travel Gum)，孩子们才能在弯多坡陡的盘山路上不晕车。不过此时他们已经不愿意在车里多待哪怕一秒，于是我们决定在这里停车过夜。

第二天的行程是经斯坎诺(Scanno)返回苏尔莫纳。我们先是穿过了岩石嶙峋的萨基塔利奥峡谷(Gole di Sagittario)，又继续攀升至了海拔更高的格兰索萨山。我原本就估计路上会有比较艰难的爬升路段，果然，当我们向海拔1630米的高蒂山口(Passo Godi)挺进时就遇上了。好不容易翻越山口后，我们终于沿着公路辗转缓降到了斯坎诺。

活蛇神像

在苏尔莫纳以西12.5英里(20公里)处的科库洛(Cocullo)，每年都会举办一场意大利最古怪的节庆——“捕蛇者节”(The Festa dei Serpari)。该活动是当地为纪念村庄守护神圣多米尼克而举办，时间是每年5月的第一个星期四。其中最引人注目的，是一尊群蛇盘绕的圣人像被抬着穿村而过——这些蛇都是为了活动而特地从周围山中捕来的。

“随着我们越来越接近被誉为意大利‘小西藏’的帝王台高原，这种与世隔绝感也就变得越发强烈。”

跨页图片：小镇斯坎诺；右页图片：阿布鲁佐中世纪村庄帕琴特罗(Pacentro)；本页图片：斯坎诺湖(Lago di Scanno)；243页图片：阿布鲁佐、拉齐奥和莫里塞国家公园内的马斯卡尼山(Monti Marsicani)

斯坎诺绝对称得上是一个风景如画的小镇，这里有坡度较陡的巷道，还有一排排向山坡绵延的灰色石板构筑的石屋。我们在此停车，到处走马观花看了一下，然后便走向了山下距离镇中心不远的湖边。那里并没有太多亮点，但是孩子们很快就和一个当地小伙子玩到一起，而他的祖父则兴高采烈地给我们讲起了各种关于熊和饿狼的故事。

截至目前风景都似曾相识，不过接下来却是从未有过的体验，也是此行最大的惊喜。向圣斯泰法诺迪塞桑约（Santo Stefano di Sessanio）爬升的道路由一个接一个的发卡弯组成，让人提心吊胆，我只能挂上低挡慢慢爬坡。与此同时，每个转弯处都能见到令人拍案叫绝的风景，包括与世隔绝的云端城堡（Rocca Calascio）。

继续前行3.75英里（6公里），视野中出现了同样让人惊叹的圣斯泰法诺迪塞桑约。作为16世纪时美第奇家族的领地之一，它在2009年大地震中受损严重，许多石头建筑如今仍在修复中。当我们步行穿梭于略显荒芜的小巷中时，我们注意到一个小孩子跟在身后。最终我们了解到，他希望我们能去他家的奶酪商店里看看。我们欣然前往，挑了一大块新鲜的佩科里诺（pecorino）羊乳干酪，这自然就成了我们午间野餐的可口加菜。

现在我们所在之处的海拔约为1200米，一股与世隔绝感油然而生。随着我们继续前往有着意大利"小西藏"之称的帝王台（Campo Imperatore）高原，这种感觉就越发强烈。1943年时，墨索里尼就曾经被短暂囚禁于此。

远处，格兰萨索山的顶峰——体形巨大、呈灰色鳍状的科尔诺山（Corno Grande），正在高处默默注视着芸芸众生。这座山峰海拔2912米，也是亚平宁山脉的最高点。我一直就想攀上峰顶——这是一段虽然艰苦但是可行的夏季徒步线路——但是当前未逢其时。他日有缘，必当再会。 **文/邓肯·加伍德**

自驾指南

起点：苏尔莫纳

终点：冯特切雷托（Fonte Cerreto）

距离：161.5英里（260公里）

到达：最近的机场在罗马的菲乌米奇诺和钱皮诺。两者均设有租车服务。

何时去：5月至9月。天气温暖、色彩明艳，适合徒步。

推荐住宿：Albergo Ristorante Stella（www.albergostella.info）酒店位于苏尔莫纳的历史中心，提供现代化的三星级客房。Sextantio（www.sextantio.it）在圣斯泰法诺迪塞桑约拥有高档雅致的客房。

推荐餐饮：苏尔莫纳的Hostaria dell'Arco是一家提供丰盛当地美食的家庭饭馆。

当地信息：苏尔莫纳和佩斯卡塞罗利都设有旅游办公室。

右页图片：西西里南部小镇拉古萨

同类自驾线路

意大利原野

多洛米蒂山区

横跨威尼托和特伦蒂诺–上阿迪杰大区（Trentino Alto Adige）等北部地区的多洛米蒂山区（Dolomiti range）坐拥意大利最壮观的山地风光。石头建造的宏伟教堂如同巨型犬牙般拔地而起，构成了大多洛米蒂公路（Grande Strada della Dolomiti）的背景。这条道路从博尔扎诺（Bolzano）绵延至滑雪度假小镇科尔蒂纳丹佩佐（Cortina d' Ampezzo），拥有令人叹为观止的风景和扣人心弦的急弯。沿途亮点包括法萨山谷（Valdi Fassa），那是一座由林木茂盛的山坡和巨大的岩石山峰围裹而成的峡谷，以及塞拉隆达（Sella Ronda）山丘上迷人的阿尔塔巴迪亚（Alta Badia），它被拥在佩尔莫山（Pelmo；海拔3168米）和奇韦塔山（Civetta；海拔3218米）的怀抱之中。这里是冬季滑雪和夏季徒步或攀岩的好地方，而且全年都可享用令人愉悦的美食。

起点：博尔扎诺

终点：科尔蒂纳丹佩佐

距离：73英里（118公里）

西西里岛东南部

偏远的峡谷、嶙峋的山峦和意大利最具风情的巴洛克小镇，都让自驾西西里东南地区足以成为一段让人大开眼界的公路之旅。诺托（Noto）、莫迪卡（Modica）和拉古萨（Ragusa）等小镇都拥有璀璨的巴洛克建筑，其中大部分都是在1693年毁灭性地震之后重建的。小镇周围的风景往往也非常美丽。巨大的伊斯皮卡山谷（Cava d' Ispica）延伸至小镇伊斯皮卡附近，灰色的岩石上散布着史前的坟墓，灰色的石墙围裹着柑橘树丛。无论在哪儿，生动的地中海色彩总会在明亮的光线里熠熠生辉。这条线路从诺托前往莫迪卡，中途经过山顶城镇伊斯皮卡。从莫迪卡出发，继续向内陆前往拉古萨，进而去往基亚拉蒙泰–古尔菲（Chiaramonte Gulfi），这两个地方的橄榄油和美味猪肉都有口皆碑。

起点：诺托

终点：Chiaramonte Gulfi

距离：44英里（71公里）

萨伦托

意大利沿海的壮丽景致比比皆是，例如阿马尔菲海岸（Amalfi Coast）的悬崖峭壁、五渔村（Cinque Terre）的彩色村镇，以及撒丁岛（Sardinia）如丝缎般的海滩等。除此之外，还有许多风景同样优美但鲜为人知的地方，普利亚（Puglia）南部地区萨伦托（Salento）的狂野海岸就是一例。这里岩石嶙峋、海湾隐秘，在烈日的烤炙下，还显得波光粼粼、水色碧透。巨大的仙人掌林立于沿海岸线前行的道路两旁，从奥特朗托（Otranto）一直向南延伸至意大利最南端的莱乌卡（Santa Maria di Leuca）——罗马人曾经将这里称为“世界尽头”（finibus terrae）。从这里出发，继续前往夏季度假胜地加里波利（Gallipoli），畅享爱奥尼亚海清澈湛蓝的海水。

起点：奥特朗托

终点：加里波利

距离：73英里（117公里）

大洋洲

在新西兰探索南阿尔卑斯山

这条线路不仅承包了新西兰绝佳的高山湖泊风光，
还提供了无数检验你自身耐力和勇气的户外活动。

我打算用新西兰最棒的小吃，来开启这个国家最波澜壮阔的公路之旅。而一块来自谢菲尔德著名馅饼铺（Famous Sheffield Pie Shop）的牛排蘑菇馅饼，绝对就是支撑自驾者前往山峰嶙峋的南阿尔卑斯山的完美养料。

离开坐落于广袤的坎特伯雷平原（Canterbury Plains）上的谢菲尔德（Sheffield），很快我就开始穿梭于一座座长桥之上，越过一条条密如织网的河道，跟随蜿蜒的道路，

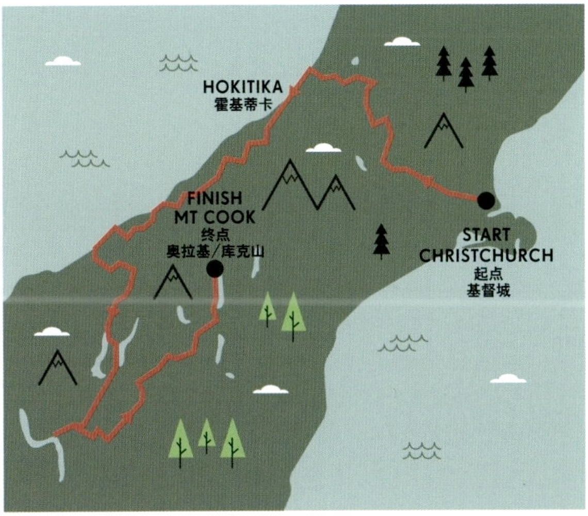

穿过被冰川峡谷和山峰围绕的亚高山雨林。在亚瑟山口(Arthur's Pass)的村庄里，那些死缠烂打且胆大包天的高山食肉鹦鹉(kea)，不断在我的车顶上蹦来跳去。在它们咬断车顶天线之前，我赶紧启程穿过曲线迷人的奥蒂拉高架桥(Otira Viaduct)，下山驶过农田旷野，来到南岛(South Island)的西海岸(West Coast)。

继续南行12英里(20公里)，就到了从淘金热中发展起来的小镇霍基蒂卡(Hokitika)。尽管19世纪的探险狂潮已然成为过去时，但镇上宽敞的街道和气派的楼宇仍在向人们诉说着那段历史。新西兰南部特产的玉石(毛利语称之为“pounamu”)成了这一地区在新时代的“金子”，当地艺廊中也有许多利用偏远山谷的石头手工制作的精美作品。

离开霍基蒂卡后，SH6公路转向内陆，蜿蜒穿过高低起伏的农田和森林，一直通往以前的矿区小镇罗斯(Ross)。我也在这里停车，前往水岸步道(Water Race Walk)活动身体，顺便游览沿线的古老金矿、洞窟和隧道。回到车上，我继续赶往今天的目的地——弗朗茨·约瑟夫冰川(Franz Josef Glacier)，由此发源的涓涓细流淌过无数河谷，最终汇入塔斯曼海(Tasman Sea)。

第二天清晨，我感觉到了老天爷对我的眷顾：西海岸天气的反复无常人尽皆知，但是这天清晨的蓝天却意味着雨雾都被驱散了。在早先的一次旅行中，我曾在向导的带领下，搭

乘直升机来到这座冰川深处徒步，但是这天上午，我暗自高兴能够在冰川步道（Ka Roimata o Hine Hukatere Track）上独览眼前弗朗茨·约瑟夫冰川末端的壮观气象。

之后我继续驱车向南，前往福克斯冰川（Fox Glacier）。中途我还在韦斯特兰泰普蒂国家公园（Westland Tai Poutini National Park）葱郁群山的怀抱中沿盘山道驾驶了23公里，我想这很可能就是新西兰风景最为壮观的半小时自驾线路了。

在福克斯冰川，我还顺道去了另一处重要景点马西森湖（Lake Matheson）。天气之神继续眷顾着我，清澈平静的湖面上，完美倒映着白雪皑皑、拔地而起的奥拉基/库克山（Aoraki/Mt Cook）的雄伟身姿。群鸦（或鹦鹉）继续在空中乱飞，导致我虽然只开出了15英里（22公里），但脑海里却全是接下来280英里（460公里）南岛壮丽风光中的名山大川。

我花了约3个小时从福克斯冰川开到了瓦纳卡（Wanaka），接下来我又沿着西海岸前行，前往偏远的哈斯特（Haast）。在经过哈斯特山口（Haast Pass）近在咫尺的瀑布群和让人不得不全神贯注的盘山道后不久，地处荒芜的小村玛卡罗拉（Makarora）迎面而来。这座小村是在被称为“西伯利亚”的地区开展喷射快艇和徒步等探险运动的大本营，也是韦斯特兰（Weatland）植被茂密的山脉的最后一站，之后就进入中奥塔哥（Central Otago）地势开阔、人烟稀少的高峰和河谷之中。我沿着哈威亚湖（Lake Hawea）和瓦纳卡湖（Lake Wanaka）湖畔的道路蜿蜒前行，终于在午后时分抵达了我的目的地。

瓦纳卡的名头远不及南边的皇后镇（Queenstown），但作为中奥塔哥又一座湖畔小镇（没那么拥挤），它能带给人更愉悦的享受。你可以夕阳西下时在瓦纳卡湖上泛舟，然后在光怪陆离的天堂电影院（Cinema Paradiso）舒适的旧沙发上看一场电影。再加上鲜美的比萨饼和新鲜出炉的巧克力饼干，这个地方着实让我心醉神迷。

第二天上午到达皇后镇之后，我把汽车停好，换上两只轮子的自行车，搭乘天际线缆车（Skyline Gondola）登上鲍勃峰（Bob's Peak），前往皇后镇的自行车公园（Queenstown Bike Park）。在刺激的全速放坡间隙，我看到了美丽的瓦卡蒂普湖（Lake Wakatipu）以及卓越山脉（Remarkables）的青色群峰。最后，我在码头边的Atlas Beer Café用皇后镇特产的Altitude精酿啤酒犒劳了自己。

蹦极、滑索和滑翔伞奠定了皇后镇户外冒险乐园的地

繁星诱惑

麦肯齐山区的特卡波湖（Lake Tekapo）拥有地球上最清澈的天空，该地区也已被列为“国际黑暗天空保护区”（International Dark Sky Reserve）。约翰山（Mt John）山顶的咖啡馆有不错的食物和咖啡，还能360度饱览麦肯齐盆地（Mackenzie Basin）的山光湖色。入夜后，你还可以参加Earth & Sky（www.earthandsky.co.nz）组织的前往坎特伯雷大学天文台的观星之旅。特卡波湖距离奥拉基/库克山约1小时车程。

跨页图片：一只充满好奇的食肉鹦鹉；右页左图：适合这场旅行的理想装备；右页右图：湖畔皇后镇；本页图片：通往库克山的道路；250~251页跨页图片：穿越坎特伯雷平原前往南阿尔卑斯山

位，但我更憧憬在这个国家最高山峰下面开展的户外活动。

从皇后镇前往奥拉基/库克山的3个小时行程中，千变万化的风景让我叹为观止。壮观的片岩山峰从河畔道边拔地而起，吉布斯顿谷（Gibbston Valley）和卡瓦劳谷（Kawarau Valley）的葡萄藤密密麻麻。从克罗威尔（Cromwell）开始，邓斯坦湖（Lake Dunstan）边上的悬崖峭壁逐渐被林迪斯山口（Lindis Pass）所取代，翻越山口后就抵达了麦肯齐山区（Mackenzie Country）的广袤盆地。在隆冬时节，林迪斯山口可能会因为降雪而封闭，但是我穿越群峰河谷的时候，沿途都是艳阳高照、万里无云的蓝天。

当我沿着细长的普卡基湖（Lake Pukaki）前往库克山村（Mt Cook Village）时，原来的蓝色天空在碧蓝的湖水前黯然失色。据说湖水的碧蓝色源于名为“冰川粉粒”的自然现象，这种如梦似幻的色调一直持续到塔斯曼冰川（Tasman Glacier）的湖边。登上一艘Zodiac充气船，我加入一支由五湖四海的旅行者组成的探险队，前去探索因塔斯曼冰川上冰层脱落而形成的浩瀚冰山。我从没想过，在如此靠近这个国家的最高山峰时，竟会看见无数巨大的冰块碎片组成的类似极地海景一样的风光。而如果几周后再来，风景可能又会截然不同。

日落时分，山峰中开始漫起阵阵寒意，而我也结束了这一天的行程，来到了库克山历史悠久的Hermitage Hotel。我坐在舒适的酒吧里，围着火炉取着暖，实在是惬意极了。

文/安德烈·贝恩

“从皇后镇前往奥拉基/库克山的3个小时行程中，千变万化的风景让我叹为观止。”

自驾指南

起点：基督城

终点：奥拉基/库克山

距离：851英里（1370公里）

到达：乘飞机从基督城进出。

何时去：2月至4月气候最为温暖，但是冬日里白雪皑皑的山峰会呈现出一年中最壮观的风景。

推荐住宿：这条自驾线路沿途有新西兰最壮观的国家环保局露营地。

推荐餐饮：皇后镇和克伦威尔附近的中奥塔哥葡萄园餐厅。

户外活动：在奥拉基/库克山和瓦纳卡周围有很棒的单日徒步线路。在皇后镇，你肯定难以拒绝蹦极或喷射快艇的诱惑。

更多信息：www.centralotagonz.com; www.mackenzienz.com; www.westcoast.co.nz。

右页图片：马尔堡怀劳谷的嫩绿葡萄园

同类自驾线路
新西兰南岛

南部景观大道

踏上这条长长的U形线路，你就可以深入探寻新西兰南部狂野的冲浪海滩、壮观的海岸桥，以及郁郁葱葱、个性独特的峡湾地区（Fiordland）。从充满苏格兰历史风情和创意氛围的大学城达尼丁（Dunedin）启程，沿着郊区公路和沿海小道穿过寂静的卡特林斯（Catlins），中途的主要景点包括帕帕图怀（Papatowai）"失落的吉卜赛画廊"（Lost Gypsy Gallery），以及纳吉特角（Nugget Point）附近浪花朵朵的小岛。接下来穿过新西兰最南端的城市因弗卡吉尔（Invercargill），再经过一片片空旷无人的海滩，最后来到峡湾地区腹地。此时你就有机会划一划皮划艇，或是乘船游览偏远的道尔福峡湾（Doubtful Sound），还可以从蒂阿瑙（Te Anau）出发徒步开普勒步道（Kepler Track）或米尔福德步道（Milford Track）。

起点：达尼丁

终点：蒂阿瑙

距离：376英里（606公里）

凯库拉海岸

1号州道（State Highway 1）是皮克顿和基督城之间的一条相对快捷的通道，其间也有不少吸引人之处，譬如美丽动人的马尔堡峡湾（Marlborough Sounds）和布伦海姆（Blenheim）世界一流的葡萄酒庄就都会让人憧憬无比。与此同时，这条线路上还有一些鲜为人知的风景。对于野生动物爱好者来说，最大的吸引力其实来自凯库拉半岛，因为这里能看到海鸥、海燕、信天翁和其他海鸟，以及在基恩角（Point Kean）四处闲逛的海豹。几种鲸鱼和海豚也生活在凯库拉地区，或至少会游经此地。其他可以观赏野生动物的地方还有基督城的柳岸野生动物保护区（Willowbank Wildlife Reserve），如果运气够好，就能在这里看到珍稀的几维鸟。

起点：皮克顿

终点：基督城

距离：219英里（352公里）

尼尔森和马尔堡探险线路

行走在这条线路上，你会有机会探索南岛的最北端，参加丰富多彩的户外活动，体验葡萄酒、精酿啤酒和美食大餐。尼尔森（Nelson）的精彩景点包括世界穿戴艺术博物馆（World of Wearable Art Museum）和星期六上午的尼尔森市集（Nelson Market）。驾车向北，穿越蒙特雷山谷（Moutere Valley），途中鲁道夫酒庄（Neudorf Vineyards）的黑皮诺葡萄酒和Moutere Inn的手工精酿啤酒都值得一试。然后绕道前往亚伯塔斯曼国家公园（Abel Tasman National Park）乘船游览，接下来往南，一路经过圣阿尔诺（St Arnaud）和尼尔森湖群国家公园（Nelson Lakes National Park）。沿着怀劳河（the Wairau River）转向东北，你还会经过马尔堡和布伦海姆的葡萄园。别错过弗雷明汉（Framingham）的雷司令葡萄酒。

起点：尼尔森

终点：布伦海姆

距离：182英里（293公里）

自驾澳大利亚大洋路

澳大利亚最负盛名的公路，贴着墨尔本以西的维多利亚海岸迤逦而行，沿途有众多海滨城镇、国家公园以及远近闻名的十二门徒岩。

“每隔五十年，海洋都会让人类认识到自己的力量是多么的渺小。从南极洲袭来的风暴在太平洋上肆虐，将巨大的气旋推往北方。而当这股气旋撞上贝尔斯海滩（Bells Beach）时，就会摇身变为人们从未见过的滔天巨浪。”在电影《惊爆点》（*Point Break*）扣人心弦的高潮场景中，逃亡的波蒂（Bodhi）站在一片沙滩上，恳求由基努·里维斯（Keanu Reeves）扮演的联邦调查局（FBI）特工放其一马，身后就是五十年一遇的暴风大浪。虽然电影中的这一场景其实是拍摄于美国俄勒冈州的印第安海岸（Indian Beach），但《惊爆点》让澳大利亚维多利亚南部沿海的贝尔斯海滩（Bells Beach）得以被更多人知晓。这片海滩和它所在的冲浪小镇托尔坎（Torquay）就在澳大利亚大洋路（Great Ocean Road）的起点上，因此我们启程后就沿着冲浪海岸（Surf Coast）前行，其间还绕道去了可以俯瞰贝尔斯海滩的悬崖高处。这天天色阴晦，有风但浪头不大，不过在排排浪花间依然能见到一些黑色身影，正在等待合适的浪头到来。

在见识了电影的经典场景后，我们回到租来的车上，正式开始自驾大洋路。我们的计划是从墨尔本出发，一路向东前往十二门徒岩（12 Apostles）——那是快到坎贝尔港（Port Campbell）时出现的一组石灰岩海柱，距离墨尔本约175英里（280公里）——途中会经过几座海滨城镇以及大奥特威国家公园（Great Otway National Park）。这段始于墨尔本的观景线路可谓经典，沿线有不少面向房车和小汽车的

旅行设施，但除此之外，还有许多不为人知的有趣去处。事实上，大洋路的诞生源于战争——3000名“一战”幸存返乡的澳大利亚军人为了纪念他们逝去的战友而修建了这条路。筑路工作始于1919年，无论刮风下雨，他们都坚守岗位，逢山伐木，遇水架桥。公路连接起了托尔坎和维多利亚西部的阿兰斯福德（Allansford），于1932年全线贯通，而这时距离托尔坎修建第一段公路已经过去了10年。也是因为有了这条路，洛恩（Lorne）等沿海小村才第一次彼此串联了起来。

洛恩的大洋路遗产中心（Great Ocean Road Heritage Centre）向来访者讲述了修筑这条路的种种故事（以及各种精彩图片）。正如你所想象的，在近百年前的澳大利亚偏远地区作业以及在各种因素的影响下，生活难免有苦有乐。1924年10月的一天，肯尼特河（Kennett River）风雨交加，蒸汽轮船SS Casino号不幸搁浅。船员们不得不将500桶啤酒投入河中以减轻负载，筑路工人们也由此大饱口福。不过直到如今，这条道路依然时不时受到风暴和山火的侵扰，山体滑坡也屡见不鲜。

离开了洛恩这座吸引许多都市人前去度周末的海滨小镇之后，一路沿着海岸蜿蜒急转、起起伏伏的道路开始让我无法掉以轻心。路上会经过桉树林，你可以试着在树杈上找找考拉（树袋熊）的身影。但有一点毋庸置疑：乘客们一定能比司机更好地欣赏海景，毕竟司机必须全神贯注地开车。这不是一条能够纵情驰骋的道路，其中原因之一很可能就是前面有一辆慢吞吞的车挡住了你的去路。

一些规模较小的村镇出现在视野中，如瓦伊河（Wye River）小镇和肯尼特河（Kennett River）小镇，之后便是一座大镇阿波罗湾（Apollo Bay）。考虑到接下来与十二门徒的约会，我们并未停留。接下来公路在大奥特威国家公园中穿行，横跨过奥特威角（Cape Otway），将我们带到一片由巨大树木组成的森林里，到最后才重回海边，来到十二门徒岩游客中心（Twelve Apostles Visitor Centre）前。而当我们走到观景台上，看到十二门徒岩的那一刻，我们几乎忘了整理被风吹乱贴在脸颊上的头发，甚至被眼前的伟岸风景惊得忘了呼吸。这并非我们第一次看到这些海柱——维多利亚州的每套明信片中都有它们的身影，然而此时此刻，大风让崖壁上的瀑布水珠四溅，海平面上灰色的积雨云厚重阴沉，如此场景实在令人难以忘怀。

有些旅行者会选择继续前往仙女港（Port Fairy）休息过

特尔顿小路

在斯克内斯河和福雷斯特之间，有一个岔路口可以让你左转进入一条名为“特尔顿小路（Turton's Track）”的单车道硬化路。这条路全长8英里（12公里），蜿蜒穿过大奥特威国家公园的蕨类灌木林地和沟壑。由于路况限制，这条路上不宜车速过快，同时你也可以中途停车近距离观赏巨大的共栖桉树。如果继续前行30分钟，你还会看到“奥特威树顶步道”（Otway Fly Treetop Walk）的标识牌。

跨页图片：十二门徒岩（注意，如今只剩下不到十二座）；右页图片：停下来享受海风；本页图片：从奥特威树顶步道穿过森林

夜，或是抓紧时间驶往阿德莱德。不过我们决定掉转车头，返回阿波罗湾。对悉尼人而言，这是一个典型的“daggy”小镇（意即“舒适淳朴”），但也有人欣赏这里朴实无华的气质。在宽阔的新月形沙滩（也是小镇名称的由来）背后，有着销售各种液晶写字板的商店。此外，港口还有一间酒馆、一间炸鱼薯条店，以及一家很棒的国际青年旅舍（YHA）。

第二天，我们没有直接沿着大洋路返回墨尔本，而是在斯克内斯河（Skenes Creek）左转进入奥特威（Otways）。我们的目的地是名叫福雷斯特（Forrest）的小镇，距离阿波罗湾约45分钟车程。福雷斯特曾是一座伐木小镇，但自从当地伐木业被禁止后，工厂关门歇业，小镇则向旅游业转型，并且日益欣欣向荣。艾玛·阿什顿（Emma Ashton）和丈夫比特（Pete）于2013年在这里开了家客栈，后来还增加了一间令人回味无穷的餐厅Bespoke Harvest——大厨西蒙·斯图尔特（Simon Stewart）很擅长使用当地原材料（许多都来自客栈自己的菜园）创造出美味健康的菜肴，例如白萝卜和腌章鱼沙拉等。

这座小镇还有一座赫赫有名的啤酒厂Forrest Brewing Company，以及一片遍布山地自行车线路的桉树林。将这两者结合起来，你一定能度过兴味盎然的一天（可以在The Corner Store租到自行车），别忘了再来上一两杯当地的艾尔啤酒。在这里休息一晚后，我们继续向北，沿着奥特威角公路（Cape Otway Road）转上普林斯公路（Princes Hwy），然后一路返回墨尔本。　**文/罗宾·巴顿**

“这不是一条适合飞驰而过的道路。除了沿途品味海景，不时到海滩停车泛舟，还要时刻注意着路况。”

自驾指南

起点/终点：墨尔本（大洋路则是从托尔坎开始）

距离：从墨尔本出发往返340英里（550公里）

何时去：道路全年通行，但是春、夏、秋（10月至次年5月）是享受海滩的最佳季节。如果选择冬日出行，5月至9月的观鲸季大概是最好的慰藉。

推荐住宿：The Apollo Bay Eco YHA（www.yha.com.au）是澳大利亚最佳青旅排行榜上的常客，房间干净，设施现代，占据沙滩旁边的绝佳位置。在福雷斯特，Emma Ashton's Guesthouse（forrestaccommodation.com.au）设有迷人的园景精品客房，房费含早餐。

推荐餐饮：洛恩有很多餐馆，比如希腊小馆Ipsos。在阿波罗湾，港口的渔民合作社（Fisherman's Co-op）供应美味的炸鱼薯条。在Forrest Brewing Co.（forrestbrewing.com.au）点上一杯可口的啤酒，惬意无比。

右页图片：西班牙塞维利亚瓜达尔基维尔河（Guadalquivir River）上的提亚纳桥（Triana Bridge）

同类自驾线路
城际旅行

澳大利亚墨尔本至悉尼

墨尔本和阿德莱德之间的滨海线路全长620英里（1000公里），开始一段的大洋路令人颇为难忘。而在反方向上，即从墨尔本到悉尼，还有一条与此类似的景观线路。避开笔直的休姆公路（Hume Hwy），选择维多利亚东缘附近的距离更长的路线，沿着新南威尔士南部的蓝宝石海岸（Sapphire Coast）一路前行。不妨为行程多预留几天，中途在低调的海滨村镇过夜，一身轻松地到达悉尼，免去了1000公里日夜兼程带来的疲惫不堪。从墨尔本向东部海岸进发有几条途径，其中最受青睐的是先驶往吉普斯兰（Gippsland）的青山绿水，然后绕行地处偏远、多荒野沙滩的克拉金固隆国家公园（Croajingolong National Park）。如果装备齐全，不妨在这里露营，绝对会让你收获非常奇妙的体验。跨越州界进入新南威尔士，路边就是蓝宝石海岸和波澜不惊的海湾，不为人知的冲浪地点、悠然静谧的海滩城镇以及经典的观鲸地也在这里。住宿选择丰富，从汽车旅馆、含餐民宿到高档度假村，一应俱全。

起点：墨尔本

终点：悉尼

距离：620英里（1000公里）

美国丹佛至旧金山

星期五，夜晚，丹佛。汽车服务公司员工科瓦尔斯基（Kowalski）收到了一辆1970年道奇“挑战者”（Dodge Challenger R/T 440 Magnum）的车钥匙，他答应客人将这辆车在星期六上午开到旧金山某处。这段路全长1200英里（1900公里），中途穿过科罗拉多、犹他、内华达和加利福尼亚等4个州，为了完成工作，科瓦尔斯基日夜兼程并不断超速——这是1971年的经典邪典（cult）电影《消失点》（*Vanishing Point*）中的情节。但我们绝不建议你像电影中的科瓦尔斯基那样赶路，因为，这是穿越美国西部的一条大线路，从某种意义上来说，具有朝圣的意味。电影本身对行程规划几乎毫无帮助——很多场景都是在完全不同的地方拍摄——不过离开80号州际公路（Interstate 80）寻访电影中的部分场景并非完全不可能。科瓦尔斯基沿着70号州际公路（I-70）一路向西，在犹他州的废弃城镇西斯科（Cisco），可以找到电影中曾经出现的场景。如果再播放点儿灵魂乐，一定能为你重新追寻科瓦尔斯基的宏大旅行营造出原汁原味的氛围。

起点：丹佛

终点：旧金山

距离：1200英里（1900公里）

西班牙马拉加至塞维利亚

西班牙南部的安达卢西亚省总是阳光灿烂，其历史上发生的重大事件与群山、峡谷和海盗肆虐的沿海地理密不可分。在过去数百年中，该地区数易其主。曾经的统治者包括罗马人、汪达尔人以及伊斯兰入侵者。摩尔人在这里留下了伊斯兰文明中最璀璨的艺术作品，格拉纳达（Granada）和科尔多瓦（Córdoba）等城市至今仍保存着丰富多彩的建筑遗迹。这条自驾线路从旅游中心和地区航空枢纽马拉加（Málaga）出发，一路前往安达卢西亚的首府塞维利亚，沿途能欣赏该地区最著名的白色村庄Arcos de la Frontera，以及屹立于绝壁的悬崖小镇隆达（Ronda）。建于公元前9世纪的隆达，是西班牙最古老的定居点之一，让人流连忘返的景点包括18世纪的石桥和斗牛场，以及可以追溯到摩尔人时期的旧城。自驾之旅（以及历史课程）在曼妙的塞维利亚画上句号，记得去看看建于13世纪的摩尔人王宫（Alcázar）。

起点：马拉加

终点：塞维利亚

距离：140英里（225公里）

新西兰北部地区和岛屿湾

从大都会奥克兰出发，开始这段激动人心的公路之旅，
一路感受壮观的海岸景点、迷人的毛利艺术文化以及过往的新西兰殖民地风情。

经过身姿优美的奥克兰海港大桥（Harbour Bridge），我向着气候更加温暖的北方进发，准备重访此前在公路旅行中和亲朋好友一同去过的某个地方。被当地人幽默地称作“无冬之北”的北部地区（Northland）通常要比这个国家的其他地方暖和些，因此在沿着SH1公路前行时，春日的阳光让我不由自主地感到身心愉悦。

路过滨海小镇沃克沃思（Warkworth）时，我在心里暗自许愿，要在夏天重回这里逛逛沙滩、葡萄园和马塔卡纳（Matakana）附近的市场。随后我穿过了山势险峻、灌木丛生的杜姆山谷（Dome Valley），径直向东前往芒格怀角（Mangawhai Heads），以便能够继续沿着滨海道路驶往风景怡人的怀普（Waipu），去那儿游览神秘的地下石灰岩洞。每到夏季，这条经过兰格斯海滩（Lang's Beach）和怀普湾（Waipu Cove）的蜿蜒道路两侧都会被火红的新西兰圣诞树（pohutukawa）装点得活力四射，冲浪海滩也将变得人山人海。

鉴于我曾经在怀普酒吧与大学好友一起共庆欢乐的新年（我曾在这里的点唱机里投了不少硬币），因此这顿午餐我选择换个地方，到麦克劳德啤酒馆（McLeod's Brewery）和热情好客的酿酒师一起享用炭烤比萨饼和精酿啤酒。但我不得不承认，当时我那未经调教的味觉恐怕还没有做好准备，来迎接那款充斥着啤酒花苦味的IPA啤酒。

离开怀普，我继续沿着SH1公路一路向北，东边辽阔的布里姆湾（Bream Bay）一直相伴。在距离怀普37英里（60公里）的瓦卡帕拉（Whakapara），我驶离大路，转上拉塞尔古道（Old Russell Rd）。这条40英里（64公里）的老路穿行于林木茂密的山峦和地处偏远的海滩定居点之间，许多毛利

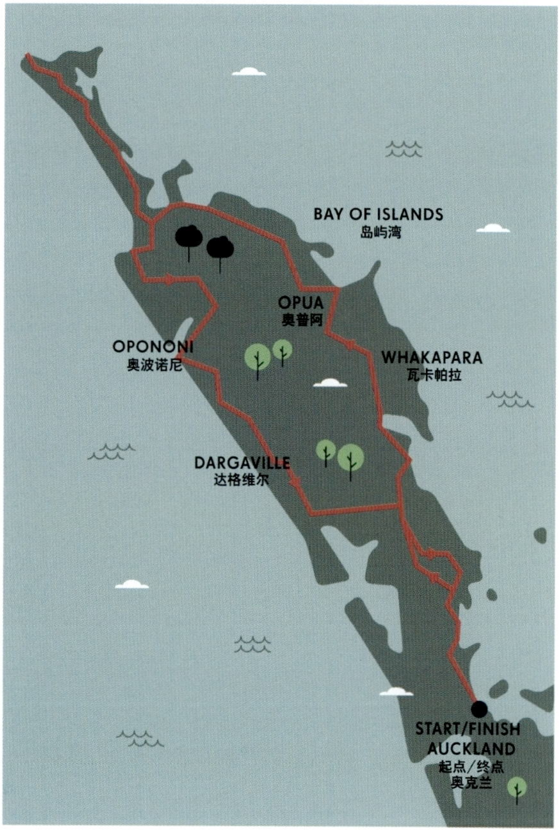

人（新西兰土著）的marae（议事厅）点缀其中。在海伦娜湾（Helena Bay）边上的一间当地艺术馆的咖啡馆里，3只温顺的纽芬兰犬正在温柔地向我致意。

在开过奥隆戈海湾（Orongo Bay）的生蚝养殖场之后，我到达了这天的最后一站——拉塞尔（Russell）。在19世纪初，拉塞尔曾经是捕鲸者和水手们纵欲狂欢的天堂，但今晚在这座海滨小镇上的娱乐却只有当地小酒馆的酒吧问答游戏。第二天一早，我登上了新西兰航程最短的载车渡轮，前往附近的奥普阿（Opua），然后继续前往度假小镇派希亚（Paihia）。

岛屿湾通常可以乘坐游船或直升机观光游览，还可以报名参加海豚观赏之旅，但此时我迫不及待地前往附近的凯里凯里（Kerikeri）故地重游。葡萄园餐厅、手工艺品商店、柑橘园都让我无比憧憬。我决定先去新西兰现存最古老的建筑“石头商店”（Stone Store）一探究竟，在这家建于1836年的店里探索殖民历史，然后在郁郁葱葱的瓦勒普克亚热带花园（Wharepuke Subtropical Gardens）与当地的艺术家朋友会面。

从凯里凯里到芒奥努伊（Mangonui），一般只需沿着SH10公路直线行驶31英里（50公里），但我在这里再次选择向东绕道，以便加入另一段24英里（40公里）长的滨海路线。太平洋的湛蓝，一直延伸到马塔里湾（Matauri Bay）的天边尽头，随后公路小心翼翼地下降，穿过怀努伊（Wainui）的小海湾，最后到宁静的达旺格罗阿港（Whangaroa Harbour）。

我的家族与这里颇有渊源——我的叔祖父夫妇曾经是旺格罗阿马林酒店（Marlin Hotel）的经营者，酒店附设的历史悠久的酒吧如今依然是许多名人来此垂钓时的休闲之地。重新回到SH10公路，当晚我入住芒奥努伊建于1905年的历史酒店，用炸鱼薯条和冰啤酒结束了这一天的旅途。

从芒奥努伊启程，我继续前往新西兰的最北端——在阵阵旋风的伴随下，我步行1英里来到了雷因格角（Cape Reinga）灯塔。毛利人将这个地方称为“Te Rerenga Wairua”，这里也是毛利神话中，逝者灵魂前往波利尼西亚最后安息之地的起点。在灯塔下，塔斯曼海和太平洋浪花翻涌。在南边规模稍小的阿希帕拉（Ahipara），同样也是一番惊涛拍岸的景象。

在阿希帕拉一间由冲浪者经营的North Drift Cafe享用过一顿悠闲的早餐后，我沿着游人罕至的西海岸继续自己的北部地区之旅。在科胡科胡（Kohukohu）等待赫基昂加（Hokianga）海港渡轮的间隙，我在一家当地画廊与艺术家

《怀唐伊条约》

在岛屿湾的“怀唐伊条约纪念地”（Waitangi Treaty Grounds；www.waitangi.org.nz），你可以追寻一番毛利人和殖民地的历史。1840年，43位毛利酋长与英国王室签署了《怀唐伊条约》。纪念地的门票同时包括了怀唐伊博物馆（Museum of Waitangi），里面用现代化的方式展示了这份条约对新西兰过往、当前和未来的影响。持门票还可观看一场毛利文化表演。

“轻柔飘逸的吉他和弦和悠闲自在的浅吟低唱，让我深感自己确实身在新西兰北部——只有这里才能体验到这样的原始风情。”

们闲聊了几句，然后很快渡过海湾来到拉韦尼（Rawene）。

这里的19世纪传统历史建筑看似平淡无奇，却涌动着一股欣欣向荣的艺术气息。极具国际范儿的No 1 Parnell艺廊如同奥克兰等大城市的展馆一样新潮，却展示着来自极北地区（Far North）的艺术家们的作品；而另一间Tupo Art则会经常举办以当地毛利艺术家为代表的特色作品展。

在接下来向南前往奥波诺尼（Opononi）的路上，一位当地农夫和他的牧羊犬在乡村路上赶着一群羊慢慢前行，我也不得不减慢车速。到了奥波诺尼后，我在当地酒馆借宿，推开窗就能看到赫基昂加港口对面的奥玛佩里（Omapere）高耸的沙丘。一家当地毛利人正在举行婚礼，轻柔飘逸的吉他和弦和悠闲自在的浅吟低唱，让我深感自己确实身在新西兰北部——只有这里才能体验到这样的原始风情。

从奥波诺尼驱车向南30分钟到达怀波瓦州立森林（Waipoua State Forest），一股浓浓的新西兰风情再次扑面而来。我曾经和父母兄长一起到此游玩，记得当时坐在后排座的我说得最多的一句就是“我们到了吗”。但无论何时到来，朝觐那棵名为“森林之王”（Tane Mahuta）的贝壳杉树总会给人留下深刻的印象。这棵以毛利族森林之神命名的树木，高达50米，周长近14米。据说，这棵树的出现甚至要早于毛利人，因为当1300年前毛利人从波利尼西亚本土跨洋过海登临新西兰之前，它已然是一棵小树苗了。 **文/布雷特·阿特金森**

跨页图片：探索北岛沙丘；本页图片：怀普岩洞（Waipu Caves）；左页下图：新西兰最北端的雷因格角灯塔；263页图片：岛屿湾的瓦埃瓦埃托雷阿岛（Waewaetorea）

自驾指南

起点/终点：奥克兰

距离：613英里（986公里）

到达：从奥克兰的机场抵离。

何时去：2月至4月天气最暖和，气候舒适怡人，而且可以避开新西兰学校的新年假期，那时会比较拥挤。

推荐住宿：北部地区有从汽车旅馆到奢华木屋的各类住宿。这条线路也很适合房车出行，可以在假日公园或环保局的露营地过夜。

推荐餐饮：除了奥克兰的都市餐厅，北部地区的最佳就餐选择通常位于派希亚和拉塞尔，以及凯里凯里附近的葡萄园、咖啡馆和市场。

顺路探访：美食爱好者不应错过马塔卡纳的葡萄园、精酿啤酒和周六上午的农夫市集。马塔卡纳也是从奥克兰出发一日游的理想之选。

更多信息：www.northlandnz.com。

右页图片：霍克伊斯湾的装饰艺术
热门景点纳皮尔

同类自驾线路
新西兰北岛

太平洋海岸公路

新西兰的毛利土著文化、旖旎海岸风情和装饰艺术设计，在这条沿着太平洋海岸线而行的自驾线路上展现得淋漓尽致。起点是新西兰最受阳光眷顾的城市之一瓦卡塔尼（Whakatane），这里有前往近岸活火山岛——白岛（Whakaari）——的渡轮的码头。附近的奥霍普（Ohope）紧邻鲸岛（Moutuhora）野生动物保护区。新西兰的最东端是奥普托基（Opotoki）的偏远郊区，这里弥漫着浓郁的纳蒂普罗部落（Ngati Porou iwi）的传统文化，当地毛利人的议事厅都是用精美的木雕来装饰。继续向南，吉斯伯恩（Gisborne）拥有得天独厚的海滩和美味可口的霞多丽葡萄酒，霍克伊斯湾（Hawke's Bay）的纳皮尔（Napier）和黑斯廷斯（Hastings）则将卓越的酒庄和充满艺术气息的美食完美结合起来。在1931年大地震废墟上重建起来的纳皮尔，大街小巷都可见到世界上最为精致的装饰艺术建筑。

起点：瓦卡塔尼

终点：纳皮尔

距离：364英里（586公里）

温泉之旅

这条自驾线路穿越北岛的地热区域，沿途经过壮观的间歇泉、热气腾腾的温泉池以及苍翠挺拔的森林。此外，一路上还可以深入体验毛利文化，在罗托鲁瓦（Rotorua）附近的户外探险乐园挑战自我。从汉密尔顿（Hamilton）驶往罗托鲁瓦，中途在玛塔玛塔（Matamata）停车游览新西兰最热门的景点霍比屯（Hobbiton）。接下来，在地狱之门（Hell's Gate）、塔拉韦拉湖（Lake Tarawera）和怀芒古热谷（Waimangu Thermal Valley），你都可以将罗托鲁瓦的地热风景一览无余，在瓦卡雷瓦雷瓦（Whakarewarewa）还可以体验毛利文化和美食。山地车、滑索和太空球（zorbing）是罗托鲁瓦周边森林中人气极旺的户外项目。继续向南，你会来到因史上最大一次火山爆发而形成的火山口湖——陶波湖（Lake Taupo），这附近的地热区怀拉基（Wairakei）拥有一处温泉康体水疗院，以及几条山地自行车线路。

起点：汉密尔顿

终点：陶波

距离：146英里（235公里）

塔拉纳基冲浪公路

这条另辟蹊径的短途自驾线路开始于新普利茅斯（New Plymouth），你可以在这里找到绿意盎然的普克库拉公园（Pukekura Park），它是新西兰最佳城市绿地之一（也是每年3月Womad音乐节的主要场地）。先去列恩·雷中心（Len Lye Centre）开开眼界，看看这位新西兰艺术家的动态雕塑，然后继续沿着SH45公路南行。此时塔拉纳基山（Mt Taranaki）的迷人身姿出现在左手边，道路在奶牛牧场之间穿行，路旁那些冷清的小路通往各个冲浪海滩，许多勇敢无畏的弄潮儿就在那里寻找完美的海浪。驾车前行时，不妨留意偶尔出现的船骸和灯塔。奥库拉（Oakura）和奥普纳克（Opunake）等小镇都有不错的咖啡馆，同时不失热情好客的气氛；哈维拉（Hawera）非常不错的塔维提博物馆（Tawhiti Museum）则展示了移民者的历史，讲述他们是如何和当地毛利人共同建设塔拉纳基的。

起点：新普利茅斯

终点：哈维拉

距离：65英里（105公里）

从霍巴特到昆斯敦

在这条移步换景的短途自驾线路上，深入被列为世界遗产的荒野，探寻塔斯马尼亚的山脉、河流以及人类征服自然的历史足迹。

这既是河流的历史，也是道路的故事。此时的我还在塔斯马尼亚首府霍巴特（Hobart），看着德文特河（Derwent River）河面渐渐变宽，并在这里奔流汇入冰冷的太平洋。但我知道，在不到3个小时之后，我就能驾车来到这条河流在塔斯马尼亚群山中的源头，看着它从澳大利亚最幽深的湖中流淌而出。

河随山走，山遇河开。这条道路却在森林中勇往直前，从那些粗壮的树木底下贯穿而过。但紧接着，你就再也看不到森林的踪影了，取而代之的是人类自己打造的荒漠之景。

我正准备沿着塔斯马尼亚西海岸从霍巴特前往昆斯敦（Queenstown）。当我开出霍巴特后，道路开始紧挨着德文特河岸延伸。长长的河道平坦如镜，偶尔因为急流泛起波澜。在新诺福克（New Norfolk），道路跨河而过，杨柳在秋风中舞动腰身，在晨雾中透出几分色彩。而随着我一路向北行驶，路边的农场也仿佛被依次披上了薄雾，让我丝毫不得放松。于是，我一会儿跃居云上，一会儿徘徊云端，不时还来到云下——如同在进行一场时速60英里（100公里）的捉迷藏游戏。

经过小镇乌斯（Ouse）后，前往塔斯马尼亚“荒山野岭”的道路开始爬升，在高高的密林中穿行的莱尔公路（Lyell Highway）仿佛要直冲天际。一只针鼹鼠摇摆着穿过公路，它胖嘟嘟的身体如同弹簧玩具般慢慢蠕动。路边运河水渠纵横交错，它们是塔斯马尼亚水电网络的“毛细血管”。有那么一刻，我竟觉得河道的面积几乎与土地相差无几——那时我已进入塔斯马尼亚的中部高原，而在那片高绝荒芜的地貌中，无数湖泊河流分布其间。

其中名头最响的当属圣克莱尔湖（Lake St Clair），它也是我启程2.5小时之后第一次真正意义上需要停车游览的景点。湖面距公路约有3英里（5公里），经过几次转弯，汽车再次回到德文特河边——不过在这里它显得温驯得多，大概是因为刚刚从圣克莱尔湖流淌而出，所以看上去更像是微波荡漾的山间小溪。

圣克莱尔湖凭借167米的深度成为澳大利亚最深的湖泊，坐落于重峦叠嶂的群山之怀。而让它声名大振的，还是它作为澳大利亚最负盛名的丛林徒步线路“陆上步道”（Overland Track）南部终点的身份。在湖边站一会儿，据说

还能看到从水中探出头的鸭嘴兽，但这一天我只在岸边看到一条体形壮硕的虎蛇。

在圣克莱尔湖，我终于彻底和德文特河挥手告别——再见了，我的朋友——而壮观的风景这时才真正开始。离开圣克莱尔湖之后，公路穿过地表褶皱，进入塔斯马尼亚荒野世界遗产区（Tasmanian Wilderness World Heritage Area），这是一处荒无人烟的土地，占据该州约五分之一的面积。

地球上最高大和最古老的树木在这里的茂密雨林里生长，澳大利亚最壮观雄伟的山脉从这里的土地中拔地而起。当你沿着莱尔公路穿越其间时，你会近距离接触到塔斯马尼亚性感狂野的一面，感受到这里各种鬼斧神工和自然传奇。

从圣克莱尔湖出发没多久，经过威廉国王山口（King William Saddle）之后，下山道路开始先后辗转越过富兰克林河（Franklin River）和科林伍德河（Collingwood River）。在科林伍德河桥边，你会看到许多橡皮艇早已整装待发——这也是世界上最惊险刺激的激浪漂流的起点：沿科林伍德河顺流而下，转到富兰克林河上，开始为期一周的劈波斩浪，以及艰苦无比的野外露营。

我也要看富兰克林河，但还不是在这里。我继续驱车前行，最后将车停在前往“法国帽山”（Frenchmans Cap）徒

“地球上最高大和最古老的树木在这里茂密的雨林里生长，澳大利亚最壮观雄伟的山脉从这里的土地中拔地而起。”

步线路起点处的停车场。前往这座山峰的徒步需要数天时间，但是要走到富兰克林河边只需要几分钟，河面上还有一座颤颤巍巍的吊桥可以让你继续走到对岸。在20世纪80年代初，人们曾经计划在这条奔涌的河流之上拦水筑坝，但随后爆发的澳大利亚史上最著名的抗议活动让这一建设计划付诸东流，也导致联邦选举的最终结果改变了。

我步履蹒跚地从堤上走到河边，脱下鞋子，站到了冰冷刺骨的河水中。富含单宁酸的河水呈现出如梦似幻的黄色，河床上的浅色鹅卵石和我的双足都清晰可见。

这段自驾行程即将画上句号，但是从这里开始的最后一段行程会进行得很慢，各种迷人的景观促使我降下速度。法国帽山的身姿时隐时现，其体量巨大的石英岩山峰泛着刺眼的白色，看上去仿佛是终年积雪一般。此外还有尼尔森瀑布群（Nelson Falls），从公路步行一小段距离就可以看到它们从一处峭壁上飞流而下。广袤的伯布里湖（Lake Burbury）则

是平静似镜，群峰倒映其中，如山浮水。

不过，最让人难忘的当属进入昆斯敦的路段。它被当地人称为“九十九道拐”（99 Bend Road），也是我在塔斯马尼亚最钟爱的自驾路段，在穿过一片令人惊骇而又极具吸引力的地貌之后，翻过群山进入昆斯敦。那片地貌与此前以茂密雨林为主的塔斯马尼亚湿润的西海岸不同，由于受到一度给昆斯敦带来生气的铜矿的侵害，这里的土壤几乎寸草不生。

裸露的地表被矿物染色，简直就是真正的月球表面，而这也让一路上绿色清新的旷野在我心中留下了更加深刻的印象。　文/安德烈·贝恩

挂牌出售的小镇

在前往圣克莱尔湖的路上，驶入塔拉利亚（Tarraleah）时，你过往对普通山区小镇的印象可能会被完全颠覆。但你不能“以貌取城”。这座小镇始建于20世纪30年代，初衷是为了给成百上千的水电建筑工人提供安身之所。在21世纪初废弃后，小镇被打包出售，于是整个镇子摇身变为一座大酒店。2016年，整个小镇再次入市待售。如果你手里有1100万美元，你就可以摘下那块“此地出售”的广告牌……

左页图片：沿富兰克林河顺流而下；本页上图：“陆上步道”徒步线路上的火山口湖（Crater Lake）；本页下图：繁华的昆斯敦的Q Bank Gallery；269页图片：摇篮山－圣克莱尔湖国家公园（Cradle Mountain-Lake St Clair National Park）的塔斯马尼亚雪桉

自驾指南

起点：霍巴特

终点：昆斯敦

距离：162英里（260公里）

到达：霍巴特有往返墨尔本、悉尼和布里斯班的航班。可在机场直接租车。

推荐住宿：圣克莱尔湖是塔斯马尼亚首屈一指的自然旅游景点之一，也是过夜休息的好地方。在一处250米长的码头尽头，Pumphouse Point（www.pumphousepoint.com.au）会让你感受到奢华的静谧——房间就在湖面上方。迷人的起居室如同船长的驾驶舱，可以直接看到湖面。不妨端一杯葡萄酒，在湖面上搜索鸭嘴兽的身影。在昆斯敦，Q Bank Gallery（www.qbankgallery.com.au）艺廊楼上的房间提供“爱彼迎”（Airbnb）住宿，这栋建筑此前是一座漂亮的银行大楼。

右页上图：外观独特的摇篮山；右页右下：摇篮山－圣克莱尔湖国家公园内的"心醉步道"（Enchanted Walk）；右页左下：如今在野外已经罕见的塔斯马尼亚袋獾

同类自驾线路
塔斯马尼亚

西海岸

如果到了昆斯敦还觉得意犹未尽，那就继续前行吧！塔斯马尼亚西海岸的风景变化万千，你会遇到小巧的渔村、巨大的沙丘以及澳大利亚名气最响的高山。从昆斯敦出发，在曾被一家美国报纸形容为"世界最佳小镇"的渔村斯特拉汉（Strahan）转往海岸方向，穿过风尘仆仆的亨提沙丘（Henty Dunes），在兹汉（Zeehan）附近开上默奇森公路（Murchison Highway），再经过矿业小镇罗斯伯利（Rosebery）和图拉（Tullah），便可看到摇篮山（Cradle Mountain）的独特身姿——不妨在这里停车舒展下筋骨，比如沿着多芬湖（Dove Lake）湖畔徒步上一小段。随后驶离高原，从同样壮观的罗兰山（Mt Roland）山脚经过，在德洛兰（Deloraine）转上巴斯公路（Bass Highway），一路驶往终点朗塞斯顿（Launceston）。

起点：霍巴特

终点：朗塞斯顿

距离：310英里（500公里）

东海岸

与狂野的西海岸相比，塔斯马尼亚遍布海滩的东海岸显得温柔许多。塔斯曼公路（Tasman Highway）翻越座座干燥山丘[它们往往有着出人意表的名字，例如"望断颈山"（Break-Me-Neck Hill）和"吓破胆山"（Bust-Me-Gall Hill）]，然后到达奥福德（Orford）海岸。从这里往北是一连串空旷开阔的沙滩，其风情不逊于任何澳大利亚海岸，只不过海水冰冷刺骨。在路口转往弗雷西内半岛（Freycinet Peninsula），探访身形曲线无可挑剔的酒杯湾（Wineglass Bay）或者在哈尔茨（Hazards）山脉一路爬升。然后再次沿着岔路前往火焰湾（Bay of Fires），欣赏白色沙滩、蓝色海水、橙色地衣。从圣海伦（St Helens）出发，道路穿越山峦起伏的内陆，一直通往朗塞斯顿。如果你随车带着自行车，可以在德比（Derby）世界一流的山地自行车道上一显身手。要是喜欢奶酪，不妨就去探访圣海伦城外公路旁的派恩加纳牧场（Pyengana Dairy Company）。

起点：霍巴特

终点：朗塞斯顿

距离：255英里（410公里）

更多信息：greateasterndrive.com.au

科克尔河

这段自驾行程将带你前往澳大利亚最南端——从这里再往南一站就是南极洲了。如果要看最美的风景，可以沿桑迪湾路（Sandy Bay Rd）驶出霍巴特城外，经过塔鲁纳（Taroona）的制弹塔（Shot Tower），然后沿着海岸穿过凯特林（Kettering）和伍德布里奇（Woodbridge），到达悠闲怡人的小镇西格尼特（Cygnet）。在胡恩维尔（Huonville）转上胡恩公路（Huon Highway）——如果你早晨出发得足够早，经过富兰克林（Franklin）时就能看到宽阔的胡恩河（Huon River）水面如镜。在吉夫斯顿（Geeveston），临时绕行内陆，你可以选择"上天"沿着"塔胡恩空中步道"（Tahune AirWalk）来一段树冠徒步，也可以选择"入地"，继续前行25英里（40公里）去探索黑斯廷斯洞穴（Hastings Caves）。经过洞穴后，道路变成多沙碎石路，逐渐向美丽的洛切切湾（Recherche Bay）岸边延伸，最后到达拥有众多露营地的科克尔河（Cockle Creek）。

起点：霍巴特

终点：科克尔河

距离：112英里（180公里）

更多信息：www.southerntrove.com.au

穿越金伯利：吉布河之路

金伯利地区位于澳大利亚遥远的西北部，拥有原汁原味的澳式风情，
而吉布河之路则是将你带去那里的内陆途径。

澳大利亚1号公路是绕行全国的一条环线，其北部路段"大北公路"（Great Northern Highway）则是沿着金伯利地区南部边界绕行，连接着德比（Derby）和库努纳拉（Kununurra），途经菲茨罗伊克罗辛（Fitzroy Crossing）和霍尔斯克里克（Halls Creek）。但是，如果想要体验到号称最地道的"澳式"风情，就必须摒弃这条舒适的路线，踏上充满艰险的吉布河之路（Gibb River Road）。这条路直接穿越金伯利核心区，比1号公路需要驶过的距离短了约125英里（200公里），但开起来会更慢。它还是阻隔车辆的高手：雨季时穿越吉布河之路，你可能会面对高涨的河水束手无策，只能等待水位下降；若在旱季前往，在长期干旱之后要是没有压路机的帮助，那么这里远近闻名的搓衣板路就可能会将你的五脏六腑都颠出腹外，而你的车也逃不了散架的命运。

来自五湖四海的早期探险家曾经试图沿着地形复杂、海湾众多、岛屿遍布的金伯利海岸进行探险，如今仍有许多探险观光船穿梭于壮丽的海岸线上。在内陆，金伯利如同一座露天艺术馆，展出让人大开眼界的土著岩画，无论是创作时间较近的万第纳（Wandjina）绘画，还是历史更为久远且依然成谜的布拉德肖（Bradshaw）画作，都会让人叹为观止。后者的英语名称来源于19世纪晚期的英国探险家约瑟夫·布拉德肖（Joseph Bradshaw），他是一位狂热的岩画艺术爱好者兼探险家，也是历史上首次对岩画进行分类和标记的研究者。

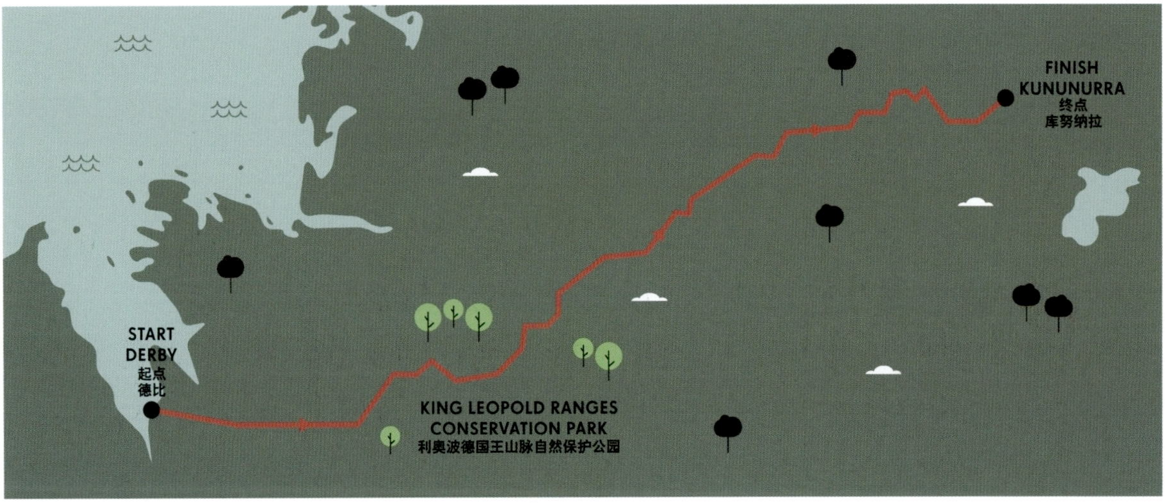

如今，它们被统称为圭央圭央岩画（Gwion Gwion）。然而，它们创作于何时？谁创作了它们？这些依然是未解之谜，而当代的土著们有时也会表示它们“并不是我们的祖先所创造”。布拉德肖岩画通常都在“展馆”内，即在进行了保护的岩面上，万第纳岩画则往往位于日常生活区域。出现较晚的万第纳岩画的主题、设计和色彩都更为丰富，但是缺少了布拉德肖岩画中人物的柔和、平静与优雅。

成功穿越吉布河之路的秘诀就是“慢慢走，别着急”。如果车速过快，那些搓衣板路、小石头、不显眼的坑洼和锋利的路肩都会让你分分钟面临爆胎的危险。走这条路带上备胎准没错。但慢慢走的原因还不只是路况不佳，吉布河之路沿线的诸多景点也会带你离开主路，用时颇多。如果你想向南前往莫宁顿营地（Mornington Camp），或是向北前往卡伦布鲁（Kalumburu），并决定之后是否去米歇尔瀑布（Mitchell Falls），那还需要为行程多预留几天时间。

在这条路的库努纳拉一端，不远处还有一个名叫埃尔奎斯特（El Questro）的地方。这里有壮丽的峡谷和舒适的住宿地——从经济的露营地到奢华的农庄（Homestead），其中的农庄就屹立在张伯伦峡谷（Chamberlain Gorge）的悬崖峭壁之上。埃尔奎斯特最初是金伯利地区的牧牛场，虽然如今四条腿的牲口和两条腿的人类在这里完美共处，但是对吉布河之路沿线的许多牧牛场而言，如今不期而至的游客几乎和意外造访的“野兽”一样不胜其烦。

如果由西向东穿越，可以先在海岸线上的德比补充给养，给车加油，顺便欣赏金伯利标志性的猴面包树，而平坦的沥青路也将在这里暂告一个段落。从德比出发，90英里（144公里）后就能转上通往鬼斧神工的温迦纳峡谷（Windjana Gorge）和更远处的屯列河（Tunnel Creek）的小道。要是一直走下去，还能到达大北公路（Great Northern Highway），二者就在菲茨罗伊克罗辛以西不远的地方交会。切勿计划在雨季出行，虽然旱季的路况也好不到哪里去。

在温迦纳峡谷有一处露营地，哈特山荒野小屋（Mt Hart Wilderness Lodge）和查恩利河（Charnley River）则有更多住宿选择，但是许多穿越吉布河之路的旅行者都会向南前往菲茨罗伊河（Fitzroy River）附近的澳大利亚野生动物保护协会（Australian Wildlife Conservancy）设立的莫宁顿露营地（Mornington Camp）。以这处营地为大本营，可以探索方圆1000多平方英里（3000平方公里）内的峥嵘峡谷、潺潺小溪和静谧水潭。在安妮河（Annie Creek）尽兴泛舟之后，你还可以在星空下野餐，或是在露天酒吧享用一杯冰啤酒。无论何时，澳大利亚内陆的夜空始终能为你提供一面极尽华丽的幕布，而观鸟爱好者还能在他们的“观鸟清单”上打勾勾，

毕竟保护区内曾有200多种鸟类出现并被记录。

到达巴尼特山公路小屋（Mt Barnett Roadhouse）后，穿越路线就算完成了一半。接下来你可以向北前往德赖斯戴尔河牧场（Drysdale River Station）以及紧邻海岸的卡伦布鲁（Kalumburu）原住民社区。或者，你也可以转向崎岖不平的道路，经过米歇尔高原（Mitchell Plateau）机场，前往米歇尔瀑布（Mitchell Falls）。这条路会有些辛苦，但很值得。你将看到澳大利亚最令人叹为观止的瀑布群，它们从一个水潭跌落至另一个水潭，层层叠叠挂在山间。与金伯利地区其他河谷或水潭一样，这里的瀑布潭也可以游泳。当然，在某些地方你要留心周围的鳄鱼，不过它们大都是相对友好的淡水鳄。只有在海边远离吉布河之路的地方，你才会遇到明显不太友善的咸水鳄。

在旱季，通常都有一两架直升飞机在机场等着带领游客到空中观赏米歇尔瀑布。乘坐直升机还可从米歇尔高原机场前往金伯利海岸营地——只要你负担得起全程费用。这个营地是金伯利最偏远的前哨站，只有狂热的粉丝才会前往。最后，你将会经过埃伦布拉（Ellenbrae），涉水渡过几条河流——包括杜拉克河（Durack River）和彭特科斯特河（Pentecost River），然后到达埃尔奎斯特。好好珍惜最后的金伯利时光，因为不久后就会出现沥青路面，它意味着繁华的库努纳拉已然近在咫尺。 文/托尼·惠勒

下车游览

在探索吉布河之路的过程中，你总是能有充分的理由放弃汽车，临时选择其他交通工具。其中包括用双脚体验许多趣味盎然的徒步线路，以及在莫宁顿营地或埃尔奎斯特（可以骑马）乘坐独木舟、皮划艇或小船游览峡谷风光。如果你的钱包足够丰厚，那么想要搭乘直升机也不是难事。乘坐小型直升机游览埃尔奎斯特附近鬼斧神工的金伯利峡谷，也会是一段激动人心的经历。

左页左上：埃尔奎斯特山谷的土著岩画艺术；左页左下：托尼·惠勒（Lonely Planet创始人）四驱车上一个废弃的轮胎；跨页图片：吉布河之路的旷野风光；275页图片：开车渡过彭特科斯特河，但更深的河流可能需要安装涉水器

自驾指南

起点：西澳大利亚德比

终点：西澳大利亚库努纳拉

距离：440英里（704公里）

到达：布鲁姆（Broome；距离德比220公里/138英里）和达尔文（Darwin；距离库努纳拉827公里/517英里）是通往该地区的主要门户，也有少量航班可直接飞往库努纳拉。

何时去：不要选择11月初雨季时前往，除非你有开车涉水过河的经验，或者等待水位退去的耐心。道路从4月开始变干。

推荐住宿：带上你的野营装备。不过，一些地方也有固定住宿，包括埃尔奎斯特堪称豪华的住所（www.elquestro.com.au）。

带什么：四驱车。不过路况好时，一辆底盘够高、车身皮实的普通小汽车也可以完成旅行。

右页图：挑战坎宁牧道（Canning Stock Route）需要严谨的行程规划

同类自驾线路

穿越澳大利亚内陆

辛普森沙漠

要进入沙漠很简单：先把车开到伯兹维尔（Birdsville）。这是澳大利亚最偏远的小镇，紧挨着南澳大利亚和昆士兰的州界，位于昆士兰境内，沿伯兹维尔小路（Birdsville Track）或斯特雷兹基小路（Strezelecki Track）都可到达此处。早在1963年，佩奇一家（Page，父母和3个孩子）曾经在这个荒无人烟的地带因为燃油和饮水耗尽而遗憾殒命。不过放轻松，如今穿越内陆的车辆远比从前要多得多。从伯兹维尔出发，左转行驶25英里（40公里），便可到达大红沙丘（Big Red）。此时你需要降速行驶，让车胎适应柔软的沙砾，试试看能否翻越这第一座也是体形最大的一座沙丘。这很重要，因为在从伯兹维尔前往达霍西泉（Dalhousie Springs）以及戴尔山庄（Mt Dare Homestead）的路上，你还会遇到1100座沙丘。翻越大红沙丘后，你将用相当长一段时间来穿越无穷无尽的莽莽大漠，同时邂逅无与伦比的壮丽风景，但务必确保你带上了足够的食物、淡水以及额外的燃料。路上可以在南澳大利亚、北领地和昆士兰三者交界处的普拜尔角（Poeppel Corner）停车休息。

起点：昆士兰州伯兹维尔

终点：南澳大利亚州达霍西泉

距离：315英里（500公里）

甘巴雷尔公路

甘巴雷尔公路（Gunbarrel Highway）的说法很多，还有“原始的甘巴雷尔”“真正的甘巴雷尔”等。但没关系，你只要记住，从卡尔古利（Kalgoorlie）经米卡萨拉（Meekathara）到西澳大利亚的威卢纳（Wiluna，也是“坎宁牧道”的起点）就对了。然后一路向东，经过卡尔内基农庄（Carnegie Homestead）、沃伯顿（Warburton）、贾尔斯气象站（Giles Meteorological Station）和多克尔河（Docker River），很快你就会发现自己已经来到卡塔丘塔巨岩（Katu Tjuta）、乌鲁鲁巨石（Uluru）以及现代化的游客大本营尤拉拉（Yulara），成为不计其数的游客大军中的一员。只不过，他们都是以一种简单文明的方式从东部前来——而你是从西部艰难跋涉而来。你所走的路，正是经典的“伦恩·比达尔小路”（Len Beadell track）。在20世纪五六十年代，伦恩带着一队筑路工人和一台大推土机修筑一条4000多英里（6000公里）的穿越澳大利亚中部的小路，以便军方从伍默拉（Woomera）发射火箭，以及英国人在马拉林加（Maralinga）开展原子弹试验。

起点：西澳大利亚威卢纳

终点：北领地尤拉拉

距离：850英里（1350公里）

坎宁牧道

如果已经完成了其他澳大利亚内陆穿越线路，那么不妨驾驶你的四驱车开上这条终极挑战线路——坎宁牧道（Canning Stock Route）。这条从威卢纳（Wiluna）到霍尔斯克里克（Halls Creek）的线路十分漫长，全程都在西澳大利亚境内，至少需要两周到三周。无论你的四驱车征战过何种长距离线路，也不论车上可以携带多少备用燃油箱，想要靠自己完成这段线路都是不可能的任务。坎宁牧道的路标是中间的48座水井，当时的修建目的是方便牧民们将牲畜赶到南方市集。一年中，会有卡车向23号井（Well 23）运送几次物资。如果你要上路，可以托运50加仑的燃油放在井边，箱子上写上你的名字。也就是说，从威卢纳出发北行，在23号水井用自己预置的油料灌满油箱，然后继续前行，直到遇上从艾利斯斯普林斯（Alice Springs）向西延伸的塔纳米小路（Tanami Track）。穿过这个路口不久，你可以绕道去看看巨大的狼溪（Wolfe Creek）陨石坑。经过前面艰苦路段的洗礼，这段路可谓轻而易举。

起点：西澳大利亚威卢纳

终点：西澳大利亚霍尔斯克里克

距离：1150英里（1850公里）

库克船长公路

沿着蜿蜒蛇行的热门柏油路段，领略远北昆士兰的海岸风情——一边是密密匝匝的热带雨林，另一边则是流光溢彩的珊瑚海。

在凯恩斯（Cairns）近郊，澳大利亚北部潮湿的热带地区，正午的热浪将我紧紧围裹，大滴大滴的汗珠从脸上滑落到灼热的公路表面。在昆士兰这样一个艳阳高照、晴朗无云的天气里，大概只有傻子才会放弃海滩，沿着这条为带有空调的小汽车、窗户大开的四驱越野车和身着背心的摩托车手量身定制的道路前往城里。

我正在征战凯恩斯铁人三项赛。这并非轻而易举的项目，对我的队友戴尔（Dale）来说也是如此，哪怕他曾经在鳄鱼聚集的水域里游泳而安然无恙。但是我们最嫉妒的还是杰夫（Jeff）。他正沿着蜿蜒的库克船长公路骑行，当时全路段都禁止机动车驶入。众所周知，这条建成于20世纪30年代的公路，自20世纪80年代升级改造以来，还从未出现过封路的情况。而根据当地人的反应来看，这种情况可能也是后无来者。

因此，我似乎再也没有机会，在这条从凯恩斯近郊前往丹翠（Daintree）雨林入口的滨海道路上畅享毫无杂质的咸味空气。不过，我还是打算驾车游览，而且就定在明天。在这种信念的驱使下，我最终成功地闯过了终点线。

与澳大利亚其他同级别城市（例如悉尼、阿德莱德、墨尔本，甚至是珀斯和达尔文）相比，凯恩斯显得粗枝大叶，不过仍然繁忙而现代。在沿库克船长公路到达莫斯曼（Mossman）之后，初来乍到的旅行者将发现他们来到了一个充满复古风情的地方——这里的一切与英国探险家库克船长1770年在此搁浅时几乎完全一样。

昆士兰北部的一边是茂密的热带雨林，另一边则是汹涌的热带海洋。这里的蛇能吞下整只袋鼠，不起眼的水母蜇一

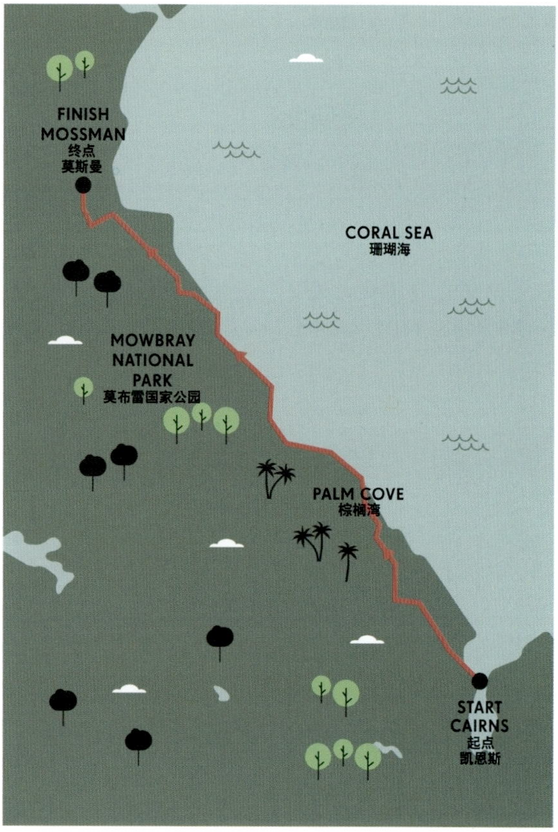

“在沿途经过小河时，路边的告示牌都在提醒着河旁甚至附近的沙滩上可能有致命的食人鳄。”

下的毒素都比狼蛛厉害1000倍。

在沿途经过小河时，路边的告示牌都在提醒着河旁甚至附近的沙滩上可能有致命的食人鳄——偏偏路边沙洲堪称风景如画，颇让人左右为难。这些警告牌从我离开凯恩斯时就已出现，但它们看上去与郊区的环境相当不协调，因为在经过巴伦河大桥（Barron River Bridge）之后，道路两旁就出现了许多典型的昆士兰民居。

快到史密斯菲尔德（Smithfield）时，我看见“天空之轨”（Skyrail）观光缆车正飘浮在湿热的空气中，飘向我左手边山顶上的高原（Tablelands）。然而我脚下的道路却往右一转，通往沙滩遍布的城郊和棕榈湾（Palm Cove），后者如同一位优雅的公主慵懒卧于湛蓝的海边。在这里，当地人、过路者和背包客一起在珊瑚海（Coral Sea）的狭长潟湖里游泳、划船、风筝冲浪或是寻欢作乐，而平行于海岸线的大堡礁为这里的风平浪静提供了保障。

随着棕榈湾双岛（Double Island）的丰满轮廓在后视镜中渐渐消失，路边的风景逐渐让我产生了一种与世隔绝之感，这种感觉一直伴随我穿过郁郁葱葱的库兰达（Kuranda）和莫布雷（Mowbray）国家公园。在金字塔形黑山（Black Mountain）的挺拔身影下，这些富饶偏远的森林成为许多珍稀动物的栖息家园，从树袋鼠到鹤鸵（一种不会飞檐走壁的恐龙大小的鸭子），让人大开眼界。

沿线还有一处景致超群但人迹罕至的海滨地带，旺盖提海滩（Wangetti）。滑翔伞在上方的热浪中翱翔，下面2.5英里（4公里）长的沙滩被棕榈围裹，放在地球上任何地方都会成为人气鼎盛的热门旅游景点。

我继续向北，掠过马卡利斯特山脉国家公园（Macalister Range National Park）和橡树海滩（Oak Beach）上宁静的新月形海湾之间的滨海线，然后转上前往道格拉斯港（Port Douglas）的道路，准备开始一段为期两天的水上体验，接触我此前从未见过的水上风景。

我先来到洛岛（Low Isles），这是一片被暗礁环绕的珊瑚礁，面积达22公顷，距离道格拉斯港只有9英里（15公里），我在这里还尝试了立式桨板和浮潜。接下来依然是浮潜，不过场地换到了莫斯曼河（Mossman River）的淡水中。一位导游在这里给我解释了雨林和珊瑚礁之间的关系：前者为后者提供给养，即雨林中的营养物质通过河流进入大海，以维持璀璨缤纷的各类珊瑚的生长。

回到主路上，我继续前往莫斯曼。库克船长公路在那里结束，但是我还有些意犹未尽，于是多走了3英里（5公里）前往名声响亮的莫斯曼河谷。我的旅程结束方式与开始时颇为相似：下车，步行。但不一样的是，我正沿着一条林木繁茂的蜿蜒古道蹒跚前行，去往一处深藏在莫斯曼峡谷中的古老水洞，而这座山谷正是由我早先曾经浮潜的河流雕琢而成。

数千年来，这里一直是库库雅兰吉（Kuku Yalanji）原住民的家园——我是从之前一位土著长者带领的团队游中了解到的这一信息。这个部落对土地有着渊博的认知，他们与土地紧密相连，然而他们的文化自库克在此登临后却日益濒临生死存亡的边缘。就用这段步行游览来结束这场自驾旅行吧，这虽然让人感到别扭，却并无不妥——整个行程让人深受教育，而命名这条道路的探险家也已经给这片大陆带来了翻天覆地的变化。　**文/保特·金塞拉**

约克角

库克船长公路止于莫斯曼，但可以沿着莫斯曼-丹翠公路（Mossman-Daintree Road）继续穿越湿热的雨林地带。你可以在苦难角公路（Cape Tribulation Road）右转，搭乘汽车渡轮到丹翠河对岸，继续前往苦难角（Cape Trib）开展丛林冲浪和其他刺激肾上腺素分泌的活动；或者继续向北，前往约克角半岛（Cape York Peninsular），到达库克敦（Cooktown）或更远的地方——沥青路在这里结束，开着你的四驱车尽情探索狂野的地形吧！

左页左上：库克船长公路上的雨林路段；左页右上：昆士兰州丹翠国家公园内的莫斯曼河谷；左页下图：当心咸水鳄

自驾指南

起点：凯恩斯

终点：莫斯曼

距离：46英里（75公里）

车型选择：自驾库克船长公路无须四驱车，因为这是一条四季通行的硬化公路。但是无论何时或与谁一起上路，只有强劲的空调才会让你们身心愉悦。如果你喜欢风驰电掣的露天感，敞篷车或摩托车也是不错的选择。

何时去：除非你不介意全副武装着下海，否则尽量避开水母出没的时节，也就是10月至次年5月，届时昆士兰州的热带海岸将被这些“海中刺猬”占据，其中包括可能致命的伊鲁康吉（Irukandji）立方水母——千万不要被这种动物的外表所迷惑。

同类自驾线路
热带旅行

毛里求斯B9公路

从格朗德里维耶尔诺瓦（Grande Riviere Noire）出发，这条路会先绕过被列入联合国世界遗产名录的莫纳山（Le Morne Brabant）。在这块让人叹为观止的巨岩上，还有一座颇为沉重的Maroons（逃亡奴隶）纪念碑。随后，这条路会穿过被称为“天涯海角”的海岬（Baie-du-Cap），并在这里转过一个扣人心弦的U形弯，经过马孔德巨岩（Macondé Rock）上那座声名远扬的观景台，然后到达圣马丁（Saint Martin）和贝隆布尔（Bel Ombre）等一系列海岸沙滩。在以珊瑚礁浪头而闻名的冲浪胜地雅科特湾（Jacotet Bay）感受过与海上入侵和失落海盗相关的历史之后，接下来你就将迎来毛里求斯最迷人的几处海滩——圣菲利克斯（St Félix；适合浮潜）、里安贝尔（Riambel；适合海滨休闲）以及壮观且危险的大浪湾（Gris Gris；有可以俯瞰悬崖的步行栈道）。下一站就是终点苏亚克（Souillac）。道路通行规则也淋漓尽致地展现了岛屿的殖民历史（荷兰、法国、英国），它和这个国家的国旗配色一样丰富多彩且让人晕头转向。驾车靠左行驶，不过许多车辆显然不这么认为，它们大都在马路中线上招摇过市。

起点：莫纳

终点：苏亚克

距离：25英里（40公里）

斐济珊瑚海岸公路

提到斐济，你的脑海中大概就会出现一幅棕榈环绕的旖旎小岛形象，远离车辆和道路喧嚣。但是，几乎每个前往这个岛国的旅行者都会先到达维提岛（Viti Levu），这是这个国家最大的陆地，而且也有许多值得探索的地方，其中就包括一条穿行于茂密雨林和湛蓝海水之间的迷人自驾线路。女王公路（Queens Road）沿着南太平洋海岸线一路向南，串起了维提岛的几座大城市。自驾线路从纳迪（Nadi）以南44英里（71公里）处的科罗特格（Korotogo）出发，到苏瓦（Suva）以西31英里（50公里）处的太平洋港（Pacific Harbour）结束，沿途的珊瑚礁将许多美丽的海滩揽入怀中，一路都有光彩斑驳的海景相伴。从Korotogo启程东行，沿着潟湖前行21英里（35公里），会经过许多沙滩、村庄和度假村，包括备受推崇的索维湾（Sovi Bay；岛上最佳游泳海滩之一，但是要小心强流）以及秉承传统生活方式的小村瓦图卡拉萨（Vatukarasa）。从理论上来说，车辆应当靠左行驶，但是城市之外的地方基本没有道路规则可言。

起点：科罗特格

终点：太平洋港

距离：45英里（73公里）

香港石澳道

虽然香港看似与愉悦的驾驶无缘，但是只要离开寸土寸金的中环，这里的确也有一些激动人心的亚热带自驾线路，像是通往本港最高峰大帽山（Tai Mo Shan）山顶的盘山公路，就不乏扣人心弦的急弯路段。不过，还有一条截然不同的道路可以穿过这座丘陵起伏的本岛，在经过太平山（Peak）和金马伦山（Mt Cameron）后，沿着浅水湾（Repulse Bay）的南海海岸线前行，穿过龙脊（Dragon's Back）抵达石澳——一个可爱的小渔村，以及大浪湾海滩（Big Wave Bay Beach）。具体来说，你需要先从山顶道（Peak Road）转上连接聂高信山（Mt Nicholson）和渣甸山观景台（Jardine's Lookout）的黄泥涌峡道（Wong Nai Chung Gap），接下来顺着浅水湾道绕经这个迷人的小海湾。然后从大潭道（Tai Tam Road）穿过半岛和海港，右转进入石澳道，再爬上龙脊进入石澳郊野公园，就能一路通往海岸了。虽然中国内地是靠右行驶，但香港是采用英式的靠左行驶交通规则。

起点：香港中环

终点：石澳

距离：14.5英里（23.5公里）

澳大利亚大高山公路

驾车驰骋在维多利亚州的高地山区，参加丰富多彩的徒步、骑行、游泳等户外活动，然后用一杯绝佳的啤酒来犒赏自己。

在比奇沃斯（Beechworth）的桥路啤酒厂（Bridge Road Brewery）的本·克劳斯（Ben Kraus）看来，大高山公路（Great Alpine Road）最大的吸引力莫过于在户外游览的时间能远远多过车内。这条澳大利亚海拔最高的硬化公路从维多利亚州北部的旺加拉塔（Wangaratta）向东南穿过高地山区，直抵寒冷的太平洋边的吉普斯兰（Gippsland）湖泊。这条公路经过比奇沃斯——我现在就正在这里边喝酒，边与酿酒师闲聊——

然后穿过美丽的高山城镇布赖特（Bright）和哈里埃维尔（Harrietville），翻越澳大利亚最高的山脉，最后下降至田园牧歌般的吉普斯安（Gippsland）。如果你喜欢徒步、骑行或是骑马，并且还想品尝一些味道绝佳的啤酒或葡萄酒，那么这条澳大利亚终极自驾线路（而且沿途标识完备）一定会让你乐不思蜀。

我从一开始就“走了弯路”。在驾车离开旺加拉塔半小时后，我拐下大高山公路，把第一晚的过夜地选在了比奇沃斯（旺加拉塔离墨尔本有3个小时车程，因此美酒飘香的比奇沃斯有利于缓解身心疲乏）。比奇沃斯是澳大利亚历史最悠久的城镇之一，拥有30多幢被澳大利亚国家文物托管局（National Trust）列入保护名录的历史建筑，本身也是了解维多利亚州掘金历史的“淘金遗产自驾线路”（Victoria’s Golden Heritage Drive）的中途站点。恍恍惚惚之间，镇上的十字路口会让你感觉穿越到了19世纪，丛林大盗奈德·凯利（Ned Kelly）正在报仇雪恨或是前往法庭受审的路上。但我来这里是因为其他原因：在比奇沃斯山地车公园（Beechworth Mountain Bike Park）骑上一圈，然后在桥路啤酒厂（Bridge Road Brewery）喝上一杯。这是当地首批建成的山地车公园之一——布赖特、美景山（Mount Beauty）、福斯奎克山（Falls Creek）、贺腾山（Mount Hotham）的公园也都适合山地车爱好者一显身手，而且都可

以租自行车，但唯独去比奇沃斯公园必须自己带车。开了一上午车之后，两轮车上的越野之旅让我身心俱畅，只是要特别留心山路上的针鼹鼠和小袋鼠。

比奇沃斯的魅力让我又在这里耗了一天。天气很热，但是沿途有瀑布和湖水可以游泳，而且比奇沃斯冰激凌公司（Beechworth Ice Creamery）也非常给力。味道浓郁的树莓冰激凌用产自6英里（10公里）以外的浆果制作。浆果种植园在斯坦利（Stanley），旁边还有许多核桃林和苹果园。

经过一段悠闲的休整之后，我重新回到大高山公路，下一站是布赖特。现在，公路和“墨累至山区铁路小道”（Murray to the Mountains Rail Trail）齐肩并行，在小道上骑行也是探寻维多利亚州高地山区风景的另一种热门方式。很快，路边无处不在的雪具租赁和小屋出租标志牌就让这里的冬季运动气质显露无遗。这是一条四季个性分明的线路：春天各种果树上鲜花怒放；夏季气候干热，人们慵懒地在河谷里消磨时光；秋天是一年中色彩最丰富的季节，吸引了全国各地的摄影迷们来此采风；冬日里，公路海拔较高的路段会出现降雪，因此防滑链是车上的必备品。

1小时后就到了布赖特，在汽车旅馆（Bright on Track）将车停好，我再次骑上自行车——大高山公路附近有许多世界一流的山地线路，这样的良机怎可错失！这一次我选择骑行攀登布法罗山（Mount Buffalo）。凭借1120米的高差，这条线路成为澳大利亚最经典的自行车越野登山线路，但由于太过艰苦，因此对部分人而言驾车上山可能更加合适。我的目的地是布法罗山小木屋（Mount Buffalo chalet），也是澳大利亚第一家滑雪度假村，它由州政府修建于1910年，数代维多利亚人在此初试滑雪和雪橇体验。如今这里因为建筑、历史和社会等领域的重要意义而得到留存，弥漫着一种电影《闪灵》（*The Shining*）中的静谧氛围。

在前往布法罗山国家公园（Mount Buffalo National Park）的路边，有长短不一的精彩徒步线路，任你挑选。无论是徒步、骑行还是驾车，越往上爬，你就会发现欧文斯山谷（Ovens Valley）的景致越发开阔，植被也从山脚茂密的蕨类植物变成了更高处枝干扭曲的山毛榉。再往上走，就只能见到裸露的高原和霍恩峰（The Horn），后者的尖角外形清晰地表明了这座花岗岩山峰的命名原因（horn有“角”的意思）。这里海拔1723米，赤胸知更鸟在岩石上蹦来跳去，大风在巨石间呼啸而过。

回到山谷中，还有更多野生动物等待我去欣赏，不过这一次是在布赖特镇上。出乎意料的是，至少有一支鸭嘴兽族群在流经镇中心的欧文斯河上建巢。这些性情不定的生物能够生活在如此接近人类的地方，足以说明山泉水有多么纯净。想要看到鸭嘴兽有一个小诀窍：等到夜幕降临前（除非你愿意在黎明到来前被闹钟叫醒），然后在看起来不太可能会有鸭嘴兽出没的河流上游找到V形的涟漪。鸭嘴兽会用鸭嘴状的喙来捕捉昆虫幼卵和小虾等食物，同时也在河岸洞穴里筑巢并产卵（是的，澳大利亚是两种卵生哺乳动物的重要栖息地）。每一条河畔徒步线路都无与伦比，无论鸭嘴兽是否现身。当地自行车手也在镇子后方的山上开发出了山地自行车道，镇上还时不时会举办各种自行车赛事。不过大高山公路的下一站——高山正在向我召唤。

在通往哈里埃维尔的道路上，我发现自己并未来对时候，因为此时并非树叶将小镇染成红、黄、金交织的时节（如果想要感受这种风景，就要在4月而不是11月到这里）。但是在海岸较高的地方，依然会遇到积雪。在沿着从哈里埃维尔到维多利亚州第二高的羽毛顶山（Mt Feathertop；海拔1922米）顶峰的7英里（12公里）徒步线路前行时，我就发现了尚未消融的皑皑白雪。几条线路沿着山脊前往峰顶，其中最快捷和最热门的线路是“Bungalow Spur track”。在山顶眺望，澳大利亚阿尔卑斯山逐渐消失在远方。这条山脉并非像其他山脉那样因板块碰撞而隆起产生，而是在远古因冈瓦纳大陆（Gondwana）分离拉升而形成。此后经过了6000万年的冰冻和风吹雨打，最终形成了如今看到的峡谷和圆形山峰。

进入莽莽群山后，大高山公路开始显露峥嵘，路旁出现令人叹为观止的风景和让人提心吊胆的急弯。向贺腾山（Mount Hotham）进发时，陡峭曲折的道路让我手忙脚乱，之后公路下降至第纳尔平原（Dinner Plain）和奥米欧（Omeo）。而随着大高山公路回归平地，到达终点吉普斯兰，这条线路的第三幕大戏也终于开演：各种精彩纷呈的徒步、骑行和自驾活动，让人眼花缭乱。　文/罗宾·巴顿

吉普斯兰的湖泊

这条自驾线路还有许多史诗级的支线，其中最轻松的就是自驾游览终点吉普斯兰。遗产小镇布鲁滕(Bruthen)与拜恩斯代尔(Bairnsdale)和梅顿(Metung)相隔同样的距离，是标识明确的吉普斯兰湖泊自驾线路的起点。这条路将带你前往湖口(Lakes Entrance)和九十英里海滩(Ninety-Mile Beach)，后者正是一处绝佳的徒步游览场所。然后再西行3个小时便可返回墨尔本。

左页图片：在羽毛顶山的山顶露营；286页图片：布法罗山上的徒步小道；287页图片：贺腾山附近的大高山公路风光

自驾指南

起点：旺加拉塔

终点：拜恩斯代尔

距离：195英里（312公里），不含往返墨尔本（单程约3小时）

何时去：秋天是最美丽的时节，哈里埃维尔附近秋叶璀璨。从女王生日（Queen' s Birthday）公众假期（6月初）起，务必带上防滑链。

推荐住宿：在比奇沃斯，Armor Motor Inn（www.armourmotorinn.com.au）提供物超所值的住宿。在布赖特，可以试试Bright on Track（www.brightontrack.com.au），这里有宽敞明亮的房间。在奥米欧，可以选择安静的Omeo Motel（www.omeomotel.com.au）。

推荐餐饮：比奇沃斯和布赖特分别有一家知名啤酒馆可以驱散驾驶的疲惫感。比奇沃斯的Commercial Hotel和布赖特的Ginger Baker也都是不错的就餐选择。

同类自驾线路
大维多利亚

黑色支线

无论是驾驶摩托车还是轻快的跑车，维多利亚州的这条路都会让自驾者心潮澎湃：它就是黑色支线（the Black Spur）。它是希尔斯维尔（Healesville）和马里斯维尔（Marysville）之间的一段柏油路，其间弯道不计其数。虽然全长只有18英里（30公里），但是你一定会时刻保持高度紧张，以至于到了后面胳膊都会感到酸麻。这条路之所以能在澳大利亚同类公路中脱颖而出，被誉为最佳自驾线路之一，原因就在于途中要穿越阿什山（Mountain Ash）的桉树林和巨大蕨类植物丛。这将是一段让人难以忘怀的体验，只是最好不要在周末车流如织时前往。选一个没什么人的周中上午，你（基本上）能独自享受沿途美景。被葡萄园包围的希尔斯维尔，是深受墨尔本和马里斯维尔的人们青睐的周末度假地，也是进入群山的门户，如今已经从毁灭性的丛林大火中恢复了生气。不妨从马里斯维尔继续驶往湖山（Lake Mountain），再来一段毫不逊色的自驾之旅。

起点：希尔斯维尔

终点：马里斯维尔

距离：18英里（30公里）

墨累河沿线

如果你喜欢慢节奏的公路之旅，那么这条维多利亚北部的线路就非常适合。和你一起缓步前行的同伴是体量巨大的墨累河（Murray River）。河畔红桉树林立，河上老式蒸汽船来来往往。在此前的数百年里，这条澳大利亚最长的河流（全长1500英里/2500公里）是举足轻重的航运通道。它发源于白雪皑皑的澳大利亚阿尔卑斯山，沿着维多利亚州和新南威尔士州边界流淌，最后到达南澳大利亚州的入海口。河流两岸的城镇依然保有复古的边境特色，在类似重要港口伊楚卡（Echuca）这样的小镇上，仍然可以见到马车、河船和老建筑，不过如今许多都是为了迎合观光客而非出于本地居民的需求。这条线路始于休姆公路（Hume Hwy）沿线的奥尔伯里–沃东加（Albury-Wodonga），经过著名的拉瑟格伦（Rutherglen）葡萄酒产区，然后你可以在伊楚卡停车休息一下。下一段路则是从伊楚卡前往天鹅山（Swan Hill），此时车窗外的景观变得如同荒漠一般，一直延续到终点的米尔杜拉（Mildura）。

起点：奥尔伯里–沃东加

终点：米尔杜拉

距离：412英里（660公里）

曼斯菲尔德至马里斯维尔

如果不试一下维多利亚的砾石（未硬化）道路，那么大维多利亚的自驾体验就难称全面。与本章中其他精彩的自驾线路不同，维多利亚州有许多让人羡慕的砾石路直接穿越森林和山脉。自驾其间通常难度不高（但最好是底盘较高的车辆或者四驱车），但是由于这些道路都通往人迹罕至的区域，因此在上路之前需要仔细了解沿途的加油站信息。从东到西，有数百条砾石路可供选择[例如奥特威（Otways）、丹顿农（Dandenongs）等]，而我们最喜欢的是山城曼斯菲尔德（Mansfield）和马里斯维尔（Marysville）之间的一段，离墨尔本相对较近。这条路经过林中小镇伍兹波因特（Woods Point），周围陡峭的群山吸引了不少越野车车手和山地自行车车手前来，以检验自身的技巧和车辆的性能。完成这条线路只需花上几个小时，但你能获得更加彻底的远离文明世界的荒野感。

起点：曼斯菲尔德

终点：马里斯维尔

距离：108英里（175公里）

EMMYLOU

从艾利斯斯普林斯到达尔文

沿着一条漫长孤绝的道路穿越阳光明媚的北领地，邂逅宛若异境的岩层、地处荒野的水潭、气势磅礴的峡谷、性情凶猛的怪兽以及神秘莫测的天外来客。

艾利斯（Alice）城外的路牌显示，我们距离目的地还有932英里（1500公里），而现在我们已经比预计行程晚了整整一天。

我们正行驶在从艾利斯斯普林斯到达尔文的穿越线路（The Track）上，这是斯图尔特公路[Stuart Highway，又名探险者公路（Explorers Highway）]的其中一段。在20世纪80年代之前，这条路的确适合探险——整个都是崎岖坑洼的土路，不过如今路面已然平整，路况甚至好到可以让长列拖车在此横行霸道，你的速度也可以合法地飙到每小时80英里（130公里），前提是车辆性能足够好。我不确定我们租来的座驾是否能力足够，但我接下来会尝试一下，因为我们如今已经落后于原计划。

不过，这落后的一天时间并不是白白浪费的。机缘巧合之下，我们的长途穿越出发时间居然与艾利斯的“脚行船比赛”（Henley-on-Todd Regatta）重合，人们带着自制的“小船”沿着干旱的河床比赛，河床里充斥着的已不是河水，而是啤酒和汗水。这项赛事举办以来只在1993年取消过一次，当时汹涌的河水使陶德河（Todd River）水位高涨，自制的无底船在那一年失去了用武之地。能遇到这样的盛大活动，更改行程其实也算是情有可原，甚至心甘情愿。

不过在这条探险者公路上，行程计划最好和身上穿的裤子一样，越宽松越好。并不是因为每个弯道后面都有不期而遇的惊喜（这条路上没有弯道，你基本上只是向着地平线一路直行），而是每当远方出现一些目标时，通常它们都值得你前往探索一番。幸运的是，这条穿越空旷寂寥的内陆地区的线路上，简易的路标仍不时可见。

斯图尔特公路从阿德莱德到达尔文，全长1761英里

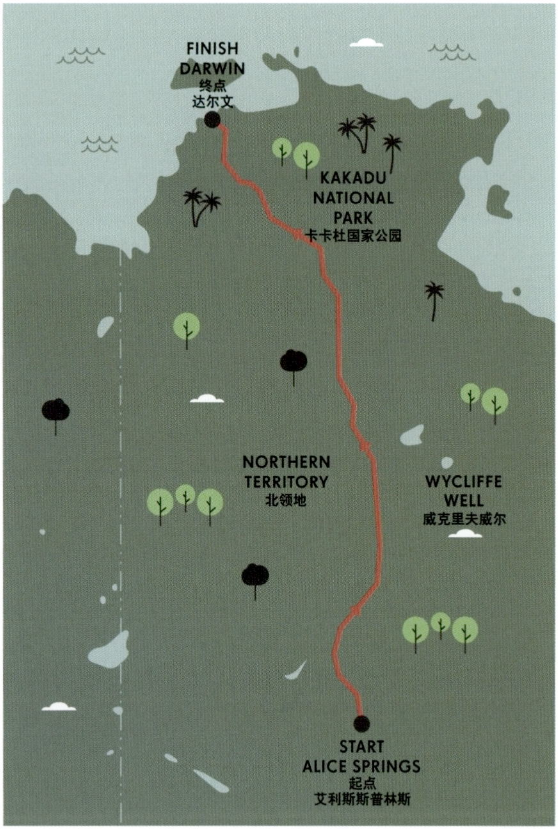

“大大小小的绿色外星人散布在露营地内。威克里夫自诩为这个国家的不明飞行物之都。”

(2834公里)，在澳大利亚尘土飞扬的中部红土地上画出了一道垂直的线条。它的名字源自苏格兰探险家约翰·麦克杜尔·斯图尔特(John McDouall Stuart)，他于1861年至1862年由南向北穿越了这个地域辽阔的国家。

告别艾利斯后，我们驶入红色的麦克唐纳山脉(MacDonnell Range)，经过历史悠久的电报山(Telegraph Hill)，穿过了基本与公路平行的甘号(Ghan)铁路小道。遇到一群野骆驼(从阿富汗被带来这里修建铁路的骆驼的子孙们)之后，我们越过南回归线，转上开阔道路，与道上的“公路列车”(巨大的多节拖车)斗智斗勇。

几个小时后，我们在威克里夫威尔(Wycliffe Well)停车过夜，这让房车乘员中最年轻的一位——年仅4岁的艾薇——立刻变得兴奋起来。大大小小的“绿色外星人”散布在露营地内，一个标牌上还强调着人类在这里同样受到欢迎。

威克里夫(Wycliffe)自诩为这个国家的不明飞行物(UFO)之都，其名声大都来自无所事事的“二战”军人所讲述的不明原因的天体活动。自那时起，这里就出现了众多关于灵异现象的报道，这意味着某些无法解释的特别事情正在发生，或者，这本身就是一个不怎么神秘但效果卓越的市场营销计划。但无论如何，这始终是个停下来喝酒吃饭的方便地点，虽然略显古怪，却是过夜的好地方，尤其是和孩子们一起时。

在北边不远处(相对而言)，就是卡鲁卡鲁/魔鬼大理石保护区(Karlu Karlu/Devils Marbles Conservation Reserve)。黎明时分，伴着蓝色知更鸟的啼声，我们驶入了这个真正神秘莫测的地方。这里横卧着的巨石许多都已干干脆脆地裂为两半，成为无可挑剔的照片背景，还有一些石块则颤颤巍巍地彼此堆叠。

探险家斯图尔特当年那次远征之所以能成行，主要是有了计划在澳大利亚修建电报线路的人的赞助。而如今，这条穿越线路依然有一套行之有效的通信系统——旅行者会在线路沿途的露营地里交流经验。“不要错过滕南特克里克(Tennant Creek)的肉铺。”一位灰衣旅行者用嘶哑的声音说道，手中居然还端着一杯NT Draught啤酒，“那里有这个国家最好的香肠(snags)。”她所言非虚。在经过这个备受争议的矿业小镇时，我们顺便囤了一堆香肠，然后在路边美美地来了一次烧烤。

对早期探险家而言，看到凯瑟琳河(Katherine River)——离开艾利斯之后见到的第一缕流淌的淡水——绝对值得欢庆。事实上，对现代自驾者而言，这里同样不啻为一片绿洲。我们下了主路，花了几天时间穿越尼特米卢克国家公园(Nitmiluck National Park)风景优美的小路，中间还步

行去探索了瀑布下的深潭和壮丽的峡谷。

在畅泳一番之后，我们坐上独木舟游览，无意中看到了河岸上的滑痕——这是鳄鱼路过此地留下的印记。据说在这里栖息的是对人无害的淡水鳄，但是在接下来的河上之旅里，我们始终都小心翼翼地让身体尽量远离水面。回到车上，我们开过汉普蒂杜（Humpty Doo），右转进入阿纳姆公路（Arnhem Highway），前往阿德莱德河大桥（Adelaide River Bridge）。然后，在一段“鳄鱼精彩欢乐游”（Jumping Crocodile Cruise）的乘船游览过程中，我们与之前害怕的当地爬行动物们来了一次正面相逢。河口鳄鱼（Estuarine crocs）是地球上最后幸存着的堪比恐龙的古生物，游览中我们彼此相隔很近，甚至能感受到这些野兽的气息。

然而，不过几个小时后，我们就来到了达尔文空气潮湿的明迪尔海滩日落市场（Mindil Beach Sunset Market），对着一个澳大利亚肺鱼汉堡大快朵颐。穿越线路的红色尘土早已被我们抛诸脑后，艾利斯斯普林斯则更像是远在外星。

在达尔文，船只们终于有了正儿八经的水面来一比高下，不过这里温驯的帝汶海（Timor Sea）和小溪同样也是鳄鱼的栖息地。再要不了多久，我们就能沿着阿纳姆公路回到卡卡杜（Kakadu）安全的泳区畅快游泳。不过还没那么着急，先到此为止吧。我们已经在车里待够了。　文/保特·金塞拉

阿纳姆地艺术之旅

阿纳姆地（Arnhem Land）通常不对旅行者开放，但是你可以先到贾比鲁（Jabiru）的北领地委员会（Northern Land Council）领取一张一日游许可，然后就能去参观印加拉克艺术文化中心（Injalak Art and Culture Centre）了。途中需要在卡希尔漫水桥（Cahill's Crossing）渡过东鳄鱼河（East Alligator River），不过只有在水位较低时才能涉水到河对岸，其间还要当心在两岸徘徊的咸水鳄。然后你可以沿着阿纳姆悬崖前行，只是要忍受一下无比颠簸的道路。

左页左上：威克里夫威尔的小绿色外星人；左页左下：达尔文的明迪尔海滩；跨页图片：魔鬼大理石；293页图片：天黑后行驶于斯图尔特公路上，可能会撞到袋鼠

自驾指南

起点：艾利斯斯普林斯

终点：达尔文

距离：930英里（1500公里）

到达：大部分澳大利亚主要城市都有飞往艾利斯斯普林斯的航班。机场在城外9英里（15公里）处。

何时去：6月到8月的澳大利亚冬天是开展这段自驾之旅的理想时节，你可以在气温尚能忍受的旱季抵达达尔文。

关于车辆：斯图尔特公路是一条高质量的硬化道路，适合任何车辆。路上车流不多，但是路程较长，因此记得带上备胎和充足的饮用水。房车是理想选择，可以免去寻找住宿的烦恼（沿途的住宿选择相当有限）。如果想要探索道路两边的风景，推荐驾驶四驱车。

右页图片：阿曼空白之地里令人心醉神迷的沙丘

同类自驾线路
荒漠尘嚣

阿曼马斯喀特至塞拉莱

马斯喀特（Muscat）和塞拉莱（Salalah）之间的内陆道路是一条经典的沙漠自驾线路，能让你充分感受大漠中的辽阔天空。但是千万不要掉以轻心，新近整修过的31号公路（Highway 31）道旁的各种车辆残骸就是最好的警示。它们通常都是由于在高速行驶过程中遇到凹坑，或是摩托车手太过沉迷于360度的沙漠美景——其中包括一片延伸到沙特阿拉伯的空白之地（Rub' al Khali；Empty Quarter）。这条公路还会经过风景优美的高地，在季风来临、降雨频繁的秋季（Khareef；6月至9月），前往朵法尔（Dhofar）的旅行者会邂逅满目的绿意。从马斯喀特先沿15号公路（Highway 15）前往尼兹瓦（Nizwa）——那是通往沙姆山（Jebel Shams）和绿山（Jebel Akhdar）的门户——之后用一天的时间顺着31号公路经过8个小村庄来到阿拉伯海边，其中包括亚当（Adam）、阿尔加巴（Al Ghabah）、海马（Hayma）、阿尔加夫塔（Al Ghaftayn）、穆格欣（Muqshin）、盖特比特（Qatbit）和塞迈里（Thumrayt）。最终，在如乘坐过山车般穿过朵法尔山脉之后，你就会到达美丽的塞拉莱和阿拉伯最精致的海滩。

起点：马斯喀特

终点：塞拉莱

距离：646英里（1040公里）

纳米比亚骷髅海岸

骷髅海岸（Skeleton Coast）沿着纳米比亚的大西洋海岸一路前行410英里（660公里），从斯瓦科普蒙德（Swakopmund）一直延伸到安哥拉边境线。除了美丽的海景，沿途的累累白骨和沉船残骸也让这里显得颇为孤绝，如同一部后启示录的电影场景。然而，从斯瓦科普蒙德古老的德国殖民哨所，到特勒斯湾（Terrace Bay）的"世界尽头"聚居地，这中间的一段散落着盐粒和砾石的C34海岸公路，却是一条精彩壮观的沙漠自驾线路。从斯瓦科普蒙德一路北行，你会经过观鸟者最爱的盐滩，以及通往克洛斯海岬海豹保护区（Cape Cross Seal Reserve）的门户亨蒂斯湾（Henties Bay）。从乌加蒙（Ugabmund）和斯普林博科瓦赛尔（Springbokwasser）之间穿越骷髅海岸国家公园（Skeleton Coast National Park）时，留意被标出的沉船残骸——这些都是这个非洲版百慕大三角（沙漠热气带来的海雾与海上冷空气相逢，导致海难频发）的遇难船。经过托拉湾（Torra Bay）不久后，这条道路在海豹海岸（Seal Beach）告终。在这里如果还想向北走得更远，你就得包一架飞机了。

起点：斯瓦科普蒙德

终点：特勒斯湾

距离：225英里（363公里）

注意：摩托车禁止驶入沿海公路

智利圣地亚哥至圣佩德罗德阿塔卡马

这片干旱的沙漠也是颇为令人惊叹的自驾之地。线路穿行于大洋和安第斯山脉之间，部分路段已经有400年没下过雨（也许从来就没下过），但有时你又能遇到雪花飘落。要到达那里，你可以从智利首都启程，开上一周，途中你会经过太平洋海岸，也可以在一些城市稍加逗留，包括智利略显混乱的文化之都瓦尔帕莱索（Valparaíso），以及比尼亚德尔马（Viña del Mar）、拉塞雷纳（La Serena）和科皮亚波（Copiapó）等地。抵达安托法加斯塔（Antofagasta）后，道路正式从海岸转为沙漠，之后你便会来到沙漠的门户城镇卡拉马（Calama）。从这里开始，你可以一路直行，驶往圣佩德罗德阿塔卡马（San Pedro de Atacama）。那里是一处绝佳的大本营，适合探索沙漠里的各种珍奇景观，包括阿塔卡马盐滩（Salar de Atacama）、迷人的月亮谷（Valle de la Luna）以及让人心驰神往的埃尔塔蒂奥（El Tatio）间歇泉。从这里出发，你还可以穿过火烈鸟国家保护区（Reserva Nacional Los Flamencos）继续前往阿根廷，或者经由爱德阿都·阿瓦罗国家保护区（Eduardo Avaroa National Reserve）进入玻利维亚。

起点：圣地亚哥

终点：圣佩德罗德阿塔卡马

距离：1060英里（1705公里）

非洲

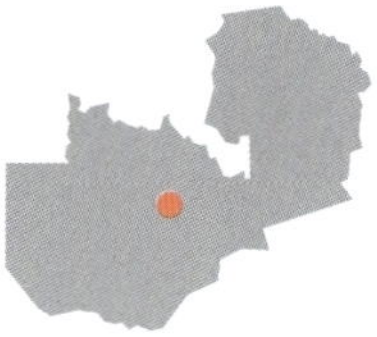

赞比亚自驾游猎

驰骋于赞比亚辽阔的天空下，
白天在野生动物身边穿梭，晚上在星空下扎起帐篷。

《赞比亚公路交通法规》（*Zambian Highway Code*）第47条至第54条都与动物相关，比如"禁止在车顶携带动物"（以防食肉动物攻击车辆），"在大型野生动物附近须谨慎驾驶，以防造成车辆损伤，危及个人生命"，每条都经过深思熟虑，一定要遵守。大多数人参加游猎活动都有一名经验丰富的导游陪同，可对于自驾游猎来说，导游、司机、导航员、厨师、急救员、汽修工等所有角色都只能由你一个人承担。赞比亚是非洲人烟最稀少的国家，笔直的公路穿过一片片荒蛮的森林与草原，直通天际。在这里来一场自驾游猎探险，再合适不过了。

我这次选择的是大东路（Great East Rd），身边只有摄影师菲尔·李·哈维（Phil Lee Harvey）相伴。我们计划前往野性不羁的南卢安瓜国家公园（South Luangwa National Park），目标是自行驱车拜访非洲丛林中的巨兽。我们从首都卢萨卡（Lusaka）出发，很快就将城中混乱拥挤的交通抛在身后，但此时路面上出现了许多大坑，颠得连车里的零碎物品都会飞起来。

这些坑本来就不好躲，再加上两边风景实在太可爱，又看路又看景，眼睛根本顾不过来。开始一段，四周都是树木丛生的小山，随着公路沿莫桑比克边境延伸，越往前山势越高，进入卢安瓜谷（Luangwa Valley）谷口之后，面前豁然开朗，绿色的草原无边无际。路旁常能看到放学的小孩，不远处村庄里茅草顶的房子上空，已经升起了袅袅炊烟。

我们开进了集市小镇奇帕塔（Chipata），一些当地人隔着车窗向我们兜售花生。一名警察示意我们停车接受检查，结果却和我们在检查站聊了大半天的英国球员鲁尼（Wayne Rooney）。大多数时候，路上只有我们一辆车，但时常也会有从马拉维、刚果或津巴布韦开过来的大货车呼啸而过——这些司机似乎并不清楚在赞比亚开车到底该靠哪一侧。

夜幕很快就降临了，车灯前，沉睡的村庄依稀可辨，一只猫头鹰飞入视线。此时距离到达国家公园大门还有好几个小时的路程，脚下坑洼的柏油路也变成了棕红色的土路。

和其他地方一样，南卢安瓜国家公园里的丛林小路也有自己的一套规矩。比如在狭窄的河岸上掉头时，你就应该仔细观察后视镜，小心别被河马"追尾"。说到底，（下接305页）

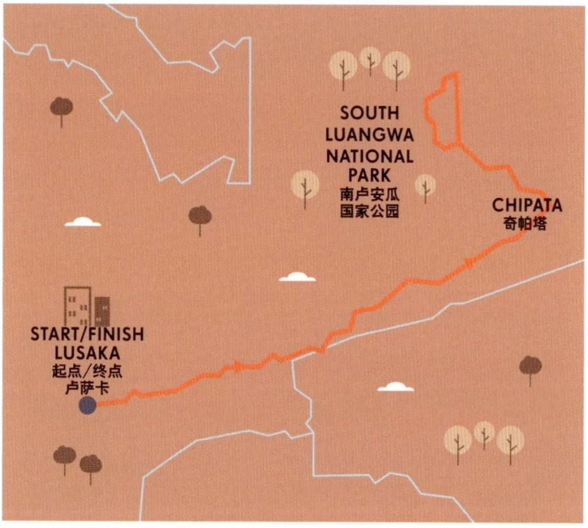

本页上图：大象正在井然有序地过河；右页图片：卢安瓜南部的一只雌性豹子；本页右下：卢安瓜河的落日；本页左下：驾驶四驱车穿越公园；301页图片：赞比亚满天星斗下的营地

（上接300页）在这里开车一定要尊重野生动物的路权。到达公园后不久，路上突然冒出来一头年轻气盛的雄性大象，朝我们的汽车“狂按喇叭”，弄得谁都不敢超过他，看那种嚣张的气焰，绝对是当地的路霸。我只好临时停车躲避，一队长颈鹿也只好老老实实地跟在后面，高出树顶的脑袋一颠一颠的，与大象“保持着安全距离”。

南卢安瓜国家公园树叶浓密，河道弯曲，在里面开车像是走迷宫，想不迷路都很难。所以哪怕是自驾游猎，有时候也应该在沿途的度假村停下车，请一位导游帮忙。我们请的导游是一个叫尤纳·班达（Yona Banda）的当地人，他拥有一双千里眼，能从很远的距离搜寻到野生动物。由他开车领路，我们很快就找到了一群大象。这群大象不下40头，正在横渡卢安瓜河，象鼻高高翘起，仿佛一只只潜望镜。没过多久，他又把我们带到了一个狮群旁边，共有14头成年狮和幼狮，其中1头正在渡河，身后有3条鳄鱼追赶，其他狮子则蹲在河岸上紧张地观望，注意力完全都在遇险的同伴身上，我们的车因此可以贴近，最后车门都快蹭到它们的胡须了。

太阳渐渐落入了悬铃木与酸角树的背后，我们这时候开进了丛林中的一处营地。那里除了我们，一个人也没有。我们支起了车顶帐篷（自带床垫和软枕），抖去了上面的“八百公里尘与土”，劈柴生火，烤香肠、碰啤酒、讲故事，直到余烬终熄，才顺着车尾的梯子爬进帐篷里准备睡觉。

但就在此刻的黑暗中，刚才在温暖火光中被我们当作笑谈的冒险故事，却多了几分恐怖色彩。头上这顶聚酯布料的帐篷外有聚四氟乙烯涂层，防刮、防雨、防雪，经得起任何季节户外运动的考验，但不知经不经得起狮豹的利爪。晚上躺在里面，你很快就会意识到一件事：白天在路上看到的那些野兽，与你之间不过隔着几毫米厚的布料。那些大象、狮子和鳄鱼也许此时已经追了过来，在梯子下面排起了整齐的队伍，准备轮番用餐。

人眼完全适应黑暗大约需要45分钟的时间。我把脑袋探出帐篷，10分钟后看到了一些蝙蝠绕着猎户腰带星群飞舞，又过了15分钟，观察到了在旁边的无花果树上蠢蠢欲动的狒狒，9个小时后才挨到天亮。我迎着晨光爬出帐篷，结果在营地远端的小路上，竟然在我们的车辙上看到了一只豹子的脚印。不少人都说进行游猎旅行像是参演了一部大戏，可只有亲身经历过的人才会明白，这部戏已由大自然导演了千万年，而我们人类只不过是其中无关痛痒的小角色。　**文/奥利弗·史密斯**

卢安瓜南部的野生动物

除了大象、长颈鹿、狮子和豹子，非洲水牛也是南卢安瓜国家公园的一大亮点。它们常会在旱季聚集在这里，场面很是壮观。公园中的羚羊类动物（游猎术语叫“plains game”）种类也多得出奇，包括薮羚、水羚、黑斑羚、捻角羚和瓦氏赤羚。你在这里还有机会看到野狗——非洲最稀有的野生动物之一。另外，公园中有记录的鸟类大约有400种。

左页图片：清晨，南卢安瓜国家公园中的大象与黑斑羚

自驾指南

起点/终点：卢萨卡

距离：从卢萨卡沿大东路一直开到公园的主入口姆夫维门（Mfuwe Gate），单程约435英里（700公里）

到达：赞比亚的航空交通日益发达，有直飞航班连接非洲内外各地。

带什么：参加游猎并不一定要准备那种专业或是昂贵的游猎服，最重要的是服装的颜色：亮色很容易吸引野生动物的注意（白色尤其令它们讨厌），黑色或是深色的衣服则容易招来舌蝇，建议选择绿色或浅棕色的衣物。此外既要带上短袖短裤应对酷暑，也要带上轻便的长袖长裤以便丛林徒步。双筒望远镜、宽沿帽、墨镜、高帮徒步鞋和小型手电筒也不能忘。

右页图片：怀俄明州大提顿国家公园的大提顿山倒映在蛇河里

同类自驾线路

观察野生动物

澳大利亚吉普斯兰和威尔逊海岬

吉普斯兰（Gippsland）位于墨尔本东南方，是澳大利亚最被低估的旅行秘境。这条墨尔本东部路线将带你欣赏菲利普岛（Phillip Island）与威尔逊海岬（Wilsons Promontary）的狂野景色，品味因弗洛克（Inverloch）、库恩瓦拉（Koonwarra）和艾伯特港（Port Albert）等乡村小城的迷人风情，最后在返回墨尔本途中，探索鲜为人知的鬼镇瓦哈拉（Walhalla）。菲利普岛在日落时会迎来成群结队的企鹅，号称“企鹅大游行”（Penguin Parade），乃是澳大利亚的野生动物奇观之一。岛上生活的海狗数量在澳大利亚称最，还有一家考拉保护中心（Koala Conservation Centre）也值得一探。威尔逊海岬国家公园地处澳洲最南端，林木茂盛，澳大利亚原生动物种类繁多。在从艾伯特港驶往瓦哈拉的途中，一定要在九十英里海滩停车赏景。孤寂的沙滩在前，绵延的沙丘在后，名为“九十英里”，一英里都不会短你。

起点：菲利普岛

终点：瓦哈拉

距离：308英里（495公里）

新西兰凯库拉海岸

皮克顿（Picton）和基督城（Christchurch）是南岛上两大游客集散地，中间由新西兰1号公路（State Highway 1）连接，驾车在两地辗转，又快捷又方便，还能浏览沿途多个主要景点。马尔堡峡湾（Marlborough Sounds）和布兰妮姆（Blenheim）那些怡人的世界级酒庄自然不该错过，但低调的新秘境同样不缺——凯库拉半岛（Kaikoura）就是观察野生动物的胜地。镇中有一条步道通往半岛的海岸，徒步寻访，很可能邂逅海鸥、海燕、信天翁以及其他海鸟，基恩角（Point Kean）那里还聚集着一群懒洋洋的海豹，毫不介意游客的围观。凯库拉海岸一带也有好几种鲸和海豚出没（包括抹香鲸以及罕见的蓝鲸）——有些是“居民”，有些是“过客”——因而海上观光游非常火爆，尤其是凯库拉观鲸之旅（Whale Watch Kaikoura）。另一个野生动物观察的亮点是基督城的柳岸野生动物保护区（Willowbank Wildlife Reserve），可以看到难得一见的几维鸟。

起点：皮克顿

终点：基督城

距离：219英里（352公里）

美国怀俄明州大提顿至黄石

黄石国家公园是大自然伟力的缩影，它脚下的超级火山赋予了这里独一无二的地貌：公园里拥有全世界半数的间歇泉、美国海拔最高的湖泊以及无数条蓝色缎带般的河水与瀑布。而在南边，大提顿国家公园（Grand Teton National Park）又为你准备了嶙峋的山峰、平静的水道和绝美的山景。想寻访野生动物，应该先去杰克逊镇（Jackson）的国家马鹿保护区（National Elk Refuge），冬季在那里可以看到成群的马鹿、北美野牛和大角羊。而且，一旦开上较偏僻的驼鹿镇–威尔逊镇公路（Moose-Wilson Road），就很有可能看到灰熊。牛轭湾（Oxbow Bend，U形河湾）一带的湿地不但景色优美，还能找到驼鹿、马鹿以及秃鹰等禽类。过了黄石湖（Yellowstone Lake）再往前开，被熊或是野牛拦住去路的事时有发生。驶过黄石大峡谷（Grand Canyon of the Yellowstone）之后，再向东前往拉马尔山谷（Lamar Valley），那里生活着成群的野牛和马鹿，偶尔有灰熊和郊狼出没，春天还特别容易看到野狼，被誉为“北美洲的塞伦盖蒂”。

起点：杰克逊镇

终点：拉马尔山谷

距离：250英里（402公里）

南非克莱伦斯公路

这条海岸公路的起点距离开普敦不到一个小时的车程，下面是壮阔的大西洋，远方有古老的高山，景象格外壮观。

在南非自驾，你可以在葡萄园中间体验乡间美景，在崇山峻岭间盘桓，在野生动物保护区中迂回，还可以沿着笔直的高速公路穿越无限广阔的半荒漠，非要从如此丰富的路线中选出一个佼佼者，实在是很困难。但在不少自驾旅行者看来，克莱伦斯公路（Clarence Drive）称得上是南非乃至于世界的最佳景观公路之一。公路的起点距离开普敦东边大约才1小时车程。

如果说穿越这条公路改变了我的人生，这可能有点夸张，但我之所以决定定居南非，原因或多或少都与那场自驾有关。公路的起点在戈登湾镇（Gordon' s Bay），那是福尔斯湾（False Bay）一个不起眼的角落，大多数从开普敦沿N2公路向东自驾的人，都不会留意戈登湾镇的出口。可实际上，从那里驶入克莱伦斯公路，不但同样能把你领到“鲸鱼之都”赫尔曼努斯（Hermanus），沿途的震撼与精彩本身就值得拿出一天时间从开普敦专程前来体验，你也可以只到科雷曼德（Kleinmond）。从戈登湾镇到那里37英里（60公里），约1小时车程，但实际上可能需要更久，毕竟沿路有很多东西可看，你一定会想在中途拍拍照。哦，不，是拍很多照！

严格地说，克莱伦斯公路真正的起点是可爱的小村路易尔斯（Rooiels），但从戈登湾镇的游艇码头开始，壮观的景色就已经开始出现了。这段路一个弯接着一个弯（有人说总共有77个弯），但这可不是你开不快的真正原因。真正原因是眼前辽阔蔚蓝的大海，每隔500米左右就会展现出一种别样的风情。如果你是像我一样的人，肯定会忍不住停下车来拍照，更何况沿路还有很多观景点供你流连欣赏。你看到的福尔斯湾，与16世纪行经此处的水手眼中所见无异，但对于他们来说，令你陶醉的美景却不会让他们那么欣喜若狂。对于早期探险家来说，这个海湾简直就是一剂毒药：当时他们错把这里当成了桌湾（Table Bay），错把这里的那个海岬当成了好望角，以为自己的船已经正式踏上了返回欧洲的旅程，后来才发现上当了，岩石嶙峋、波涛汹涌、难以对付的好望角仍在前方，于是就气急败坏地把这里称作“福尔斯湾”，意思是“骗人的海湾”。

骗人的海湾最东端的那个骗人的海岬其实是悬岩角（Hangklip），那里有一个小镇叫普林格尔湾（Pringle Bay）。在

美到此等境界的小镇里，你肯定会对当地人的生活艳羡不已，肯定会开始重新思考人生的目标，路过当地房产中介门店时，也肯定会忍不住透过窗户向内张望，动起“安家”的念头。当然了，大部分游客只是动了动念头，他们最终只是在咖啡馆里喝了杯咖啡，然后到海岸边吹吹海风、散散步，最后跳回车上继续前行。从小镇往前，公路切入内陆，虽然暂时告别了海景，但路旁的考格尔伯格山脉（Kogelberg）同样不会令你失望。山脉壮观震撼，山坡野花点点，而且刚才大海在右，现在高山在左，你脖子也不至于僵硬难受。

与大海只是暂别，你会在贝蒂湾镇（Betty's Bay）再次与它相逢。小镇外不远，有一个地方叫石头角（Stony Point），你在那里可以看到当地那些靠海吃海的企鹅。这些企鹅与福尔斯湾另一面的西蒙镇（Simon's Town）企鹅相比，萌态一分不输，名气却逊色很多，所以你几乎可以一人独享整群企鹅。

事实上，像这种安静的地方一路上还有很多。贝蒂湾就是一个沉睡的小镇——这个形容略显俗套，却也准确。这里的房子很大，设计各有特色，要么是退休养老的住所，要么是开普敦富人的周末别墅，此外只有一家陶艺坊和一家巧克力店（店名叫“GaBoLi”），毫无喧嚣之感。一边是大西洋，一边是考格尔伯格自然保护区，有这样的美景，谁不想来这儿养

南非观鲸

赫尔曼努斯是南非最著名的观鲸圣地，在鲸鱼产崽期（6月至11月），你在海岸沿线各处都很有可能看到南露脊鲸（Southern Right Whale）。记得带上双筒望远镜，留心寻找鲸鱼露出水面的鼻子、鱼鳍或尾巴。假如你运气不佳，到赫尔曼努斯也不必担心，那里有一位世界上别无仅有的“鲸鱼号手”（whale crier；全镇仅有一人，退休后另寻接替者），只要鲸鱼现身，便会吹号提醒游客。

“公路又一次回到了奇石嶙峋的海岸线上，此时福尔斯湾已被你抛在身后，高山才是亮点。”

跨页图片：植物园中的糖枫灌木花；右页图片：哈罗德·波特国家植物园的一只海角食蜜鸟；本页图片：克莱伦斯公路在海湾边画出一道曲线；309页图片：嶙峋奇美的开普海角海岸线

老？谁不想来这儿度周末？我第一次开到这里时就产生了这样的憧憬。大多数人在贝蒂湾镇不会停车，可你真的应该到那家陶艺坊里买件纪念品，也可以去那家我每次经过总会光顾的巧克力店里，买点路上吃的零食。信我的，他家有一款松露巧克力，馅料用到了当地特产的硬叶灌木，绝对值得一试。

从贝蒂湾镇再往前开，车还没推上三挡，哈罗德·波特国家植物园（Harold Porter National Botanical Garden）就已经到了。这是克莱伦斯公路上的一个亮点，想活动活动筋骨的话，既可以在硬叶灌木丛中间轻松惬意地散散步，也可以艰苦跋涉，越过瀑布，爬到起伏的高山怀抱中。不管是闲游还是苦游，这里都能让人乐不思蜀。从植物园往前，公路又一次回到了奇石嶙峋的海岸线上，此时福尔斯湾已被你抛在身后，高山才是亮点。快到科雷曼德镇的时候，公路边会有一条土路，拐进去就是考格尔伯格自然保护区。那里的植物种类出奇丰富，因而被认定为世界遗产，如果你能拿出一两天时间，一定要停下车来，去山中尽情徒步。

到达科雷曼德镇后，你有三个选择：一是掉头，原路返回开普敦；二是继续沿克莱伦斯公路前行，到赫尔曼努斯寻找无与伦比的观鲸体验（6月至11月）；三是向北经N2公路返回开普敦。第三种选择，沿途先会蜿蜒穿过一片苹果种植区，等到翻过劳里爵士山口（Sir Lowry's Pass），便会看到辽阔的开普平原（Cape Flats），开普敦也近在眼前了。用这种方式返回开普敦，景色自是无法与克莱伦斯公路相提并论，但也绝对不算差。就像我之前说的那样，景色华美的自驾路线，南非真的不缺。　文/露西·科恩

自驾指南

起点：戈登湾镇

终点：43号公路路口，位于博特河（Bot River）和赫尔曼努斯渔夫港区（Fisherhaven）之间

距离：37英里（60公里）

到达：先飞抵开普敦，再行大约37英里（60公里）到达戈登湾镇。

何时去：全年都有无与伦比的风光，但尽量选择工作日出行，因为开普敦当地人周末也爱来这儿自驾。

推荐住宿：可在Kogel Bay Holiday Resort度假村露营，或是在考格尔伯格自然保护区订一个生态木屋。

推荐餐饮：可在哈罗德·波特国家植物园野餐，或者在贝蒂湾镇找一个吃海鲜的地方。

更多选择：想从开普敦来一场“加长版”的海岸自驾，可以从开普敦的梅森堡（Muizenberg）驶入310号公路。

更多信息：www.kleinmondtourism.co.za。

右页图片：纳马夸格尔盖普自然保护区（Goegap Nature Reserve）的一棵箭袋树

同类自驾线路
南非之行

桑尼山口

桑尼山口是夸祖鲁－纳塔尔省（Kwazulu-Natal）和莱索托（Lesotho）之间唯一一条公路，绝对配得上“史诗级”三个字。一路陡坡急弯连连，最高处海拔2876米，胆小的人绝对驾驭不了。尚未驶入莱索托之前，山路还算比较温柔，一旦过了国界线，弯道变得很急，下面又是碎石路面，许多地方都要涉水，到处都是大坑，刺激之余，也多了份凶险，难怪当地法律规定只有四驱车才可以沿这条路进入莱索托。如果驾车时有幸遇到了晴天，一定可以收获震撼的风光。山口处开着一家非洲海拔最高的酒吧，你可以在那儿喝杯啤酒再走。假如你不打算进入莱索托，那就从那里掉头回来，只不过这回是下坡路，开起来让人心惊胆战，遇到比较急的弯时，连其他乘客都会下意识地用右脚踩刹车。

起点：海姆维尔市（Himeville）

终点：桑尼山口处

全程：24英里（38公里）

纳马夸鲜花公路

一年中的大部分时间，在N7公路上开车都是枯燥无味，但每年8月，随着春天的到来，路边鲜花绽放，原本光秃秃的深褐色土地会变得五颜六色。你可以从迷你小村尼沃德维尔（Nieuwoudtville）出发驶上N7公路，沿着较为平直的公路一路向北。尽管沿途都能看到野花，但终点纳马夸国家公园（Namaqua National Park）才是赏花的终极目的地。那个公园平时毫无生机，此刻却是铺天盖地的雏菊，橙白紫黄，色彩缤纷。再往北，斯普林博克（Springbok）那里还有一片格尔盖普自然保护区（Goegap Nature Reserve），里面可以让你在花丛中自驾、徒步或是骑行。

起点：尼沃德维尔

终点：斯普林博克

距离：193英里（310公里）

62号公路

62号公路（Route 62）可以3小时驶完全程，但要开上一个礼拜也不是难事。起点是孔格曼斯科卢福山口（Cogmanskloof Pass），山口路段很短，但景色很美。过了山口就是朗厄堡山脉（Langeberg range）下的小城蒙塔古（Montagu），公路从这里开始变宽，并有了一个新名字：野狗河谷高地山口公路（Wildehondskloofhoogte Pass），途中会经过果园、葡萄园以及充满艺术气息的小镇。过了巴里代尔（Barrydale）便是胡伊斯里维尔山口（Huisrivier Pass），公路再次变得险峻起来，在灌木点缀、岩石嶙峋的高山间逶迤盘旋。62号公路被称为南非最长的葡萄酒之路，一定要停下车来，品尝当地浓烈的红葡萄酒以及波特酒。只不过喝了酒，一定要把方向盘让出来，你只需欣赏窗外小卡鲁台地高原（Little Karoo）不断变幻的风景。

起点：阿什顿（Ashton）

终点：奥茨胡恩（Oudtschoorn）

距离：155英里（250公里）

穿越博茨瓦纳的卡拉哈里

卡拉哈里中部野生动物保护区，远古时是一片河谷，现在是黑鬃狮子的领地，荒凉寂静的景象世上罕有。

非洲的自然保护区，总感觉像“一切皆有可能”的平行世界。这一次我开着车离开了铺装路，驶入博茨瓦纳卡拉哈里中部野生动物保护区（Central Kalahari Game Reserve）的沙漠地带，多少也像是闯进了“爱丽丝仙境”，或是成了“魔法树上的居民”。

这是非洲最大的自然保护区之一，但放在面积世界第一的卡拉哈里沙漠（Kalahari）中，不过是九牛一毛。自从多年前首次拜访卡拉哈里之后，我就一直梦想着能够从北至南来一场自驾穿越。我的目的不是征服这片浩瀚的非洲沙漠，而是要避开人群，寻找属于沙漠的那种寂静以及隐藏在沙漠深处的野生动物。

整场越野自驾长达一周，夜间只能在纯粹的荒野中露营，途中几乎一个人影也没见到，倒是遇到了一条鼓腹巨蝰——非洲移动速度最慢、却最让人恐惧的毒蛇之一。当时我刚从拉科普斯（Rakops）出发，还没有适应沙漠中开车的节奏，速度比较快，注意到这家伙在前方挡路时，刹车已经来不及了，只能急打方向盘躲避。我可不想压过去：在探险尚未真正开始时就杀生，这可不吉利。躲过巨蝰之后，我又倒了回去想看个仔细，这让这条蛇大为恼火，甩起头向我猛击，我怀着敬畏点了点头，继续上路。

很快我就到达了欺骗谷（Deception Valley）。卡拉哈里中部尽是这种风干石化的河谷。干旱荒凉的土地，竟是由曾经的河水冲刷雕琢成的，想来真是讽刺。太阳逐渐接近地平线，金色的荒草在凉爽的微风中摇摆，南非剑羚和跳羚抬着头，警觉地打量着我这个不速之客，同时也在防范夜间猎食者的偷袭。当年，马克·欧文斯（Mark Owens）与德里娅·欧文斯（Delia Owens）曾在这里安家探索周围荒漠，并将所见

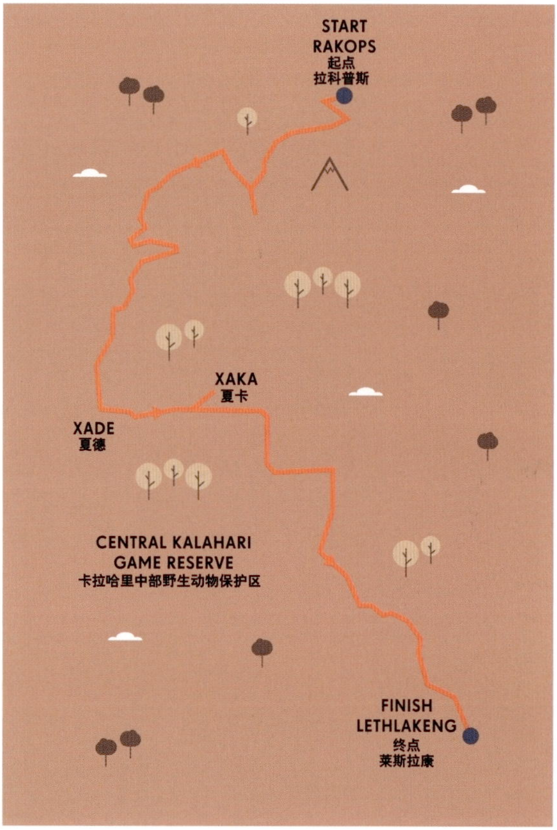

所感写成了名作《卡拉哈里的哭泣》（*Cry of the Kalahari*）。眼前的金合欢树仿佛一片群岛，四周的盐沼也在柔和的夕阳中变得美丽起来。白天的卡拉哈里沙漠好像一张曝光过度的照片，一切都是那么的强烈刺眼，但在黑暗即将来临的此刻，就会散发出一种迷幻感。我在一座沙丘顶上安营扎寨，沙丘上长着卡拉哈里特有的低矮植被，城市的喧嚣与霓虹距此万里，耳畔唯有天籁，夜空只见繁星。

我在晚上真的听到了狮吼，黎明起身时还看到了一只雄性卡拉哈里狮。他在前面沿着河谷巡视，一头黑色鬃毛，一身王者之风，我则在不远处壮着胆子跟随。后来我驱车穿越另一条叫“巴萨日”（Passarge）的远古河谷，路上还是一个同类也没看到，旅伴只有猎豹、蜜獾、大耳狐、大鸨鸟（kori bustard；世界上体重最大的飞鸟）、长颈鹿、鸵鸟，以及在远处鬼鬼祟祟、伺机而动的豺。

落日在保护区西边的盐沼上拉出了长长的影子。一只土狼在我面前一闪而过，头也不回，长相与姿态都很像传说中的夜魔。一只捻角羚顶着大得出奇的角躲在荆棘丛背后，以为谁都看不见它。一只孤独的猎豹从派伯盐沼（Piper Pan）的边缘出发前去狩猎，身上散发着猫科动物独有的优雅。

路上的车极少，而且越往南开越少。过了夏德门（Xade Gate），前方便是当地原住民桑族人（San，也叫布须曼人，因为保护区的设立而被迫迁居）曾经的家园。周围空无一人，脚下的沙子也变厚了，荒凉的营地寂静无声，除了偶尔的风啸，夜间只能听到从夏卡（Xaka）水坑附近传来的狮吼。当晚过夜的营地在巴普（Bape），位于干涸的科沃肖河（Quoxo）上方一个土包上，整个下午和晚上我都在一种诡异的寂静中开车，等到了营地，恍惚间还以为自己已经离开了尘世，莫名其妙地来到了某个不存在声音的奇异空间。

开到莫瑟梅洛（Mothomelo）的时候，我终于见到了人类。那里仍处于南回归线以北，当时车里的油已经不多了，前方突然不可思议地出现了一片绿洲，树木阴凉诱人，原来竟是一个桑族人的村落。仍然生活在卡拉哈里中部野生动物保护区中的桑族人已经所剩无几，和许多沙漠地区的居民一样，他们惜字如金，又因为语言不通，我们之间只能用笑容来表达善意，笑了一会儿便匆匆告别。这次相逢就像是两个世界的擦肩而过。

还未尽兴，现代文明的标志就出现在了视野中。开始时只是沙地上的车印、远方的通信塔这种“蛛丝马迹”，但越往前开越明显。等到了高加马（Gaugama）南边，进入了库策野生动物保护区（Khutse Game Reserve；紧邻卡拉哈里

“一只雄性卡拉哈里狮在前面沿着河谷巡视，一头黑色鬃毛，一身王者之风，我则在不远处壮着胆子跟随。”

中部野生动物保护区南侧的一个小型保护区），我已经开始慢慢接受重返文明世界的现实了。等我跨过了南回归线，心中再无半分旅行结束的懊恼，只有探险成功的满足。可我知道，这种满足感不会持续多久，卡拉哈里夜晚的寂静与狮吼，很快就会重新唤起我的渴望。 文/安东尼·哈姆

桑族人的故事

卡拉哈里中部野生动物保护区的设立，初衷是保护住在里面的桑族人，但在1997年，博茨瓦纳政府强迫他们迁离。官方的理由是这样有助于保护野生动物，也便于桑族人享受到政府的各种服务。但一些批评家认为，保护区里发现的钻石才是逐客令背后的真正动机。不管真相如何，2006年，桑族人与博茨瓦纳政府对簿公堂并获胜，得以重返家园。

左页图片：伴着落日在保护区内安营扎寨；跨页图片：时刻保持警惕的南非剑羚；本页下图：卡拉哈里的原住民桑族人；315页图片：驾驶四驱车穿越卡拉哈里

自驾指南

起点：拉科普斯

终点：莱斯拉康（Lethlakeng）

距离：746英里（1200公里）

到达：马翁（Maun）机场（拉科普斯西北130英里/210公里处）有国际航班连接约翰内斯堡，有国内航班连接哈博罗内（Gaborone）和卡萨内（Kasane）。

推荐住宿：保护区内有两个豪华度假村——Kalahari Plains Camp和Tau Pan Camp，但沿途多数夜间需要露营过夜。

带什么：租一辆自带露营设备（包括车顶帐篷）的四驱车。最近的加油站都在拉科普斯和莱斯拉康，至少准备3整箱备用油——沙地开车油耗可不小。

更多信息：租车、营地预订、租用卫星电话可联系www.drivebotswana.com。

右页图片：智利的阿塔卡马沙漠现在是达喀尔拉力赛的一条新线

同类自驾线路
沙漠穿越

澳大利亚塔纳米沙漠公路

想在澳大利亚的内陆地区穿越沙漠，选择无数，但塔纳米沙漠公路（Tanami Track）堪称其中的经典。公路起于红土中心（Red Centre）的艾丽斯斯普林斯（Alice Springs）镇北12英里（20公里）处，前198英里（315公里）是铺装路，直到Tilmouth Roadhouse都是碎石路，虽然养护得还算不错，但雨后有些路段可能会无法通行，而且必须开四驱车。途中会经过尤恩杜姆（Yuendumu）等偏远的原住民村落，几百公里都是在沙漠中穿行，眼前只有沙漠孤丘和牧站。公路的起点在北领地，终点在西澳大利亚州，6月至9月最适合自驾。

起点：艾丽斯斯普林斯

终点：豪斯克里克镇（Halls Creek）

距离：643英里（1035公里）

纳米比亚纳米布沙漠

纳米比亚的吕德里兹（Lüderitz）与鲸湾港（Walvis Bay）两座临海城镇间由一条铺装路连接，但如果想走条近路冒一冒险，不妨穿过禁区国家公园（Sperrgebiet National Park），翻过纳米布沙漠（Namib Desert）的连绵沙丘。吕德里兹的Coastways Tours Lüderitz（www.coastways.com.na）开设有专门的旅行团，可以指导我们穿越这条以常规方法无法到达的路线。这一路线可谓地球上最美、最具挑战的沙漠小道，脚下是地球上最古老的沙漠之一，里面可以通行的路线很少。途经三明治湾（Sandwich Bay）的时候，沙丘与大西洋相接的美景冠绝非洲。这里不允许普通游客进入，必须跟团，全程6天，堪称世界上最震撼的沙漠穿越之一。

起点：吕德里兹

终点：鲸湾港

距离：466英里（750公里）

南美洲达喀尔拉力赛

由于北非受到恐怖主义和内部动荡的威胁，达喀尔拉力赛（Dakar Rally）在2008年改到了南美洲举办。阿根廷、智利的阿塔卡马沙漠以及玻利维亚的盐沼都成了选手角力的赛道，具体比赛路线每年都有变化。当然，只有职业车手才可以参加这一比赛，但比赛路段在非比赛时间欢迎任何自驾者前来尝试，只要你有时间、爱冒险，还有一辆可靠的车。在达喀尔拉力赛官网上可以查到完整的路线图，你可以根据自己的时间和车辆性能挑选最适合的路段。拉力赛原先的路线是从巴黎到达喀尔，虽然没有真的穿越撒哈拉，却有着与之相同的豪情。若想体验那种豪情，一定不要错过地球上最干旱的沙漠——阿塔卡马沙漠。

起点/终点：布宜诺斯艾利斯

距离：5776英里（9295公里）

穿越南非全景大道

沿全景大道翻越南非的德拉肯斯堡山脉（Drakensburg Escarpment），尽情欣赏地质奇观，拜访昔日淘金小镇。

全景大道（the Panorama Route）一开始很让人失望。我从胡德斯普雷特（Hoedspruit）出发，城市的建筑逐渐消失在后视镜里，可前方的风景真的让我百无聊赖：天空阴云低压，风景平平淡淡，乏善可陈。好在越往前开，景色越妙，路旁不时闪过一片片种植园，橘子树、芒果树、鳄梨树都有，还有不少私人动物保护区的路牌，让我忍不住想要开过去看看。

此时云开日现，德拉肯斯堡山脉（Drakensburg）黑色的岩峰隐约可见，傲立于姆普马兰加（Mpumalanga）平原之上。受此感召，我不再心猿意马，决定继续沿路前行。开到山脉脚下之后，全景大道更是变得有意思起来。公路在岩石间左右折转，旁边乳褐色的象河（Olifants River）奔腾而下。快接近山峰的时候，我的耳膜开始变得不舒服起来。

翻过阿贝尔·伊拉斯谟山口（Abel Erasmus Pass），我到达了一片与山下平原同样平坦的高原。驴子和长角牛在公路两旁的草地上吃草，对过往车辆毫不理睬，一些长着吓人獠牙的狒狒则盯上了路边卖着珠宝、陶罐和水果的小摊，蠢蠢欲动。

到了三茅屋岩（Three Rondavels），全景大道才算真正进入状态。公路从那里开始，紧贴下方的布莱德河峡谷（Blyde River Canyon）而行，峡谷长16英里（26公里），深400米，规模世界第三。只可惜，我开到那里的时候，谷中浓雾弥漫，崖壁上雾气翻滚，仿佛飘忽的鬼魂，什么景色也看不见。皇天不负有心人，很快，第一个全景就出现在了我的面前：谷底兀然伫立着三茅屋岩的三块花岗岩岩体，深绿色布莱德河（Blyde River）从一旁蜿蜒流过。

停车欣赏之后，我又重新上路，继续贴着峡谷在高原上

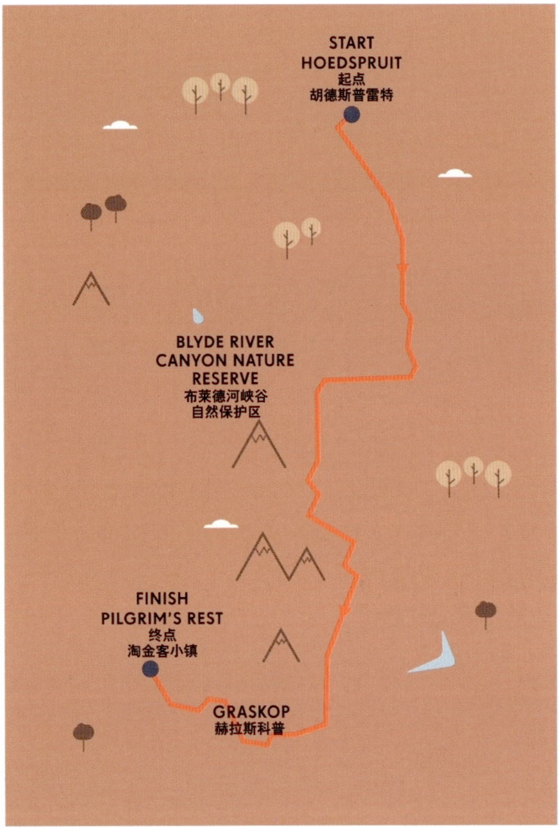

前行。路上不时有云雾添乱，我既要小心别撞到右侧的峭壁，又要留神别跌入左侧的峡谷，只有在没有云雾的路段，才能看到路边粉色的蓝花楹以及午后耀眼的阳光。

每隔几英里，路边就有临时停车区，休息的时候还能欣赏神奇的景色。有一个景点叫“布克的幸运坑”（Bourke's Luck Potholes），得名于当年试图在此处挖金子发大财（结果惨淡收场）的一个叫托马斯·布克（Thomas Bourke）的人。但景点本身属于大自然的造化，主体是一大片奔腾的瀑布，瀑布下有一个个水潭（也就是“幸运坑”），水潭周围的岩石表面光滑，颜色橙黄，造型奇异。一些穿着冲锋衣的游客会往水潭里扔硬币，认为可以带来好运——布克倒霉的地方，哪有什么运气分给你？

越往南开，瀑布越奇。柏林瀑布（Berlin Falls；45米高）和里斯本瀑布（Lisbon Falls；90米高）都是脚踏彩虹，笔柱岩（Pinnacle Rock）那里的瀑布则从峭壁上飞流直下，落入谷底的树木间，随后又被笔柱岩一分为二，让这块30米高的石英岩柱看起来就像小河中的孤岛。

“上帝之窗”（God's Window）景色最为震撼，绝对名副其实。停车的地方设有提示牌，提醒游客“请不要弄脏上帝之窗”。我沿着一条被雨水浸湿的小路前往观景点，只见峡谷两侧蕨草丛生，芦荟密布，壁立千仞；谷底林木茂盛，云雾缭绕，其间隐约有山羚、夜猴、捻角羚出没，好像还藏着一两头豹子。天气晴朗之时，还可以望见93英里（150公里）外的莫桑比克海滩。

在路边小城赫拉斯科普（Graskop）外，大多数自驾游客都会把汽车或是摩托车停好，买些煎饼、生牛肉干（biltong；也叫“比尔通”）和纪念品冰箱贴。离开小城再往前开，全景大道的自然魅力渐渐被文化特色取代。迈克迈克瀑布（Mac Mac Falls）是大道上最后一条瀑布，仿佛一条长长的白色羽毛。19世纪50年代，人们在这里发现了金子，引得大批苏格兰淘金者闻风而至，建立了一个叫“迈克迈克”的小镇，瀑布因而得名。瀑布下游1英里（1.6公里）处，有一连串天然的水潭可以游泳洗澡。

过了瀑布，公路开始在小山间蜿蜒，山上尽是松树和桉树，之后还会经过一座改变了整个地区乃至整个南非命运的小镇。1873年的一天，绰号“推车哥”（Wheelbarrow）的淘金者阿列克·帕特森（Alec Patterson）在桃树溪（Lone Peach Tree Creek；后来就成了“淘金溪”）发现了金子，于

克鲁格国家公园

克鲁格国家公园（Kruger National Park）是世界顶级野生动物保护区，在淘金客小镇以东1小时车程处。公园占地7000平方公里，你在那里很容易看到非洲五霸（Big Five；即水牛、狮子、豹、大象和犀牛），也有可能邂逅猎豹、河马以及难得一见的非洲野狗。公园里的住宿选择很多，价格还便宜，不妨暂离全景大道，过来探索一番（www.sanparks.org）。

“天气晴朗时，还可以望见93英里（150公里）外的莫桑比克海滩。”

是几个月之内，周边地区迎来了一波淘金热潮，1500名幻想一夜暴富的淘金者蜂拥而至，小镇由此诞生。

这座淘金客小镇（Pilgrim' s Rest）随后发展成了南非黄金开采业的摇篮，到1876年的时候，镇里建起了锡皮顶的酒吧沙龙、银行、邮局和酒铺，出现了不少暴发户，所以也引来了不少骗子、小偷和贩子，从姆普马兰加省（Mpulamunga）的一个小地方变成了整个南非的焦点。今天的小镇，金子基本都被挖光了，风貌倒是没怎么变，昔日景象仿佛历历在目。镇中有一家老车行，当年往南边的约翰内斯堡运送黄金的汽车，就是在那里做保养的。此外也有一些杂货店以及销售假金子（也就是黄铁）、地图和古董瓶子的商店。长尾猴在街上闲逛，朱鹭在天空盘旋，独特的鸣叫时时可闻。

离开小镇继续南行，我来到了山间的强盗关（Robber' s Pass）。当年往约翰内斯堡运送金子的人常常会在那里遇到强盗，不得不“交出买路财”。我在那里结束了这次自驾，到Royal Hotel的老酒吧里点了杯啤酒。酒吧墙壁上挂着些发黄的图片，那些昔日的淘金客和黄金大盗便成了我临时的酒友。　**文/阿曼达·坎宁**

跨页图片：淘金客小镇的一家商店；本页图片：全景大道无愧全景之名；左页图片：淘金客小镇里，老少长尾猴齐上阵；321页图片：云雾弥漫的布莱德河峡谷

自驾指南

起点：林波波省（Limpopo）胡德斯普雷特

终点：姆普马兰加省淘金客小镇

距离：130英里（209公里）

到达：胡德斯普雷特城外不远的东门机场（East Gate Airport）有定期航班连接约翰内斯堡和开普敦。

租车：东门机场有安飞士（Avis），胡德斯普雷特城中也有几家当地的租车公司。

推荐住宿：旅行的前段，可以选择能俯瞰峡谷美景的Forever Resort Blyde River Canyon（www.foreverblydecanyon.co.za）度假村。旅行的后段，在淘金客小镇可以入住Pilgrim' s Rest Royal Hotel，酒店散发着浓浓的淘金时代风情。

推荐餐饮：赫拉斯科普有不少好地方可选，Harrie' s卖的煎饼味道一流。在淘金客小镇的the Vine餐厅可以吃到南非国民美食肉馅烤蛋饼（bobotie）。

更多信息：www.southafrica.net。

右页图片：多洛米蒂山以及山下的圣玛塔琳娜村

同类自驾线路
奇景

意大利多洛米蒂大道

多洛米蒂山（Dolomiti range）是世界上最美丽的山脉之一，横跨南蒂罗尔[South Tyrol；也称作上阿迪杰（Alto Adige）]和威尼托（Veneto）地区，文化风貌受到了当地拉定人（Ladin）、奥地利以及意大利的三重影响。沿多洛米蒂大道（Grande Strada delle Dolomiti）来一场自驾，晚上就住在当地人家里，你或许会看见身穿皮短裤的主人，挂着火腿的烟囱，还有机会乘着雪橇在村庄间辗转，体验非常奇妙。这里最近出现了一批高端生态酒店、前卫的水疗馆以及米其林星级餐厅，因而人气渐长，不过目前仍是低调的高山天堂。路线全长120英里（193公里），美景处处有：法内斯高原（Fanes Plateau）尤其震撼，山岭如鬼斧神工，岩峰形如扶壁石塔，被建筑师勒·柯布西耶誉为“世界上最美丽的建筑”；而奥尔蒂赛伊（Ortisei）和休斯（Siusi）之间的路段也大有可观。要是巍峨的多洛米蒂山让你有些身体不适，大可以轻松地开回低海拔地区，去精彩纷呈的加尔达湖（Lake Garda）和威尼斯（Venice）逍遥快活。

起点：博尔扎诺（Bolzano）

终点：阿尔卑斯休斯山（Alpe di Siusi）

距离：121英里（195公里）

加拿大海天公路

海天公路（Sea to Sky Highway）起于北温哥华市（North Vancouver），直通加拿大狂野的西海岸，距离虽短，却凝聚了不列颠哥伦比亚省海岸的精髓，山也雄伟，海也霸气。沿途还有不少自驾之外的体验，比如户外运动[惠斯勒（Whistler）就是一个世界闻名的滑雪胜地]，观看野生动物[在布拉肯代尔（Brackendale）能看到白头鹰猎食大马哈鱼；在坦塔罗斯山脉（Tantalus）能看到灰熊和美洲狮]，了解当地丰富的原住民文化[在斯阔米什利瓦特文化中心（Squamish Lil' wat Cultural Centre）欣赏精彩纷呈的原住民歌曲和工艺，并品味美食]，还可以站在白兰地瀑布（Brandywine Falls）的观景台上，用惊悚的高度考验自己的勇气。在豪湾（Howe Sound）附近，不要错过700米高的斯塔瓦姆斯酋长岩（Stawamus Chief），那是世界上最大的独立花岗岩体。酋长岩是斯阔米什族人心中的圣地，也是游隼的筑巢地，经验不足的登山者，千万不要攀爬。斯阔米什和惠斯勒之间的路段属于99号公路（Highway 99），路边有许多地方可以让你停车享受新鲜焙制的有机咖啡。

起点：不列颠哥伦比亚省马掌湾镇（Horseshoe Bay）

终点：不列颠哥伦比亚省惠斯勒

距离：82英里（132公里）

西班牙多彩户外活动

这条路线主打户外牌，起点很“高”，从内华达山脉（Sierra Nevada）向西、再向南行驶，一路都是安达卢西亚对比强烈、令人沉醉的风景。首先挑战阿尔普拉加（Las Alpujarras）曲折的山路，拜访内华达山脉一座座高峰[不要错过海拔1436米的白色村庄卡皮雷拉（Capileira）]，紧接着，在托尔卡山岭（El Torcal）停车驻足，欣赏奇石怪岩。随后在塞维利亚的田野间飞驰，赶赴多纳纳国家公园（Parc Nacional de Donana）。那是一个狂野不羁的自然仙境，鸟类多达360种，哺乳动物多达37种，野生动物资源极其丰富。接下来沿着已成自驾经典路线的阳光海岸（Costa de la Luz）返回塞维利亚，再沿A4公路南下，最终到达塔里法（Tarifa）。塔里法是一个摩洛哥风情浓郁的户外运动小城，白沙海滩非常适合冲浪。整个旅程好像一场酣畅淋漓的冒险，路边的历史、建筑和美食，与自然风景一样绚烂多彩。

起点：卡皮雷拉

终点：塔里法

距离：492英里（792公里）

从马拉喀什到塔鲁丹特

这条路线紧贴摩洛哥的高阿特拉斯山，从马拉喀什热闹的集市，到苏斯谷宁静的村庄，沿途风光无限，挑战多多。

世界上的盘山公路不少，但其中有一类真的非常凶险，弯急得厉害，过弯时能让你把心提到嗓子眼儿，握方向盘的手都会不由自主地握紧。提齐泰斯特公路（Tizi n' Test Road）就属于这种。在提齐泰斯特山顶附近，急弯一个接着一个，而公路一侧毫无防护，下面就是悬崖。在某些狭窄路段，一辆车都很难通行，更别说会车了。此外，坍塌和落石很容易发生，天气也可能突变。但这条公路之所以难忘，靠的不是凶险，而是风景：驶出山顶，

四方绝景尽收眼底，令人呼吸难继，终生难忘。

我曾经两次走过这条山路，第一次是坐长途巴士，吓得我头皮发麻，第二次是坐出租车，挤在一名柏柏尔族女人和好几袋粮食之间。两次都没有机会中途下车，驻足观景，更不用说在山间散步、逛逛村庄里的集市，或是探一探古老的阿拉伯城堡了。我决定用一场自驾弥补这个缺憾，所以这回再次来到了马拉喀什（Marrakech）。城中的市场[当地叫"苏克（souk）"]仿佛迷宫一般，风情似乎经久未变，我逛得如痴如醉，就和初来时一样。

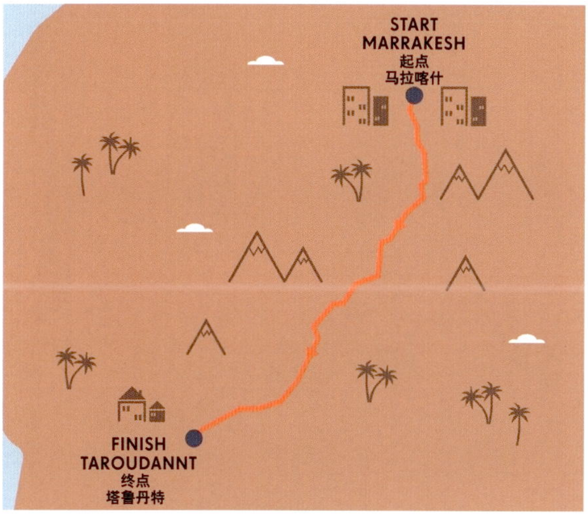

苏克是这座城市的心脏和灵魂，仿佛一个大泥潭，人、驴子、地毯商店、陶器、拖鞋、香料全都混杂在一起，难分彼此。到了晚上，城中最大的广场德吉玛广场（Djemaa el-Fna）才真正热闹起来：说书人精彩的表演令围观的人们听得入了迷，杂耍艺人踩着彼此的肩膀翻起跟头，耍蛇人吹响神秘的乐声，拔牙的、算命的、卖草药的也都如八仙过海，各显神通。有趣是真有趣，但闹也是真闹，所以当我开着车，远离了混乱不堪的交通和横行无忌的驴子，驶向高阿特拉斯山脉（High Atlas）的时候，心情还是相当不错的。

远方的山脉，山势卓绝，气势慑人，山脚下是小城阿斯尼（Asni）。小城背靠山林，周围是水果种植区，风光秀美。我进城的时候杏花盛开，街道上除了老人家、小男孩，还能看到闲逛的山羊。我们在一家摩洛哥传统的庭院民居（当地叫

“riad”）中安顿下来，盘腿坐在地上吃了晚餐，随后便睡下了。第二天一早，我在穆斯林祷告钟声中醒来，走出门一看，竟几乎认不出眼前这座小城。原来当天正赶上开集，街道上全是牲畜，两边的摊位上堆满了蔬果，还有卖肉的屠夫在那里扇着扇子赶苍蝇。那氛围真叫接地气，真叫地道。

我们上车继续赶路。驶离阿斯尼之后，路边景色变得越来越奇，路况也越来越险：这边的司机喜欢随意变线，逆行超车乐此不疲，觉得谁挡了路，就狂按喇叭。

很快我们就进入了壮观高山和震撼峡谷的怀抱，北非最高峰图卜卡勒峰（Jebel Toubkal；海拔4167米）也出现在了地平线上。我们把车停在了美丽的小村奥甘内（Ouirgane），村庄位于一片葱郁的山谷之中，周围是披着松林的红土山，很适合徒步、山地骑行和骑马，所以我们决定花一天时间到山里玩玩。由于向导最终没能露面，我们只能自行徒步进山，但也不坏，走到一处瀑布时，我们竟偶遇了一个柏柏尔族大家族。原来他们每年都要进行一次集体出游，主要是为了找个地方洗一洗家中的大小地毯。洗好之后，这家人便围坐在一起聊天，我们也加入了，还分享了些见闻。之后我们跳入瀑布冰冷的水潭里洗了个澡，又蹭着他们的小货车回到了此前

“弯急坡陡，但每个弯道都能带来一片新奇美景。”

停车的地方，这才继续自驾。

这条公路是20世纪20年代末由法国人在山脉上炸出来的，过去，这里因为地处偏远、高山险阻，一直都是一个荒凉闭塞的所在。当年的阿尔摩哈德（Almohad）王朝正是倚仗这一天险，才将西非各部落统治到了13世纪，嶙峋的岩石上不时可见残破的阿拉伯城堡（kasbah）。在小村丁马尔（Tin Mal），我们顺便逛了一座12世纪修建的清真寺。说是清真寺，看起来却像一座城堡，玫瑰色的外墙内藏着装饰精美的拱门和走廊，大厅也很是宁静。

从那里再往前开，行车愈加困难，道路愈加曲折，好在每一个急弯总能为我们带来另一番壮美的山景。就这样，我们开到了海拔2092米的提齐泰斯特山口。翻越山口的路段，论海拔，这里不算摩洛哥第一高，但论体验，绝对是摩洛哥第一奇。公路一侧紧挨着悬崖，主山脉上分出了条条山岭，山岭间都是嶙峋的峡谷。公路另一侧是峭壁，岩石下压，让人不敢贴

得太近。在这种环境下还能修出一条公路来，可谓当时工程学上的一个奇迹。这个路段很狭窄，而且常常需要躲避路上的落石，驾驶时必须全神贯注，就连原本开车时总是跟得很近的当地司机，到了这里也不那么气势汹汹了。

到达山口那一刻，绝景从天而降：左右都是高阿特拉斯山，背后是小阿特拉斯山（Anti Atlas），只见公路随山势盘旋而下，直通苏斯山谷（Souss Valley），整片山谷尽现眼底，壮阔无边，既令人陶醉，又让人自觉渺小。

随后我们开始下山，弯急坡陡，但每个弯道都能带来一片新奇美景。终点塔鲁丹特（Taroudannt）是一个繁忙的集市小城，四周有建于15世纪的红色泥质城墙，远方可见雪峰，大气磅礴。这里的人态度友善，举止随和，绝不会忙着从游客身上挣钱。

城中街道两旁长满橘树、木槿和叶子花，我们走街串巷，逛了城里的苏克，买了橄榄、橘子、面包和杏仁，然后走到城墙上，一边野餐一边看日落。脚下的小城悠闲得紧，看得见携家带口在夜色中散步的当地人，听得见“嗒嗒”的马蹄声，喧嚣的马拉喀什，似乎距此十万八千里。　**文/埃泰恩·奥卡罗尔**

阿拉伯城堡

对于12世纪的阿尔摩哈德王朝来说，提齐泰斯特山口把守着肥沃的苏斯山谷的门户，战略地位相当重要。周边的那些阿拉伯城堡（kasbah），历史可以追溯到19世纪，建造者是当时控制这一带、实力强大的古安达菲（Goundafi）部落。塔拉雅库布城堡（Talat N' Yaccoub Kasbah）和阿加迪古城堡（Agadir N' Gouj）是其中最为壮观的两座，前者已为废墟，位于丁马尔以北2英里（3公里）处，后者为私人所有，距离丁马尔南几公里远。

左页左上：马拉喀什的一个苏克；左页左下：驾驶员视角下惊险的山路；左页右图：德吉玛广场上的耍蛇人；本页图片：提齐泰斯特山口之险；326～327页跨页图片：壮丽的阿特拉斯山脉下的马拉喀什

自驾指南

起点：马拉喀什

终点：塔鲁丹特

距离：141英里（227公里）

到达：先飞抵马拉喀什，再租车自驾。

何时去：4月中旬至6月中旬，或9月至10月。夏天酷暑难耐，冬天山口可能因为降雪、滑坡或塌陷而封路。

驾驶提示：为了安全，为了赏景，一定只在白天开车。如果你想尽情赏景，最好让别人开车。

带什么：满箱油、足够的水、徒步鞋，不会讲法语或是阿拉伯语的人还要带一本常用语手册。千万别忘了带相机。

危险：易变的天气、疯狂的司机、大摇大摆的驴子、成群挡路的山羊和骆驼，以及过分热情的小贩。

右页上图：瑞士格里姆瑟尔山口附近的岩羚羊；右页下图：在巴西里约德拉斯特洛山脉间蜿蜒穿行的SC-390公路

同类自驾线路
急弯大挑战

瑞士苏斯滕－格里姆瑟尔－富尔卡环线

这条环线将瑞士阿尔卑斯三个山口——苏斯滕（Susten）、格里姆瑟尔（Grimsel）和富尔卡（Furka）——串联起来，一路有发卡弯，有蛇形弯，有令人腿软的悬崖，但也有葱郁的森林、冰川和水库，看得到光秃的山顶和壮阔的群峰。苏斯滕山口一段道路较宽，弯度尚可，能帮你渐渐进入状态。格里姆瑟尔山口一段更具挑战，连续上坡路非常陡，发卡弯也很棘手，10月至次年5月会因为大雪封路。富尔卡山口一段道路狭窄，外侧不设护栏，下坡路坡陡弯急，《007之金手指》中邦德追车那场戏就是在这里拍摄的，富尔卡也因而声名大噪。出发前一定要查看天气状况。

起点/终点：安德马特（Andermatt）

距离：75英里（121公里）

法国康贝拉瓦山谷

康贝拉瓦山谷（Cirque de Combe Laval）公路是法国最壮观的景观自驾路线之一，是在喀斯特山区硬生生开凿出来的，位于法国东南部罗讷－阿尔卑斯大区（Rhône-Alpes）的鲁瓦昂地区（Royans），周边都是高耸入云的山峰，因其奇特的风景而作为法国国家遗产得到保护。这条公路始建于1861年，初衷是便于把这里的木材运送出去，但直到1898年才完全建好。公路一侧是深渊，护栏不过是低矮的石墙，另一侧还要小心峭壁上横出来的岩石，总的来说只适合喜欢挑战高山公路的经验丰富的司机。尽管有危险，但是驾驶的刺激感和眼前的美景足以补偿。

起点：瓦西厄昂韦尔科尔（Vassieux-en-Vercors）

终点：鲁瓦昂地区蓬县（Pont-en-Royans）

距离：28英里（45公里）

巴西里约德拉斯特洛山脉

SC-390公路建于1903年，沿巴西南部的里约德拉斯特洛山脉（Serra do Rio do Rastro）盘旋而上。开始时坡度不大，穿过青翠的山谷，两边零星可见五颜六色的民房，还有欧洲味十足的村庄。但过了小城劳鲁米莱（Lauro Müller），公路立即变陡，紧贴山谷一侧延伸，经过峡谷、瀑布和森林，风景壮观。而且因为有了那些巨大的发电风车，危险的弯路在晚上也有灯光照明。但哪怕是在白天，你也应该谨慎驾驶：卡车和巴士在转弯时会占用全部道宽，会车时一定要让行。终点圣若阿金（São Joaquim）是巴西温度最低的地方之一，但也种植着许多水果，是著名的葡萄酒产地。

起点：图巴朗（Tubarão）

终点：圣若阿金

距离：83英里（134公里）

索 引

C

幕后

关于本书

这是Lonely Planet《世界经典自驾之旅》(*Epic Drives of the World*)的第一版，由亚历克斯·茨瓦雷尔(Alex Crevar)、阿曼达·坎宁(Amanda Canning)、艾米·巴尔弗(Amy Balfour)、安德莉亚·萨克斯(Andrea Sachs)、安德烈·贝恩(Andrew Bain)、安妮塔·艾萨尔斯卡(Anita Isalska)、安娜·卡明斯基(Anna Kaminski)、安东尼·哈姆(Anthony Ham)、贝基·奥尔森(Becky Ohlsen)、布兰登·普雷瑟(Brandon Presser)、布雷特·阿特金森(Brett Atkinson)、克里斯塔·拉伍德(Christa Larwood)、邓肯·加伍德(Duncan Garwood)、埃泰恩·奥卡罗尔(Etain O' Carroll)、加斯·卡特莱特(Garth Cartwright)、格兰特·拉夫(Grant Roff)、格雷格·布鲁姆(Greg Bloom)、乔·宾德罗斯(Joe Bindloss)、乔纳森·汤普森(Jonathan Thompson)、凯特·阿姆斯特朗(Kate Armstrong)、凯瑞·克里斯蒂亚尼(Kerry Christiani)、凯文·劳布(Kevin Raub)、露西·科恩(Lucy Corne)、马克·约翰松(Mark Johanson)、马赛尔·泰鲁(Marcel Theroux)、奥利弗·贝瑞(Oliver Berry)、奥利弗·史密斯(Oliver Smith)、保特·金塞拉(Pat Kinsella)、保罗·里斯(Paul Rees)、彼得·托明(Peter Thoeming)、罗宾·巴顿(Robin Barton)、蒂姆·摩尔(Tim Moore)、托尼·惠勒(Tony Wheeler)、董驰迪、黎瑾共同撰写。

本书由以下人员制作完成：

项目负责　关媛媛
项目执行　丁立松
翻译统筹　肖斌斌
翻　　译　李冠廷　郭　翔
内容策划　盛　洋　李小可
视觉设计　李小棠　庹桢珍
协调调度　丁立松　沈竹颖
责任编辑　林紫秋
特约编辑　薛　平
地图编辑　马　珊
制　　图　田　越
终　　审　杨　帆
流　　程　孙经纬
排　　版　北京梧桐影电脑科技有限公司

感谢王歆、张琳洁、周喻、戴霞对本书的帮助。

声明

封面及内文插图由Ross Murray(www.rossmurray.com)绘制。本书部分地图由中国地图出版社提供，其他为原书地图，审图号GS(2018)3376号。

说出你的想法

我们很重视旅行者的反馈——你的评价将鼓励我们前行，把书做得更好。我们同样热爱旅行的团队会认真阅读你的来信，无论表扬还是批评都很欢迎。虽然很难一一回复，但我们保证将你的反馈信息及时交到相关作者手中，使下一版更完美。我们也会在下一版特别鸣谢来信读者。

请把你的想法发送到**china@lonelyplanet.com.au**，谢谢！

请注意：我们可能会将你的意见编辑、复制并整合到Lonely Planet的系列产品中，例如旅行指南、网站和数字产品。如果不希望书中出现自己的意见或不希望提及你的名字，请提前告知。请访问lonelyplanet.com/privacy了解我们的隐私政策。

世界经典自驾之旅

中文第一版

书名原文: *Epic Drives of the World*

本中文版由中国地图出版社出版

图书在版编目(CIP)数据

世界经典自驾之旅 / 澳大利亚Lonely Planet公司编; 李冠廷，郭翔译. -- 北京：中国地图出版社，2018.7
书名原文: Epic Drives of the World
ISBN 978-7-5204-0578-2

Ⅰ. ①世… Ⅱ. ①澳… ②李… ③郭… Ⅲ. ①旅游指南－世界 Ⅳ. ①K919

中国版本图书馆CIP数据核字(2018)第147426号

出版发行 中国地图出版社
社　　址 北京市白纸坊西街3号
邮政编码 100054
网　　址 www.sinomaps.com
印　　刷 北京华联印刷有限公司
经　　销 新华书店
成品规格 185mm×240mm
印　　张 21.25
字　　数 672千字
版　　次 2018年7月第1版
印　　次 2018年7月北京第1次印刷
定　　价 178.00元
书　　号 ISBN 978-7-5204-0578-2
审 图 号 GS（2018）3376号
图　　字 01-2018-1633

如有印装质量问题，请与我社发行部（010-83543956）联系